Carolyn P. Anderson
Katharine Roske

DAS CO-CREATION HANDBUCH 2.0

Ein praktischer Leitfaden zur Entdeckung deines Lebensplans und für gelingende Beziehungen in einer neuen Welt

SHEEMA

Carolyn P. Anderson
Katharine Roske

DAS CO-CREATION HANDBUCH 2.0

Ein praktischer Leitfaden zur Entdeckung
deines Lebensplans und für
gelingende Beziehungen in einer neuen Welt

Übersetzung
von
Antoinette Gittinger

Titel der Originalausgabe:
The Co-Creator's Handbook 2.0: An Experiential Guide for Discovering Your Life's Purpose and Birthing a New World
By Carolyn P. Anderson with Katharine Roske

Originally published by Global Family, 17738 Minnew Way, Penn Valley, CA 95946 USA
ISBN 9781883208035

Bibliografische Information der Deutschen Bibliothek
Die Deutsche Bibliothek verzeichnet diese Publikation in der Deutschen Nationalbibliothek; detaillierte Daten sind im Internet über http://dnb.ddb.de abrufbar.

1. Auflage 2019

Inh.: Cornelia Linder, Hirnsbergerstr. 52, D - 83093 Antwort
Tel.: +49 (0)8053 – 7992952, Fax: +49 (0)8053 – 7992953
http://www.sheema-verlag.de

ISBN 978-3-931560-69-0

Übersetzung: Antoinette Gittinger
Cover: Trina Brunk
Umschlaggestaltung: Sheema Medien Verlag, Schmucker-digital
Gesamtkonzeption: Sheema Medien Verlag, Cornelia Linder
Druck und Bindung: FINIDR, s.r.o., Český Těšín

Die Mission von Global Family besteht darin, Einzelpersonen und Gruppen zu stärken und miteinander zu verbinden, damit sie ihren Lebenszweck und ihr Anliegen verwirklichen und eine positive Veränderung der Welt co-kreieren und herbeiführen.

Der Core Group Process™ ist grundlegend für unsere Mission.

Anmerkungen zur deutschen Ausgabe

- Zahlreiche – mittlerweile auch im deutschsprachigen Raum eingebürgerte – englischsprachige Ausdrücke und Begriffe wurden beibehalten.

  Einige Ausdrücke wurden in Kapitälchen geschrieben: Geist im Sinne von Spirit | Selbst im Sinne von wahres Selbst, im Gegensatz zu persönliches Selbst.

- In dieser Ausgabe beugen wir uns der sogenannten »besseren Lesbarkeit« und verwenden in den meisten Fällen die männlichen Schreibweise – natürlich sind alle Geschlechter damit gemeint.

  Sollte sich ein*e Leser*in dazu berufen fühlen, das Buch zu gendern, dann freuen wir uns auf eine Mail.

- Die meisten der im Buch angeleiteten Meditationen sind auf der Website

  www.cocreatorshandbook.com

  in englischer Sprache zu hören. Hier kann man auch Fragen stellen, Feedback geben, die Autorinnen kontaktieren und sich eintragen, um einen Newsletter zu abonieren.

Was andere zu diesem Buch sagen

Barbara Marx Hubbard

Autorin von *Vom Ego zur Essenz* und *52 Schlüssel zur bewussten Evolution des Selbst: Ein Wandlungsprozess zur Verwirklichung des vollen Potenzials deines Selbst*

»Durch das bewusste Erlernen der Methoden, die in diesem *Handbuch* angeboten werden, leisten wir einen unermesslichen Beitrag zum Quantensprung auf die nächste Ebene menschlicher Evolution – zum »Himmel auf Erden«. Dieses Buch versorgt uns mit einer Fülle von persönlichen und sozialen Abläufen, durch die wir diesen Sprung gemeinsam ausführen können – aus unserem Inneren heraus, durch unsere spirituelle Motivation und einmalige Kreativität nach Außen führend. So werden wir selbst zu neuen Ausgaben von Co-Creatoren der großartigen neuen Welt, von der wir wissen, dass sie möglich ist.«

Duane Elgin

Autorin von *Das Lebende Universum: Woher wir kommen. Wohin wir gehen.*

»Wir können die Erde nicht heilen, wenn wir aus Angst und Isolation heraus handeln. Um eine nachhaltige und bedeutungsvolle Zukunft zu erschaffen, müssen wir lernen, unsere innere Kreativität anzuzapfen und diese dann mit anderen im Geiste eines anteilnehmenden Dienstes zu verbinden. Dieses *Handbuch* ist ein Buch von Pionier*innen gesellschaftlicher Architektur, die praktizieren, was sie predigen. Dieses Buch stellt eine inspirierende Landkarte dar für die Entdeckungsreise unserer inneren Kreativität hin zur Entwicklung einer unterstützenden und synergetischen Gemeinschaft und weiter zu praktikablen und kooperativen Handlungen in der Welt.«

Jean Houston

Autorin von *Begeisterung für das Mögliche* und *Jump Time*

»Ich glaube, dass das Arbeiten in Gruppen transformierende Synergien erschafft, durch die wir gemeinsam schneller und tiefgreifender vorankommen als wenn wir auf uns alleine gestellt unterwegs sind. Durch das gegenseitige Wachrufen erweitern wir die Basis unserer Anliegen, entdecken wir eine vertiefte Beziehung zu unserem Planeten und verstärken das Erkennen seiner Bedürfnisse genauso wie unsere Bereitschaft diese Bedürfnisse kreativ zu erfüllen.

Gemeinschaftlich zu wirken ermöglicht jeder Person, die Träume und Stärken eines jeden anderen der Gruppe zu halten. Sollten wir also in einen Abschnitt von Depression oder Hoffnungslosigkeit geraten, werden unsere Stärke und unsere Träume von der Gruppe gehalten bis wir zu einer gesünderen Geisteshaltung zurückkehren. Und wenn wir das für jeden von uns tun können, können wir ebenso unsere kollektiven Träume für die Zukunft der Welt halten.«

Arjuna Ardagh

Autor von *Radikal gelebte Meisterschaft. Das Geheimnis wahrer Größe: Radikale Brillanz*

»Am brillantesten sind wir, wenn wir zusammenarbeiten. Den meisten von uns ist das bewusst: Dies ist der Grund für Ideenschmieden, Mastermind-Gruppen und Coachings. Es gelingt jedoch nicht automatisch, das Beste aus jedem von uns hervorzuholen. Dafür braucht es eine wohldurchdachte Intention und Übungsmöglichkeit. Dieses *Handbuch* ist das einzige Werkzeug, das du benötigst, um das Optimale in jedem von uns an die Oberfläche zu bringen und um gemeinsam etwas Einzigartiges zu kreieren – nicht nur als eine Zusammenarbeit, sondern als eine Bewusstheit.«

Inhalt

Widmung

Für den EINEN, der für viele steht ...
und für die Vielen, die ihren Beitrag zur Erschaffung einer neuen,
liebenswerteren Welt leisten.

Danksagung

Die Ideen und Übungen in diesem Buch sind in den letzten Jahrzehnten aus zahlreichen Fäden gewoben worden. Wir danken folgenden Freund*innen und Kolleg*innen für ihren großzügigen Beitrag zu unserem Leben und zu diesem Buch:

Barbara Marx Hubbard – Visionärin, Social Architect und evolutionäre Denkerin – ist seit Jahrzehnten unsere Freundin, co-kreative Kollegin und Mentorin. Ihre wegbereitende Arbeit mit dem Core Group Process™ bildete die Grundlage für dieses *Handbuch* und inspirierte Menschen auf der ganzen Welt. Ihre Freundschaft und Beratung haben unser Herz berührt und unser Bewusstsein erweitert. Wir danken Barbara und ihrer *Foundation for Conscious Evolution* für die innovative Arbeit, die sie leisten, um das Bewusstsein auf unserer Erde zu verändern.

Unsere aufrichtigste, von Herzen kommende Dankbarkeit gilt unseren hingebungsvollen Ehemännern Sanford Anderson und Makasha Roske für ihre liebevolle Unterstützung und weisen Ratschläge. Die Verbindung unserer schöpferischen Geisteskraft ist eine nie versiegende Quelle der Freude, der Inspiration, des Lernens und der Bereicherung.

Unser besonderer Dank gilt Marion Culhane für ihre Vision und ihr Engagement bei der Mitgründung der *Global Familiy*, für ihre unermüdliche Unterstützung und Inspiration und dafür, dass sie *die* Art von Schwester ist, die nur die Glückskinder zu ihrer Familie zählen können!

Wir sind Carolyns verstorbenem Mann und co-kreativem Partner John Zwerver dankbar, der als Herausgeber der früheren Version dieses Buches in hohem Maße zum Inhalt und GEIST dieser Arbeit beitrug. Danken möchten wir auch Tim Clauss für die Jahre, die er der *Global Family* voller Engagement gedient hat, für seinen unschätzbaren Beitrag, auf der ganzen Welt Core Groups zu gründen und für die Co-Creation vieler der

Tipps, Prinzipien und Übungen in diesem *Handbuch.* Wir schätzen sein Talent, seine Großmut und seine Freundschaft.

Unsere Wertschätzung gilt der *Hummingbird Community* in New Mexico für die Entwicklung der Co-Creation und dafür, dass sie als lebendes Labor für die Bewusstseinsentwicklung dient. Wir danken auch Rich Ruster, Ralph Huber und David Fischer für die führenden Rollen, die sie bei der Unterweisung anderer in co-kreativen Methoden übernommen haben.

Wir danken Veit und Andrea Lindau, den Gründern des *Human Trust*, für ihre großzügige Gastfreundschaft, liebevolle Freundschaft und ihre Unterstützung dabei, den Nährboden für die Verbreitung unserer Übungen in Deutschland zu bereiten – und wir danken ihnen dafür, dass sie uns Cornelia Linder empfohlen haben, die das Buch in ihrem Verlag in Deutschland publiziert. Wir sind allen dreien sehr dankbar.

Eine Gruppe Global Family Ambassadors trifft sich wöchentlich in Video-Calls, um die Co-Creation-Übungen zu praktizieren, weiterzuentwickeln und mit den Teilnehmern ihrer Gemeinschaften zu teilen. Wir fühlen uns durch die Verbundenheit mit diesen Pionier*innen inspiriert und energetisiert – und wir danken ihnen dafür, sich verpflichtet zu haben, ein Resonanzfeld aufzubauen, das als Fundament für globale Co-Creation dient.

Marian Head, Amaeya Rae, Lila Tresemer, Louis Bohtlingk und Alan und Dianne Collins haben ihre Brillanz großzügig mit uns geteilt, und zwar in Form von erfahrungsbezogenen Übungen und Sondierungsgesprächen. Möge ihre Freundlichkeit und Selbstlosigkeit auf überraschende und bedeutungsvolle Weise reichlich belohnt werden!

Und schließlich danken wir unseren Kindern, Enkeln und den künftigen Generationen dafür, dass sie uns den Weg in eine neue Welt der Einheit und Liebe gezeigt haben.

Dies war wahrlich ein co-kreatives Unternehmen, und wir sind tief gerührt von der Unterstützung, die wir von so vielen Menschen, die uns so viel bedeuten, erhalten haben.

In Liebe und Dankbarkeit
Carolyn Anderson und Katharine Roske

Der Ruf

Dies ist eine Einladung, an dem vielleicht größten Abenteuer aller Zeiten teilzunehmen ... an der Erschaffung einer neuen Welt ... einer co-kreativen Gesellschaft.

So wie viele unserer Vorfahren oft große Strecken zurücklegten, um ihre Überzeugungen und Ideale zum Ausdruck zu bringen und ihrem Freiheitsdrang nachgehen zu können, hören wir, die Sozialpioniere von heute, einen inneren Ruf, um eine neue Kultur zu entfalten, die das erweiterte Bewusstsein widerspiegelt, das wir in unserem Leben erfahren.

Die alten Formen, Strukturen und Institutionen werden unseren kollektiven Bedürfnissen nicht länger gerecht, weil wir inspiriert sind, die Verantwortung für die Co-Evolution unserer Welt zu übernehmen. An diesem vielversprechenden Zeitpunkt der Evolution entsteht in den Herzen eines stets wachsenden Menschenverbunds die Sehnsucht, neue soziale Formen zu entdecken und zu entwickeln. Neue Formen, welche die Einheit und Vielfalt anerkennen und das volle kreative Potenzial jedes Individuums wecken.

Während unser Bewusstsein von Trennung und Angst zu Einheit und Liebe wechselt, verspüren wir den Wunsch, uns mit anderen in co-kreativen Bestrebungen zu vereinen – mit Menschen, die die Wertvorstellungen und Tugenden von Vertrauen, Respekt, Gleichheit, Kooperation, Gleichmut, Demut, Großmut, Integrität und Mitgefühl verkörpern.

Dies öffnet einen neuen Horizont – eine Reise in unbekanntes Terrain. Viele sind uns schon vorausgegangen, haben uns den Weg gewiesen und in Augenblicken reagiert, in denen der Schrei der verwirrten Massen rund um die Welt widerhallte. Die großen Meister, Heiligen und Propheten haben uns gezeigt, was möglich ist. Die meisten wanderten entlang eines einsamen Pfades, wurden missverstanden und oft sogar verfolgt.

Jetzt, zum Zeitpunkt der »großen Wende«, erkennen Sozialpioniere, dass wir den Weg nicht allein zurücklegen müssen. Thich Nhat Hahn drückte dies so treffend aus: »Der nächste Buddha ist vielleicht kein Individuum, sondern eine erleuchtete Gemeinschaft«. Wir wechseln von einem Bewusstsein des »Ich« zu einem Bewusstsein des »Wir« als ganze Wesen, die einander in einem Prozess gegenseitigen Erwachens dienen. Im Augenblick öffnen sich Millionen mutiger Individuen in Städten und Dörfern auf der ganzen Welt einer größeren Realität, indem sie auf einen Ruf in ihrem Herzen reagieren, die innere Reise anzutreten, um »sich selbst kennenzulernen«. Diese kreative Minderheit reicht jetzt zahlenmäßig aus, um das Blatt zu wenden.

Dieses *Handbuch*, das dank einer frühen Welle sozialer Erneuerer entstanden ist, stellt eine Reaktion auf das Bedürfnis nach einem Gesellschaftswandel dar. Es bietet Prozesse, Tools, erfahrungsbezogene Übungen und die Erkenntnis, die nötig ist, um uns alle darin zu unterstützen, die Mission der Seele zu erfüllen und die Art von Welt zu erschaffen, von der viele träumen, dass sie möglich ist. Es ist der evolutionäre Imperativ unserer Zeit, uns zu Teams zusammenzuschließen, einen Ort der Liebe zu schaffen und aufrecht zu erhalten, uns kollektiv mit dem GEIST zu verbünden und neue soziale Formen zu entwickeln, die ein erwachtes Bewusstsein verkörpern. Kollektiv gesehen verfügen wir über den inhärenten Genius, die grenzenlose Kreativität und den Reichtum an Ressourcen, die erforderlich sind, um auf die enormen Herausforderungen unserer Zeit zu reagieren.

Diese Einladung richtet sich an alle Pionierseelen, die ihre wahre Essenz erkennen, auf einen inneren Ruf reagieren und denen das

Wohlergehen des Lebens wichtig ist. Mögen wir kühn, mutig und innovativ sein, während wir gemeinsam daran arbeiten, eine neue Welt zu erschaffen, eine co-kreative Gesellschaft, die im Dienste des höchsten Wohls aller steht.

Im Interesse des künftigen Lebens und kommender Generationen wollen wir den evolutionären Sprung wagen und uns gemeinsam auf diese Transformationsreise begeben.

Vorwort

von Barbara Marx Hubbard

Es zeichnet sich eine neue Menschheit ab, die in sich den Samen einer völlig neuen Zukunft trägt und die in den großen mystischen Traditionen der menschlichen Rasse vorausgesehen wurde: der neue Himmel, die neue Erde und das Neue Jerusalem – jenseits des Todes, jenseits von Mangel, jenseits der Illusion des Getrenntseins zwischen den Menschen und dem Göttlichen.

Meiner Meinung nach durchlaufen wir einerseits eine Zeit der Quantentransformation, während es andererseits diese radikal neue Zukunft gibt, die man sich vorgestellt, jedoch ins rein Mystische oder ins Jenseits verbannt hat. Diese Zukunft ist tatsächlich der Attraktor der nächsten Stufe der menschlichen Evolution. Sie entfaltet sich zurzeit mitten unter uns – nicht als Leben nach dem Tod, sondern als Leben nach dieser Lebensphase. Offenbarung entfaltet sich als Evolution. Wir haben das Ende einer Phase menschlichen Wachstums und Bewusstseins erreicht und treten in eine neue Ära einer sich abzeichnenden, noch unbekannten Zukunft.

Es kristallisiert sich immer mehr heraus, dass egozentrische Menschen mit der Macht, das Leben zu verändern – in unserem derzeitigen Bewusstseinszustand –, nicht länger lebensfähig sind. Durch die Biotechnologie, Nanotechnologie, Robotertechnik, künstliche Intelligenz und die Nutzung von Quantencomputern entwickeln die Menschen ständig wachsende Fähigkeiten, die bestehende Welt zu zerstören. Wir stehen vor der Wahl, entweder die Zerstörung der Welt zu riskieren oder uns für eine bewusste Evolution zu entscheiden. Dies läuft auf die Evolution der Evolution selbst hinaus, von natürlicher Selektion zu bewusster Wahl. Wenn die Menschen unserer Generation lernen, die Evolution ethisch zu gestalten – wenn wir uns auf die tiefere Realität selbst einstimmen können, wie es die großen Seher und Mystiker der Menschheit immer getan haben –, erkennen wir die Möglichkeit einer unermesslichen und unbekannten Zukunft: kosmisches Bewusstsein, Transformation unserer Spezies und Kontakt mit anderen Lebensformen. Wenn nicht, sehen wir bereits die Möglichkeit unseres eigenen Aussterbens vor uns.

Im Rahmen dieses epochalen Wandels hin zur nächsten Evolutionsstufe kristallisieren sich drei große Evolutionsströme heraus: die neue Geschichte, der neue Mensch und die neue Gesellschaft. Dieses *Handbuch* leistet einen entscheidenden Beitrag zu jedem einzelnen.

▶ Die neue Geschichte ist die umfassende Geschichte unserer Evolution vom Anfang der Schöpfung bis zum *ersten Zeitalter bewusster Evolution.* Wir sind die Generation, die sich der Evolution bewusst wird, und erkennen, dass wir sie mit allem, was wir tun, beeinflussen. Dies bedeutet absichtliche Evolution, nicht zufällige. Wir sind mit der beängstigenden Herausforderung einer *bewussten Evolution* konfrontiert, nicht nur, um die Selbstzerstörung zu vermeiden, sondern auch, um eine bewusste Selbst-Evolution hin zu einer Zukunft zu fördern, die uns erstrebenswert erscheint. In diesem Bereich hat die Menschheit keine Übung. Deshalb bietet dieses *Handbuch* eine wichtige Orientierungshilfe.

▶ Der neue Mensch könnte »Homo Co-Creator« getauft werden. Er ist im Bewusstsein universell und in den tieferen Schöpfungsprozess eingebunden: dem Impuls der Evolution, das göttliche Streben nach universeller Kreativität. Er wird durch den leidenschaftlichen Wunsch getrieben, an diesem Prozess teilzuhaben, indem er seine Gabe beiträgt, liebevoller und kreativer wird und die

Neigung zu einem bewussten Leben verkörpert. Dieses *Handbuch* unterstützt uns bei unserer Entwicklung zum Homo Co-Creator.

▶ Die neue Gesellschaft ist eine co-kreative Gesellschaft. Mitten unter uns entsteht gerade eine Kultur, die die Eigenschaften des neuen Menschen zum Ausdruck bringt, der sich bereits der Aufgabe verschrieben hat, Mutter Erde wiederherzustellen, die Menschheit von Ungerechtigkeit, Konflikten, Krieg und Krankheiten zu befreien. Der Homo Co-Creator ist ein Mensch, der von seiner Seelen-Essenz inspiriert wird und das kosmische Bewusstsein und Visionen einer Welt anstrebt, in der alle Menschen bereit sind, ihr Bestes zu geben.

Das *Handbuch* hat intuitiv den Entwurf einer bewussten Evolution erkannt! Das Wesentliche dieses Entwurfs besteht in der Anziehung, der Vereinigung im Geist der Liebe zur Co-Creation. Seit Milliarden von Jahren hat die Natur scheinbar nicht zusammengehörige Teile zu immer komplexeren Gesamtsystemen vereint. Jetzt beginnen die Menschen, dies bewusst zu tun.

Wie in diesem Buch beschrieben, vereinen sich die Individuen in co-kreativen Gruppen, um das Potenzial jedes Einzelnen und jeder derart vereinten Gruppe auszuschöpfen. Dies geschieht aufgrund der Anziehung innerhalb eines Resonanzfelds. *Diese kleinen Gruppen bilden die Struktur der neuen Welt, die bereits mitten unter uns entsteht.*

Das *Handbuch* bindet diesen Entwurf in eine Reihe von intensiven, jedoch einfachen Prozessen ein. Diese führen uns von kleinen Gruppen, die lernen, das Resonanzfeld und gemeinsame Ansichten aufzubauen, durch eine Reihe von Übungen, die das Muster des Selbst und der sozialen Evolution enthüllen. Der Prozess gipfelt in co-kreativen Kerngruppen, die sich synergetisch verbinden und durch gemeinsame Lebensziele neue Systeme, Innovationen und Projekte für die neu entstehende Welt entwickeln.

Kerngruppen stellen prägende Einheiten der neu entstehenden Kultur dar. Da sie sich aufgrund der gewählten Berufe ihrer Mitglieder verbinden und handeln, werden sie schon jetzt zu organisch funktionalen Elementen innerhalb des neuen Gesellschaftskörpers – seine Heiler und Unternehmer, seine Kommunikatoren, Erzieher, Künstler, Manager und Anführer aller Art. Bereits heute bilden Netzwerke von menschlichen Gemeinschaften, die sich aus solch kleinen Resonanzgruppen zusammensetzen, die Grundlage für die kulturelle Reformation der Welt.

Wenn wir tief durchatmen und in unserer Vorstellung über den Quantenabgrund springen, können wir bereits das Aufleuchten einer radikal neuen Welt erkennen. Wir haben eine Gesellschaft aufgebaut, deren Organisationen co-kreativ mit den Evolutionsmustern und erfüllt vom GEIST der Schöpfung in jedem von uns sind. Wenn wir damit beginnen, den Prozessen sozialer Synergie neue interaktive Internetkapazitäten hinzuzufügen, um uns miteinander zu verbinden, Co-Creator mit Co-Creator, dann beginnt unser planetarisches Nervensystem köharent zu werden. Facebook, Twitter, über sieben Milliarden Handys, Google und weitere Plattformen organisieren sich nach und nach, um die Co-Creation zu unterstützen.

Während unser planetarisches Nervensystem von Co-Kreativität und Liebe durchdrungen wird – und neue Strukturen wie z. B. Kerngruppen uns miteinander verbinden –, wird das kollektive Bewusstsein der Menschheit positiv beeinflusst.

In dieser neu entstehenden technologischen und sozialen Arena können wir beobachten, wie junge Co-Creatoren, die Kinder unserer Kinder, in den Prozess bewusster Evolution eintreten. Wir sehen, wie sie neue soziale Systeme entwerfen und schließlich Zugang zu den evolutionären Technologien gewinnen, die radikal neue Möglichkeiten, ausreichend Energie und umweltfreundliche Technologien versprechen, um uns von der erdgebundenen kreatürlichen menschlichen Existenz zu befreien. Bereits jetzt stehen wir an der Schwelle eines universellen Lebens.

Kerngruppen, die die wesentlichen Elemente der Co-Creation umsetzen, bilden einen Ausgangspunkt für Pionierseelen, die dazu aufgerufen sind, den Übergang in unserem eigenen Leben, in den Familien, am Arbeitsplatz und in den Gemeinschaften zu vollziehen. Wenn wir diese persönliche und gesellschaftliche Veränderung auf jedwedem Level, den wir erreichen können, vornehmen, versehen wir die chaotische Kultur um uns herum mit Inseln der Kohärenz. Wir bringen sie in Einklang mit der tieferen Neigung der Evolution zu höherem Bewusstsein und größerer Freiheit mittels einer synergetischeren Ordnung. Wir vollziehen den Quantensprung selbst. Wenn wir auf diese Art und Weise harmonieren, leben wir *genau in diesem Augenblick* in einem neuen Himmel und auf einer neuen Erde. Wo auch immer zwei Personen oder mehr sich in diesem Daseinszustand befinden, ist die Zukunft zur Gegenwart geworden. Wir verwirklichen den Traum und erfüllen das Versprechen all der großen Mystiker dieser Welt.

Wenn wir uns die Übungen, die in diesem Buch angeboten werden, bewusst aneignen, leisten wir einen unermesslichen Beitrag zu diesem Quantensprung auf die nächste Stufe der menschlichen Evolution – zum »Himmel auf Erden«. Dieses *Handbuch* zeigt uns persönliche und soziale Prozesse, mittels derer wir den Sprung gemeinsam vollführen können, von innen heraus, von unserer spirituellen Motivation und einmaligen Kreativität aus, um schließlich als Co-Creatoren der großartigen neuen Welt zu fungieren, die, wie wir wissen, realisierbar ist.

Die Zukunft der Menschheit

von Veit Lindau

Wer sich noch nicht frustriert oder konsterniert von allen Nachrichten abgeschottet hat, sondern mit einem aufmerksamen Geist und einem mitfühlenden Herzen verfolgt, was auf unserem Planeten geschieht, der wird mir sicher Recht geben, wenn ich sage:

»Wir Menschen haben ein gewaltiges Problem.«

Es wirft seine Schatten in alle Bereiche des menschlichen Daseins. Es zeigt sich in steigenden Depressions- und Burn-out-Raten, unzähligen gescheiterten Partnerschaften, verkrusteten Erziehungs- und Bildungssystemen, der immer größer werdenden Schere zwischen Arm und Reich, sinnlosen Kriegen, Terrorismus und Umweltkatastrophen.

Dabei sind wir (eigentlich) so intelligent. Wir wissen so viel. Wir verfügen nachweislich über die Ressourcen, um die anstehenden Herausforderungen zu lösen. Die meisten Menschen sind auch durchaus fähig zu lieben. Also, was ist unser Problem?

Wenn ich es auf einen Nenner bringen müsste, würde ich sagen, wir haben ein Beziehungsproblem. Mit uns selbst, mit unseren Mitmenschen, mit der Umwelt, mit dem Kosmos. Obwohl wir nachweislich auf vielen Ebenen mit Allem verbunden sind, denken, fühlen und agieren die meisten von uns wie isolierte, getrennte Wesen. Hier sind wir – und da ist der große Rest.

Ein Mensch, der ego(ich)zentriert kommuniziert, ist weder fähig, sein eigenes Potenzial, noch das der Systeme, in denen er lebt, voll zu entfalten. Er wird sich und andere immer wieder als Objekte betrachten, die untereinander um die Durchsetzung ihrer Bedürfnisse konkurrieren. Er wird sich mit Gleichgesinnten in Interessensbündnissen (Familien, Parteien, ...) zusammenschließen. Doch um zu erkennen, wie uneffektiv diese Kommunikations- und Beziehungsformen sind, brauchen wir nur den Dialogen einer festgefahrenen Ehe, einer Betriebsratssitzung in einem großen Konzern oder einer Debatte im Bundestag zu lauschen.

Die Art und Weise, wie wir bis hierher miteinander kommuniziert haben, kann die Herausforderungen unserer Zeit nicht lösen. Unsere Kleinfamilien, Schulen, Konzerne und Regierungen agieren zu starr, zu rechthaberisch, zu getrennt, um im reißenden Strudel von Globalisierung und Technologisierung nicht nur den Kopf über Wasser halten, sondern den Ritt sogar genießen zu können.

Ich möchte dich mit dieser Schilderung nicht frustrieren, sondern für die große Hoffnung sensibilisieren, die sich in der Kernidee dieses Buches verbirgt.

Ich bin ein Optimist. Ich glaube, dass sich die menschliche Spezies nicht am Ende, sondern am Beginn ihrer Entwicklung befindet. Wir sind evolutionäre Babys, die nicht ansatzweise begriffen haben, wie viel schöpferisches Potenzial ihnen anvertraut wurde. Das Leben passiert uns nicht einfach so. Wir verfügen über die Kapazität, es mitzugestalten. Doch das schaffen wir nicht mit den bisher hauptsächlich praktizierten Beziehungsformen, nicht mit Konkurrenz und auch nicht mit Kooperation.

Um ein einfaches Bild zu gebrauchen: Stell dir vor, der Menschheit wurde ein großes existentielles Rätsel anvertraut. In jedem von uns verbirgt sich ein Schlüssel zu dessen Lösung. Doch solange die Mehrheit primär aus Eigeninteresse und nicht abgestimmt mit dem Rest agiert, geht es nicht weiter.

Aber was wäre, wenn wir in unseren Partnerschaften, Teams, Unternehmen und letztendlich als eine Menschheit in der Lage wären, unsere individuellen Ambitionen in einem zentralen Anliegen zu vereinen? Nämlich dem Wunsch, Lösungen zu empfangen, die dem Wohlergehen aller Wesen dienen.

Für viele mag dies wie eine naive Utopie klingen, doch ich suche und forsche seit Jahrzehnten auf diesem Gebiet und weiß, dass sie existieren – die neuen Wege, sich aufeinander zu beziehen. Kein Einheitsbrei schwacher Individuen, sondern ein schöpferisches Konzert starker ICHs, die ihre Gaben und Sehnsüchte in einem starken WIR vereinen. Die Methoden, die den Fühler in diese Richtung ausstrecken, mögen verschieden heißen – agile Organisationsentwicklung, U-Theory, Presencing, Feldtuning usw. – doch ihnen allen liegt ein essentielles Kommunikations-Prinzip zugrunde: Co-Creation.

Auch wenn Co-Creation mittlerweile fast schon wieder zu einem Modewort verwässert wurde, ist es eben nicht nur eine Idee, sondern ein grundsätzliches Prinzip des Lebens. Jede Zelle deines Körpers co-kreiert mit allen anderen. Die Biene co-kreiert mit der Apfelblüte. Wir waren immer Part dieser so komplexen, multidimensionalen Schöpfungssinfonie. Doch weil unser Verstand fähig ist, eine Illusion der Trennung zu kreieren, fielen wir (scheinbar) aus der Ordnung und produzierten schräge Töne. Ich bin überzeugt, dass wir langfristig selbst die dunkelsten Zeiten der Menschheit als Geburtswehen eines universellen Bewusstseins begreifen werden. Doch nun ist es Zeit, aus dem Traum der Separation aufzuwachen und, gereift durch die Erfahrung des schöpferischen Exils, noch bewusster an den Co-Creations-Prozessen teilzunehmen.

Wem dies zu episch oder mystisch klingt (sorry, ich gerate bei diesem Thema schnell ins Schwärmen), stell dir einfach ein Team von tollen Menschen um dich herum vor, die allesamt fähig sind, ihr Ego für ein gemeinsames Anliegen zu entspannen, so ihre einzigartigen Gaben miteinander zu synchronisieren und sich auf ein völlig neues Level an Kreativität emporzuschwingen.

Klingt das gut? Dann freu dich auf dieses Buch. Das tollste daran ist – und deshalb empfehle ich es sehr gern weiter: Es wurde eben nicht von ein paar schlauen Theoretikern in einem verstaubten Elfenbeinturm niedergeschrieben. Ich kenne die Menschen hinter diesem Werk persönlich sehr gut. Ich kann dir versichern, sie leben seit Jahrzehnten Co-Creation. Sie kennen das Licht und den Schatten des Prozesses. Sie wissen um die Möglichkeiten, aber auch um die Fallen. Wir arbeiten selbst mit der Global Family in einigen Projekten zusammen und ich habe selten Autor*innen erlebt, die die Ideen, über die sie schreiben, selbst so integer und konsequent anwenden. Co-Creation funktioniert!

In den vielen Gesprächen, Vorträgen und Seminaren unserer Arbeit weiß ich, dass die meisten wachen Menschen heutzutage die Begrenztheit der alten Systeme sehen und die neuen Kommunikations- und Organisationsformen ahnen. Die Frage, die ich dabei am häufigsten höre, lautet: »Wie? Ich weiß, etwas Neues muss her, aber wie sieht es aus?«

Dieses Buch enthält eine konkrete Schritt-für-Schritt-Anleitung für die Teams, in denen du lebst, um die Wirkkräfte der Co-Creation einzuladen und so überraschend neue Lösungen zu empfangen, die dir dienen, euch dienen, allen dienen.

Es ist ein Buch für alle Bewusstseins-Pionier*innen unserer Zeit, die begriffen haben: Die Zeit der Einzelanstrengung ist vorbei.

Ich wünsche dir von ganzem Herzen, dass dich das Thema packt, verändert, verzaubert. Dass du schnell die passenden Mitstreiter findest – um dich mit ihnen in neue geistige Höhen zu erheben und dann Schritt für Schritt eine neue Welt zu manifestieren.

Die nächste Seite deiner und unserer Geschichte wird dort aufgeschlagen, wo du heute lebst.

Die Geschichte der Menschheit passiert nicht einfach so. Wir erschaffen sie miteinander. Buckminster Fuller schrieb einmal: »Wir sind die Kapitäne des Raumschiffes Erde.« Wir, das sind nicht irgendwelche Regierungen oder Heilige. Wir, das bist du, das sind wir. Noch torkelt das Raumschiff, weil die wenigsten seiner Insassen begriffen haben, dass sie heute Morgen aufgestanden sind, um es bewusst zu steuern.

Je mehr Menschen diese ihnen innewohnende Power erkennen, desto wahrscheinlicher werden wir miteinander eine völlig neue Form der Beziehung erlernen – die bewusste Co-Creation von vielen starken ICHs in einem starken WIR.

Dann werden die Spinner die Normalen sein und Liebe die natürliche Tagesordnung.

Warte nicht auf die anderen. Es beginnt mit dir. Lass dich von den Zynikern und Frustrierten nicht bremsen. Bring gute Fragen und starke Visionen in deine Netzwerke.

Sei ein inspirierender Lichtbringer.

Kommunikation ist der Schlüssel. Bring all deinen Beziehungen Vergebung und Freude, Frieden und Lust am Erschaffen.

Die Zeit ist reif für Co-Creation.

Mit herzlichem Gruß,

Veit Lindau, Oktober 2018

Optimale Nutzung dieses Handbuchs

Dieser Leitfaden wurde geschrieben, um die Entwicklung von Individuen und die Bildung von co-kreativen Gruppen zu unterstützen, die ein gemeinsames Anliegen verfolgen oder ein Projekt kreieren wollen. Das Buch ist ein Tool, das dich befähigen soll, die Prinzipien und Methoden der Co-Creation zu erlernen, und das dir dabei hilft, Teamkollegen zu finden, damit ihr euch und die Welt gemeinsam entwickeln könnt. Jene Gruppen, die schon Erfahrung darin haben, Vertrauen und Resonanz aufzubauen, werden sogar noch mehr von diesem Leitfaden profitieren, weil ihre Gruppe auf die nächste Stufe geführt wird – die Stufe der Co-Creation.

Zu den Gruppen und Gemeinschaften, die vom Erlernen co-kreativer Praktiken profitieren können, gehören Unternehmen, Interessengemeinschaften, Familien, gemeinsame Haushalte, engagierte Teams, Aktionsgruppen, Kirchengemeinschaften und Dienstleistungsgruppen sowie alle anderen kleinen Gruppen, die sich gebildet haben, um sich weiterzuentwickeln und Heilung zu erfahren oder positive Veränderungen in ihrer Gemeinschaft und in der Welt zu fördern. Tausende von Pionierseelen haben entdeckt, dass die individuelle und die kollektive Transformation erleichtert wird, wenn die im Folgenden beschriebenen wesentlichen Elemente eingesetzt werden.

Die Kerngruppe ist keine emotionale Selbsthilfegruppe. Ihre Funktion besteht in der Verbindung, nicht in der Korrektur, in der

Erfahrung und nicht in der Beobachtung, in der Emergenz und nicht in der Dringlichkeit.

Die Teilnehmer müssen ein Mindestmaß an psychospiritueller Reife erlangt haben, um den Wunsch zu verspüren, über ihre persönliche Geschichte hinauszugehen, ihre einmalige Genialität mit anderen zu teilen und zum Entstehen einer neuen Gesellschaft beizutragen.

Handbuch-Übersicht

TEIL 1 des Buchs bietet einen Überblick über die wesentlichen Elemente der Co-Creation und einen Rahmen für den Prozess.

TEIL 2 beinhaltet Instruktionen und Materialien, um dich bei der Bildung und Aufrechterhaltung deiner Kerngruppe zu leiten.

TEIL 3 bildet den Mittelpunkt dieses Buchs. Er besteht aus einer Reihe von Übungen, die deine Gruppe durchführen kann, um sich zu stärken. Um den größten Nutzen aus den gewonnenen Erfahrungen zu ziehen, empfehlen wir allen Mitgliedern deiner Gruppe wärmstens, ein *Handbuch* zu kaufen und die TEILE 1 und 2 zu lesen, bevor sie zu TEIL 3 übergehen.

TEIL 4 enthält ein Glossar, die Biografien der beiden Autorinnen, und Informationen, wie ihr mit einer Reihe innovativer Organisationen und der wachsenden Gemeinschaft von Co-Creatoren weltweit in Verbindung bleiben könnt.

Viele der Meditationen, die im *Handbuch* aufgeführt sind, wurden aufgezeichnet und du findest sie in englischer Sprache unter

www.cocreatorshandbook.com.

Wir laden dich ein, diese Website zu besuchen, um dort deine Erkenntnisse, Kommentare und Einsichten mit uns zu teilen, die du beim Durchlaufen des Core Group Process™ mit deiner Gruppe gewinnst. So können wir voneinander lernen.

Wir, die Autorinnen, haben uns der fortlaufenden Entwicklung und der Weitergabe der besten co-kreativen Praktiken verschrieben. Deswegen werden wir gelegentlich Ergänzungen zum *Handbuch* herausgeben, die diese Fortschritte widerspiegeln. Die Abonnenten der Mailingliste der *Global Family* werden informiert, wenn es neue herunterladbare Dateien gibt. *Wenn du diese Benachrichtigungen erhalten möchtest, dann trage dich auf der Mailingliste unter* **www.globalfamily.org** *ein.*

Vermutlich wirst du viele Meetings benötigen, um das Material, das in jedem Kapitel dieses Buches angeboten wird, durchzuarbeiten. Lass dir für die Übungen Zeit. Versuche nicht, in Eile so viel wie möglich zu absolvieren. Koste das Gefühl aus, eine Gruppenresonanz aufzubauen, und das Privileg, voll und ganz in den Prozess der Selbstfindung und des Gruppen-Empowerments eingebunden zu sein.

Die meisten Übungen sollen linear angegangen werden. Du kannst am Anfang eines jeden Kapitels beginnen und jeden Prozess durchlaufen oder deine eigene Version der Übung co-kreieren. Kreis 5 über Zeremonien und Rituale bildet eine Ausnahme. Wir empfehlen dir, dieses Kapitel vor deinem zweiten oder dritten Meeting durchzugehen, um dich mit dem Inhalt vertraut zu machen. Du kannst diese Praktiken dann jedes Mal nutzen, wenn sich die Gelegenheit dazu bietet.

Die wesentlichen Elemente dieses Prozesses sind die Liebe und das Bewusstsein, die jede Person in die Gruppe einbringt. Die Schaffung und Aufrechterhaltung von Resonanz ermöglicht es, dass jedes Element spontan in perfektem Timing auftaucht.

Wenn deine Gruppe bereits als co-kreative Kerngruppe in den Prozess eintritt, befasst du dich vielleicht mit der Einleitung und durchläufst einige der Prozesse in den ersten Kapiteln und gehst dann zu Kreis 7 über.

Um ein Gefühl der Sicherheit zu gewährleisten, die intensive Kommunikation zu fördern und das Vertrauen aufrecht zu erhalten, muss der persönliche Austausch von allen Mitgliedern deines Kreises vertraulich behandelt werden.

TEIL 1

Eine Einladung zur Co-Creation

Eine Einladung zur Co-Creation

Sehnst du dich danach, die Bestimmung deiner Seele zu erfüllen?

Fühlst du dich aufgerufen, deine Gaben in Resonanz mit anderen zu teilen?

Fühlst du dich inspiriert, deinen Teil zur Entstehung einer neuen, liebenswerteren Welt beizutragen?

Wenn dies zutrifft, wirst du von innen heraus durch eine Energie emporgehoben, die so kraftvoll wie der Drang zur Selbsterhaltung ist. Es ist die Sehnsucht nach Selbstverwirklichung. Das Entdecken unseres authentischen SELBST, das sich mit anderen verbindet, die unsere Vision und »Leidenschaft für das Mögliche« teilen, führt zu einer positiven Veränderung in der Welt.

Wir nennen es das Bedürfnis nach Co-Creation. Es ist das Aufflammen der menschlichen Kreativität, einer evolutionären Kraft, welche die Welt verändern kann. Während wir gemeinsam dieses Neuland betreten, finden wir auch gemeinsam unseren Weg. Es gibt keine Orientierungshilfen und nur wenige Mentoren; die einzigen wahren Führer ruhen in uns selbst. Wir entdecken den Prozess gemeinsam, folgen unserer Intuition und lernen dabei.

Wir stehen an der Schwelle zu einer globalen Renaissance, von der die Visionäre unter den Menschen nur vage geträumt haben. Jeder von uns besitzt das Potenzial, als authentisches SELBST zu erwachen, die Bestimmung seiner Seele zu entdecken und sich mit anderen zu verbinden, um eine neue Welt hervorzubringen, eine co-kreative Kultur!

Die Entwicklung des Core Group Process™

Die Prinzipien und Übungen, die in diesem Buch vorgestellt werden, wurden im Laufe der Zeit einigen Gruppen auf der ganzen Welt präsentiert. Naturvölker praktizieren viele dieser Elemente seit Jahrhunderten. Doch bevor Global Family das ursprünglichen Handbuch *Rings of Empowerment* veröffentlichte, das diesem *Handbuch* zugrunde liegt, hatte noch nie jemand das gesamte Modell beschrieben oder es als Gesamtsystem präsentiert, sodass andere es nachmachen konnten.

Die wesentlichen Elemente dieses Prozesses wurden 1984 von Barbara Marx Hubbard und Carolyn Anderson aufgezeigt, als sie anlässlich von Barbaras *Vice Precident Campaigne* für eine positive Zukunft durch die USA reisten. Die Menschen bildeten spontan kleine Gruppen, fühlten sich von der Aussicht auf eine bessere Welt und den Rollen angezogen, die sie bei der Schaffung einer neuen Gesellschaft spielen könnten. Sie entwickelten Resonanz und vereinten ihre Genialität, als sie sich für die Vision und die Mission der Kampagne engagierten. Durch die Ausarbeitung des Musters der *Positive Future Centers* wurde der Umriss dieses Modells für personelle und planetarische Transformation entdeckt und der Prozess offenbart.

Als Mitbegründer der Global Family entwickelten Barbara und Carolyn 1986 den Begriff »Core Group Process™« und führten schon bald Schulungen durch, um das Modell mit anderen zu teilen. Als Tim Clauss 1988 Mitglied der Global Family wurde, arbeitete er mit Carolyn zusammen, um bei der Co-Creation vieler der in diesem Buch enthaltenen Übungen, Tipps und Ratschläge mitzuwirken.

In jenen Tagen war der Begriff »Co-Creation« nicht im Lexikon zu finden. Obwohl Mitglieder der *Findhorn Community* diese Bezeichnung benutzt hatten, um ihre Beziehung zur Natur zu beschreiben, war den meisten Menschen das Grundkonzept unbekannt. Barbara Hubbard und Global Family trugen wesentlich dazu bei, den Begriff mittels ihrer Veröffentlichungen, Schulungen und Versammlungen in den 1980er- und 1990er-Jahren bekannt zu machen. Heutzutage hat der Begriff »Co-Creation« Eingang in die Umgangsprache gefunden und wird häufig im Geschäftsleben als Synonym für Kooperation oder Kollaboration verwendet. Selten wird dieser Begriff außerhalb einer relativ kleinen Anzahl von Gruppen und Organisationen so benutzt, wie er in diesem *Handbuch* definiert wird: *»bewusste Einstimmung auf die Quelle, die Natur und die Essenz des Selbst und anderer; bewusstes Gestalten mit dem evolutionären Impuls.«*

1996 gründete eine Kerngruppe aus sechs Mitgliedern der Global Family – einschließlich Carolyn und Katharine Roske – die Hummingbird Community und brachte co-kreative Praktiken und die Weltanschauung bewusster Evolution in die Gemeinschaft mit ein. Die kontinuierliche Anwendung der Praktiken hat ein kohärentes Resonanzfeld erzeugt, das stark, stabil und entwicklungsfähig ist.

Barbara Marx Hubbard meint: *»Hummingbird ist die erste Gemeinschaft, die sich der bewussten Evolution und der Co-Creation widmet. Sie stellt das Herz und die Seele der co-kreativen Bewegung dar.«*

Zu einem bestimmten Zeitpunkt wurden die Elemente des Core Group Process™ als »Empowerment-Ringe« bezeichnet. Später wurde das Modell in der Originalversion des *Handbuchs* in »Kreise der Co-Creation« umbenannt. Wir glauben, dass die Elemente dieser Kreise die Grundlagen darstellen, die erforderlich sind, um die menschliche Kreativität freizusetzen und die hierarchische Gesellschaft in eine partnerschaftliche zu verwandeln.

Der Begriff »resonierende Kerngruppe« (Anm. d. Übers.: an manchen Stellen auch »resonante Kerngruppe« oder »Resonanzkerngruppe« genannt) bezieht sich auf eine kleine Gruppe von Menschen, die die Beziehung zueinander von einem Mittelpunkt oder Kern bedingungsloser Liebe und Authentizität aus pflegen. Egal, wie man sie nennt – jede kleine Gruppe, die einen sicheren Ort bietet, um mit anderen aus dem Gefühl/dem Herzen heraus eine Beziehung zu pflegen und die völlige Entfaltung intuitiven Wissens fördert, ist eine Art resonierende Kerngruppe. Im Resonanzfeld beginnen die Individuen, ihr Bewusstsein von einem »Ich« auf ein »Wir« zu verlagern und den Nutzen des Einstimmens auf die kollektive Intelligenz ihres Kreises zu erfahren.

»Co-creative Kerngruppen« stellen eine entwickelte Form von resonierenden Kerngruppen dar. Diese Gruppen haben sich mit einer gemeinsamen Absicht zusammengeschlossen. In ihnen können die Mitglieder ihre Begabungen verwirklichen und zu einer besseren Gesellschaft beitragen. *Anders als Gruppen, die sich auf persönliches und spirituelles Wachstum konzentrieren, aber nicht bereit sind, sich in der Welt sozial zu engagieren, und anders als soziale Aktionsgruppen, die sich nicht die Zeit nehmen, Harmonie und Resonanz untereinander zu kultivieren, bringen die cokreativen Kerngruppen Liebe und Handeln hervor.* Co-Creatoren sehen in ihrer Arbeit und in ihren Beziehungen zueinander eine Möglichkeit, die Welt, die sie sich vorstellen, zu entwerfen. Cokreative Kerngruppen stellen einen evolutionären Sprung bei der Sozialorganisation und eine neue Struktur für das Empowerment von Individuen und Gruppen dar. In ihrer höchsten Vollendung zeigen sie auf, dass ihr Projekt oder ihre Aktivität ein entscheidender Teil im gesamten Modell darstellt.

Wenn wir unsere Organisationen und Gemeinschaften um diese synergistischen sozialen Einheiten bereichern, können wir erfüllte, authentische Menschen werden, die ungeheuer wertvolle Beiträge für die Gesellschaft leisten. Als Mitglieder co-kreativer Gruppen können wir die alten Gewohnheiten von Angst, Dominanz/Unterwerfung, ungesundem Wettbewerb und Trennung ablegen. Stattdessen können wir Liebe, Harmonie, Kooperation und Harmonie erfahren, die in hohem Maße unsere Effizienz bei der Schaffung positiver sozialer und gesellschaftlicher Veränderungen verstärken werden.

Ein Überblick über die Kreise der Co-Creation

Die Elemente der Co-Creation bieten eine Reihe von Praktiken, die dir dabei helfen, dich als dein authentisches oder essenzielles SELBST zu stabilisieren, den Sinn deines Lebens zu entdecken und dich mit anderen zu verbinden, um eine neue Welt zu erschaffen. Das Folgende ist ein Überblick über den Core Group Process™.

Wie in Teil 3 beschrieben, stellt jeder Kreis ein Element dieses Prozesses dar und bietet Inspiration, Information und erfahrungsbezogene Übungen, die der Entwicklung und dem Empowerment von dir und deinen Partnern dienen. Wenn alle Elemente bewusst geübt werden, erfolgt eine wirkliche Transformation und eine Intensivierung des Bewusstseins, der Kreativität und der Erfüllung. Wenn wir als Co-Creatoren erwachen, führen wir die Veränderung herbei, die wir uns für die Welt wünschen – wir erschaffen eine Kultur, die unsere Wertvorstellungen, unsere Vision und unser Bewusstsein authentischer widerspiegelt.

Die Grafik auf der nächsten Seite ist eine zweidimensionale Abbildung eines Prozesses, der evolutionär, dynamisch und transformativ ist. Im Mittelpunkt stehen die Liebe, der GEIST und das SELBST. Jeder der anderen »Kreise« umgibt die Mitte, wird vom Zentrum informiert und arbeitet synergistisch mit all den anderen Kreisen auf nicht-lineare Weise.

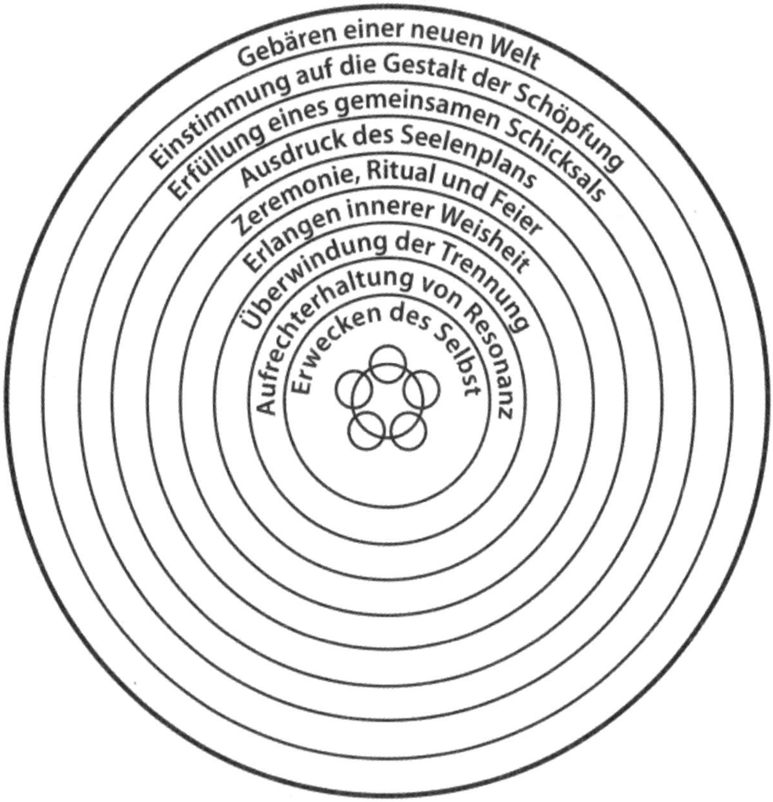

KREIS 1: ERWECKEN DES CO-KREATIVEN SELBST

Allen Traditionen und Glaubenssystemen ist der evolutionäre Impuls gemeinsam, »sich selbst« zu erkennen. Dank der Gnade und des göttlichen Timings begibt sich jeder von uns auf eine heilige Reise der inneren Erforschung und entwickelt mehr Bewusstsein. Wir erwachen als Präsenz oder liebendes Bewusstsein und beginnen, alle Aspekte unseres Daseins willkommen zu heißen – das Licht und den Schatten. Allmählich wechselt unsere Identität von unserem individuellen Selbst zu unserem authentischen SELBST und wir erleben ein Gefühl tiefen inneren Friedens und alles durchdringender Liebe. Wir erkennen, dass der Impuls der

Schöpfung durch uns zum Ausdruck kommt. Dieses In-Aktion-Treten als authentisches SELBST ist das Erwachen des co-kreativen SELBST. Unser Wesen zeigt sich in unserem Tun und wir werden zu echten Co-Creatoren, Verkörperungen universeller Intelligenz – zum »neuen Menschen«.

Wir erkennen, dass jeder von uns einmalig *und* universell ist. Wir haben gemeinsame Bedürfnisse nach kreativer Erfüllung und der Erfahrung von Gemeinschaft. Wir entwickeln uns vom ichbezogenen zum gesamtzentrierten Bewusstsein und werden angezogen von verwandten Seelen, die unsere Leidenschaft teilen und der Liebe, die wir verkörpern, zur vollen Entfaltung verhelfen. Wie Raupen schlüpfen wir aus dem Kokon falscher Identität, um uns als Schmetterlinge wiederzufinden. Wir geben unsere Suche auf und beginnen, das Leben so zu genießen, wie es sich präsentiert, Augenblick um Augenblick.

KREIS 2: ERSCHAFFEN UND AUFRECHTERHALTEN VON RESONANZ

Die Liebe ist die fundamentale, vereinende und kreative Kraft im Universum. Wenn wir uns im Herzen verbinden und einander in bedingungsloser Liebe und Akzeptanz begegnen, wird ein unsichtbares Feld geschaffen. Dieses Resonanzfeld der Liebe hilft uns, die kreative Kraft zu erlangen und bringt den co-kreativen Prozess in Gang.

Wenn wir wirklich so gesehen, angenommen und honoriert werden, wie wir sind, wird unser Vertrauen gefestigt und wir fühlen uns gestärkt. Wir üben uns in Unvoreingenommenheit, Vergebung und darin, einander zu lieben wie uns selbst. Wir sehen in jeder Begebenheit eine Gelegenheit zur Reflexion, Transformation und Heilung. Unser Leben ist unser Werk, wenn wir Minute für Minute und Tag für Tag die Resonanzprinzipien verkörpern – an unserem Arbeitsplatz, in unserem Zuhause und in unseren Gemeinschaften.

KREIS 3: ÜBERWINDEN DER ILLUSION DES GETRENNTSEINS

Wenn wir in diesem einheitlichen Bereich der tiefen Harmonie, des vertrauten Teilens und der Sicherheit zusammenkommen, lösen sich unsere Gefühle des Getrenntseins und der Angst nach und nach auf. Wir konfrontieren uns mit unseren Unzulänglichkeiten, akzeptieren sie schließlich und lernen eine Reihe von Kommunikationsfertigkeiten, die die Ausrichtung auf unser wahres Wesen fördern. Wir schaffen Vereinbarungen, die Authentizität fördern, unser Potenzial wecken und jeden Einzelnen von uns befähigen, seine einzigartige Kreativität zum Ausdruck zu bringen. Wenn wir Vergebung praktizieren, können wir Vertrauen aufbauen, die Illusion des Getrenntseins zerstören und die Wahrheit und Schönheit, die wir in den anderen sehen, akzeptieren.

KREIS 4: ERLANGEN INNERER WEISHEIT

Wenn wir tief in einem Bereich der Liebe und des Vertrauens ruhen, erfolgt unwillkürlich eine Öffnung unseres Bewusstseins. Die »ruhige, kleine Stimme Gottes«, die Weisheit, die in jedem von uns ruht, offenbart sich durch intensives Lauschen. Das Flüstern des essenziellen SELBST wird hörbar, wenn wir herunterschalten, unsere Aufmerksamkeit auf unser Inneres lenken und die uns angeborene Weisheit würdigen.

Das Resonanzfeld unserer Kerngruppe hebt uns alle empor und fördert unsere einzigartige kreative Ausdrucksform und Ganzheit. Gemeinsam gewinnen wir größeren Zugang zur universellen Intelligenz. Wir lernen, unserem Herzen zu vertrauen, unserer inneren Führung zu folgen und die Liebe und Unterstützung jener zu erlangen, die diese Reise des Erwachens mit uns teilen.

KREIS 5: ZEREMONIE, RITUAL UND FEIER

Wir entwickeln Zeremonien und Rituale, die uns helfen, den Resonanzzustand zu verankern und aufrecht zu erhalten und zu erkennen, dass all unsere Beziehungen heilig sind – untereinander, mit Gaia und dem innewohnenden GEIST. Wenn wir uns auf die natürliche Ordnung, die Jahreszeiten und unsere Lebensphasen einstellen, nehmen wir uns die Zeit für Einkehr, Übergangsrituale und Zeiten stiller Reflexion. Das Gewöhnliche wird als heilig empfunden, wenn wir im Alltag einen Sinn sehen und die Weisheit, die wir verkörpern, manifestieren.

Wenn wir zu unserem SELBST heimgekehrt sind, bringen wir unser Potenzial in Einklang mit der Natur und anderen zum Ausdruck. Wir vertrauen dem Augenblick und feiern das, was eintreten will.

KREIS 6: AUSDRUCK DES SEELENPLANS

Es ist das Schicksal eines jeden Einzelnen von uns, zu unserer wahren Natur zu erwachen und unsere einzigartige Berufung zu entdecken und zum Ausdruck zu bringen. Wir entdecken unseren wahren Platz auf der Welt, indem wir der Weisheit des Herzens und der inneren Führung und Leitung folgen. Wir lernen, »unserem Glück zu folgen«, unserem »Kompass der Freude«. Wir ersuchen die co-kreative Intelligenz unserer Gruppe, uns dabei zu helfen, den Ruf unserer Seele weiterzuentwickeln und über ihn zu reflektieren.

Wenn sich unser göttliches Schicksal offenbart, versuchen wir, unser Können mit dem anderer zu verbinden, die unseren tieferen Zweck mit uns teilen, um unsere kollektive Genialität zu verstärken und den Bedürfnissen des Ganzen besser zu dienen.

KREIS 7: ERFÜLLUNG DES GEMEINSAMEN SCHICKSALS

Sobald wir uns unserer einmaligen Bestimmung bewusst sind, fühlen wir uns zu anderen hingezogen, die mit unseren Wertvorstellungen, unserer Vision und Mission harmonieren, um unser gemeinsames Schicksal zu erfüllen. In »resonierenden Kerngruppen« besteht der gemeinsame Zweck der Teilnehmer in der Fokussierung auf die Entwicklung ihrer Mitglieder. Co-kreative Kerngruppen engagieren sich für Projekte und Aktivitäten, die die einmalige Bestimmung aller Gruppenmitglieder verwirklichen und jedem Einzelnen die Möglichkeit bieten, voll und gleichwertig teilzunehmen. Wir schaffen einen Zustand, der mit der Ehe vergleichbar ist, vertiefen unsere Vertrautheit und verpflichten uns, unseren Partnern und unseren vereinbarten Aktionen gegenüber loyal zu sein.

Der GEIST formt uns zu Gruppen und Teams, damit wir unsere Rolle bei der Schöpfung einer neuen Kultur spielen können. Wie Körperzellen werden wir zu unserem idealen Platz in der Gesellschaft geleitet. Unser Erfolgsbarometer ist das Gefühl der Freude und Erfüllung, das wesentlich ist, um unser individuelles und kollektives Potenzial zu entfalten.

KREIS 8: EINSTIMMUNG AUF DIE GESTALT DER SCHÖPFUNG

Wenn wir uns als unser essenzielles SELBST stabilisieren, unsere Fähigkeit, Zugang zu unserem inneren Wissen zu finden, vertiefen und uns mit anderen vereinen, die dasselbe tun, machen wir uns die co-kreative Intelligenz zu Nutze. Unsere Intuition beginnt, zusammen mit unserem analytischen Intellekt zu arbeiten, und eine neue Fähigkeit kristallisiert sich heraus. Offenbarung vereint sich mit Denken, und wir erfahren Gruppensynergie und die Fähigkeit, uns auf den Entwurf der Schöpfung auszurichten.

Eine neue Art der Führung und Entscheidungsfindung manifestiert sich. Wir entwickeln uns über das Konsensprinzip hinaus und erlangen Zugang zu ganzheitlichem Wissen. Wir lassen zu, dass Entscheidungen und richtiges Handeln enthüllt werden. Geleitet durch die selbstorganisierenden Naturgesetze, beobachten wir, »was geschehen will«. Eine Dynamik der Synergie, Synchronizität und Telepathie entfaltet sich und inspiriert uns, unser kollektives Wissen zu formen. Offenbarung und Denken vereinen sich, um uns dabei zu unterstützen, uns als ein einziges Lebenssystem zu lenken. Wir fangen an, uns als »ganze Wesen« zu stabilisieren, mit dem Entwurf der Schöpfung zu harmonieren und unser kollektives Wissen zum Wohle aller zu teilen.

KREIS 9: GEBÄREN EINER NEUEN WELT

Es liegt im Wesen der Liebe, etwas zurückzugeben, und zur Darbietung unserer einzigartigen Talente zum Wohle aller zu inspirieren. Wenn unser Leben erfüllt ist, sind wir unwillkürlich geneigt, zu dienen: Wir wollen die Erfahrung der Resonanz, der Liebe und der inspirierten Einsichten an die Welt weitergeben. Dies kann die Form eines unternehmerischen Wagnisses annehmen, einer philanthropischen Geste, einer sozialen Initiative oder einer politischen Bewegung. Win/Win-Praktiken sorgen dafür, dass die Großartigkeit und das Können aller Teilnehmer gewürdigt und ins Blickfeld gerückt werden, und zwar zum Wohle aller Teammitglieder und der Gesellschaft als Ganzes. Das Zurückgeben in Form von bewusstem Investieren, Philanthropie, sozialem Unternehmertum, Verzehntung und Schenkung werden Teil der neuen Caring Economy, einer Wirtschaft, die sich am Wohl des Menschen orientiert.

Während Institutionen und Strukturen zusammenbrechen und neue sich am Horizont abzeichnen, wird Dominanz durch Partnerschaft ersetzt. Die Gesellschaft erlebt eine Veränderung des gesamten Systems. Neue Modelle, die eine Integration weiblicher und männlicher Eigenschaften und eines gesamtzentrierten Bewusstseins widerspiegeln, treten nun in Erscheinung. Die weiblichen Tugenden des Teilens, der Fürsorge, der Pflege und des Umarmens werden aufs Engste mit den männlichen Charakteristika der Zweckgerichtetheit und des Handelns verwoben.

Eigenschaften der co-kreativen Kultur schließen die bewusste Ausrichtung auf die göttliche Intelligenz, die Manifestation des Rufs unserer Seele, die Ehrfurcht vor der gesamten Schöpfung, intensives Zuhören, ermächtigte Führung und spirituell motiviertes soziales Handeln mit ein.

Um eine tragfähige Zukunft aufzubauen, werden alle Sozialpioniere aufgerufen, sich persönlich weiterzuentwickeln, mutig voranzuschreiten und ihre einmaligen Gaben in Einklang mit ihren Teamkollegen zu bringen. Während wir neue Lebensformen erforschen, bringen wir Gesamtsysteme und neue Strukturen hervor, um unsere Wertvorstellungen zum Ausdruck zu bringen und das Schicksal jedes einzelnen Mitglieds unserer globalen Familie zu erfüllen. Wenn sich Kerngruppen zusammenfinden, verbinden sich Co-Creatoren weltweit, um eine neue, liebenswertere Welt zu erschaffen.

Das Versprechen der Co-Creation

Nachdem wir die wesentlichen Elemente der Co-Creation umgesetzt haben, wenden wir die Prinzipien, die wir in der vertrauten Sicherheit unserer Kerngruppen erlernt haben, beherzt auf alle Aspekte unseres Lebens an: unser Zuhause, Kirchen, Organisationen und Arbeitsplätze. Als soziale Innovatoren entscheiden wir uns dafür, neue Formen zu entwerfen, die das Beste in jedem von uns zutage bringen – zur Besserung aller.

Wenn Gruppen im Geist der Liebe, der Sicherheit und des gegenseitigen Vertrauens zusammenkommen, werden die Kreativität, die Kraft und die Weisheit eines jeden Einzelnen freigesetzt. Das Gefühl der Trennung im Inneren der Menschen, das zu Krieg, Verbrechen, Umweltverschmutzung und Chaos führt, wird geheilt. Wenn jeder Mensch seinen Platz inmitten der Gesellschaft findet, wird in allen Aufgabenfeldern ein Wandel stattfinden. So durchlaufen zurzeit Unternehmen, Medizin, Erziehung, Technologie, Wissenschaft und die bildenden Künste eine durchgreifende Transformation. Die Pyramidenstruktur wird durch den Kreis ersetzt und gewöhnliche Bürger sind ermächtigt, ihr volles Potenzial zu entfalten. An die Stelle von Dominanz tritt Partnerschaft. Äußere Autorität muss innerem Wissen weichen. Kerngruppen treten in Erscheinung, um die Transformation des Einzelnen und des Planeten zu unterstützen.

Wenn sich eine Gruppe mit einer anderen verbindet, erschließen wir die Kraft und die Ressourcen, die in jedem Kern enthalten sind. Teams verbinden sich mit anderen Teams zum Zwecke des Empowerments aller. Wenn Kerngruppen sich einander annähern und zusammenwirken, wird ein ausreichend einheitlicher Bereich geschaffen, der das gesamte System auf eine neue Stufe hebt. Die gesamte Menschheit, alles Leben auf diesem Planeten erreicht eine höhere Bewusstseinsstufe und wir entwickeln uns als eine Spezies weiter, die fähig ist, jede Art von Trennung zu überwinden und die von uns gewünschte Realität zu co-kreieren. Als bewusste Wesen, die wir uns des Kosmos als einer lebendigen, vernetzten, sich entwickelnden, intelligenten Realität bewusst sind, richten wir unsere Aufmerksamkeit darauf, die harmonische Integration unserer spirituellen, sozialen und wissenschaftlichen/technologischen Fähigkeiten auf dieser Erde und darüber hinaus zu manifestieren.

Es ist an uns, aufzuzeigen, ob die Menschheit überlebensfähig ist
oder nicht – an jedem von uns.
Im Unterschied zu anderen Spezies kann die Menschheit die
Zukunft vorausahnen, bewusste Entscheidungen treffen
und bewusst ihr eigenes Schicksal ändern.
Zum ersten Mal in der gesamten Evolutionsgeschichte wird die
Verantwortung für die kontinuierliche Entfaltung der Evolution
dem evolutionären Material selbst auferlegt.
Wir sind nicht länger passive Zeugen des Prozesses,
sondern können die Zukunft aktiv gestalten.
Ob es uns gefällt oder nicht, wir sind jetzt die Hüter des
Evolutionsprozesses auf Erden.
Die Zukunft dieses Planeten liegt in unseren Händen.

PETER RUSSELL

Modelle, die einen Rahmen für diesen Prozess bieten

Spiral Dynamics/Spiraldynamik[1]

Jede Diskussion der co-kreativen Praktiken wird vertieft durch das Verständnis des Werks von Don Beck und Christopher Cowan, die auf dem Werk von Dr. Clare W. Graves aufbauen, um ein evolutionäres Entwicklungsmodell namens »Spiraldynamik« zu präsentieren.

Das Spiraldynamik-Modell verweist auf Denkmuster als Meme. Ein Mem ist eine Vorstellung, ein Glaube, Glaubenssystem oder Verhaltensmuster, das sich durch Wiederholung in einer Kultur verbreitet. Jedes Mem umfasst bestimmte Überzeugungen, soziale Gruppierungen, Dynamik und Ziele. In diesem System werden diese Meme als eine Reihe von acht Ebenen in zwei Stufen dargestellt, obwohl allgemein akzeptiert wird, dass zurzeit mindestens eine weitere Ebene in Erscheinung tritt. Jede Ebene repräsentiert eine Phase menschlicher und kultureller Evolution – ein unterschiedliches Paradigma.

Bei diesem Modell wird vorausgesetzt, dass in gewissen Situationen verschiedene Meme in den Vordergrund treten. So weckten zum Beispiel die Ereignisse vom 11.09.2011 bei vielen Bewohnern

---

[1] Ein großer Teil dieses Überblicks wird aus dem Werk von Steve Dinan vom Esalen Institute übernommen. Auch die Statistik stammt von ihm.

von New York City grundlegende Überlebensinstinkte, sodass das Mem Beige für kurze Zeit eine große Bedeutung erhielt. Außerdem kann sich ein Individuum vielleicht in seinem Arbeitsbereich auf ein bestimmtes Mem stützen und in engen Beziehungen auf ein anderes.

Die acht Meme sind hier aufgelistet, und zwar mit einer Reihe von Elementen, die diese Weltanschauung demonstrieren. Jedes Mem hat sich historisch (und in den Individuen) als Reaktion auf die Bedürfnisse neuer, komplexerer Lebenslagen entwickelt. Das Überlebensdenken des ersten Rangs weicht bereits dem globalen Denken des zweiten Rangs – auch wenn der zweite Rang nur von einer Minderheit von Kulturen und Individuen praktiziert wird.

ERSTER RANG

1. Beige: Beige bezieht sich auf jene Menschen, die, ähnlich Tieren, aus grundlegenden Überlebensinstinkten handeln, und zwar in lockeren, auf Clans basierenden Überlebensgruppen. In Einzelfällen trifft man sie vielleicht im Regenwald des Amazonas oder anderen weit entlegenen Gebieten an. Hungersnot und Epidemien können dazu führen, dass die Menschen auf diese Weise handeln. Beispiele können auch Geisteskranke, Alzheimerkranke im Endstadium, Obdachlose und jene, die glauben, dass ihr Überleben im Augenblick gefährdet ist, mit einschließen. Der Fokus liegt hier auf dem Individuum. Man vermutet, dass Beige nur auf 1 % der Weltbevölkerung zutrifft.
2. Purpur: Dieses Bewusstsein fördert Stammesverbände, eine Ausrichtung auf Rituale und den Glauben an Magie, die Verbindung mit der Erde und die Naturzyklen. Wandel wird durch Zeremonien, Traditionen und Symbole verkörpert. Individuen auf allen Stufen der Memenspirale ziehen eventuell das purpurne Mem heran, um sich zeremoniell zu manifestieren. Die Tagundnachtgleiche-Zeremonien und Übergangsriten sind

Beispiele für das purpurne Mem, das sich auf die Gruppe fokussiert. Vermutlich repräsentiert Purpur weniger als 10 % der Weltbevölkerung.

3. Rot: Dieses Mem ist durch schroffen Autoritarismus, die Ausbeutung ungelernter Arbeiter, die Unterdrückung natürlicher menschlicher Neigungen und ein ichbezogenes Bewusstsein charakterisiert. Rote Unternehmen oder Gruppen werden von einem Chef mit strenger Kompetenzverteilung geführt. Der IS, Al-Qaida, die Mafia und andere Gangs fungieren gemäß diesem Mem. Es trifft auf annähernd 20 % der Weltbevölkerung zu.
4. Blau: Dieses Mem ist autoritär, zielgerichtet und patriotisch. Bewusstsein auf der Ebene Blau tritt als Reaktion auf ein Bewusstsein auf der Ebene Rot auf und bewirkt, dass die Menschen sich der Autorität unterwerfen und sich für »Recht und Ordnung« einsetzen. Dies funktioniert gut in Industriewirtschaften und pyramidenförmigen Organisationen. Beispiele schließen alle Fundamentalisten, Rechtskonservativen und religiösen Hierarchien mit ein. Der Fokus liegt auf der Gruppe. Blau wird durch annähernd 35 % der Weltbevölkerung repräsentiert.
5. Orange: Diese Stufe ist unternehmerisch, erfolgsorientiert und auf persönliche Leistung und Nutzen gerichtet. Die Motivationen sind hauptsächlich wirtschaftlicher Art und es herrscht die Überzeugung, dass der Wettbewerb die Produktivität steigert. Silicon Valley, Wall Street und die Fifth Avenue in New York City sind Beispiele für dieses Mem. Der Akzent liegt auf dem Individuum. Die Farbe Orange wird durch weniger als 25 % der Weltbevölkerung repräsentiert. Diese verfügen weltweit über unverhältnismäßig viel Macht.
6. Grün: Individuen, die auf dieser Stufe wirken, fokussieren sich auf Gemeinschaft und persönliches Wachstum, Gleichheit und Demokratie. Häufig schenken sie auch Umweltproblemen Aufmerksamkeit und schätzen Offenheit, Vertrauen und Egalita-

rismus. Anführer werden zu Vermittlern. Da sie Wert auf paritätische Mitbestimmung legen, müssen sie Gruppenprozesse geschickt lenken, um Ineffizienz und Stagnation zu vermeiden. Beispiele für dieses Mem sind: John Lennons Musik, Ben und Jerry's, Occupy Wall Street, Black Lives Matter und Ökodörfer. In erster Linie strebt man den Erfolg der Gruppe an. Weniger als 10 % der Weltbevölkerung repräsentieren die Farbe Grün.

ZWEITER RANG

Das Zweite-Rang-Denken umfasst und integriert alle anderen Ebenen und stellt einen Bewusstseinssprung dar. Es akzeptiert, dass jede Entwicklungsebene Teil der nächst höheren ist, und glaubt, dass man keine davon auslassen kann: Ihr Vorhandensein ist unerlässlich. Es ist möglich, mehrere Perspektiven zu haben, zu respektieren und zu synthetisieren. Dieses Denken erkennt an, dass die beste Vorgehensweise und die besten Strukturen in unterschiedlichen Situationen grundlegend verschieden sein können. Es wird akzeptiert, dass alle Menschen mittels dieser Bewusstseinsstufen wachsen und sich entwickeln. Der zweite Rang geht von einem ganzheitlichen Ansatz aus, um Wissen zu erlangen. In Organisationen werden Berufsbezeichnungen weggelassen, die für das Bewusstsein des orangenen Mems so wichtig sind.

Bis zu diesem Punkt standen alle Betrachtungsweisen oder Meme im Widerspruch zueinander. Das Zweite-Rang-Bewusstsein akzeptiert, dass alle anderen Ebenen authentisch, aber einseitig sind, und dass jede Weltsicht angesichts der richtigen Lebensbedingungen von Wert ist. Beispielsweise ist es angebracht, im Falle einer heiklen Situation von den grundlegenden Beige-Überlebensinstinkten auszugehen!

7. Gelb: Mit diesem Mem erfolgt ein Quantensprung, da das Individuum das Leben aus vielerlei Perspektiven sieht. Die Orientierung ist auf Integration komplexer Systeme gerichtet. Diese

Weltanschauung liebt Veränderungen und Herausforderungen und ist durch Systemdenken charakterisiert: Die Teile interagieren, um zu kooperieren und ein größeres Ganzes zu schaffen. Gelb liebt komplexe Ideen, wie die Chaostheorie und das Werk von Stephen Hawking und Einstein. Gelb wird von annähernd 1 % der Weltbevölkerung repräsentiert.

8. Türkis: Individuen dieses Mems fokussieren sich auf globale Ganzheitlichkeit, spirituelle Verbindung und sinnvolle Arbeit. Sie sind in der Lage, viele Perspektiven zu sehen und zu würdigen – einschließlich von Memen der ersten Ebene. Türkis fokussiert sich auf Gruppen-Empowerment und arbeitet mit kollektiver Intelligenz, um globale Probleme zu lösen, während es gleichzeitig die Individualität hochhält. Co-kreative Praktiken und die Arbeit von Ken Wilbur, Don Beck, Barbara Marx Hubbard, Jean Houston und David Bohm veranschaulichen dieses Mem. Türkis wird von etwa 1 % der Weltbevölkerung repräsentiert.

Das Ziel derer, die Beck und Cowan als »Spiral-Zauberer« bezeichnen, besteht darin, eine Beziehung zu Menschen, Situationen und Kulturen auf ihrer Ebene herzustellen oder nur einen halben Schritt von den beteiligten Individuen entfernt. Zum Beispiel bedeutet die liberale Demokratie (Grün) einen zu großen Sprung für die Stammeskulturen (Rot), um sie zu verstehen oder zu schätzen, wie sich in den Kriegen im Irak und in Afghanistan zeigte – als die USA eine Koalition anführten, die versuchte, Stammesvölkern die westliche Kultur nahezubringen (was scheiterte). Der Sprung war zu gewaltig.

Spiral-Zauberer würdigen die Wahrheit aller Ebenen und erkennen, dass alle Weltanschauungen bis zu einem gewissen Maß in uns verankert sind, sobald sie im Lauf der Evolution in Erscheinung getreten sind. Zauberer können eine Situation einschätzen und setzen das entsprechende Mem ein, um den Erfordernissen des Augenblicks gerecht zu werden.

Wenn die Evolution Musik wäre, wären die Entwicklungsstufen Noten, die in einer bestimmten Frequenz vibrieren würden. Die Menschen wären wie Saiten, die viele verschiedene Töne hervorbringen könnten. Der Tonumfang, den sie spielen können, hängt von der Spannweite ab, die sie inzwischen beherrschen.

DON BECK

Nie zuvor gab es in der Menschheitsgeschichte Menschen, die, motiviert von so vielen unterschiedlichen, nebeneinander existierenden Paradigmen, agieren. Dasselbe gilt für Organisationen: In derselben Stadt ... können wir rote, orangene und grüne Organisationen finden, die Seite an Seite arbeiten.

FREDERIC LALOUX

Quantenphysik und Co-Creation

Das Buch *Do You Quantum Think?* von Dianne Collins bietet einen Kontext und einen Denkansatz, der unschätzbar für jene ist, die sich dafür engagieren, nach den Prinzipien der Co-Creation zu leben und ein erfüllteres Leben mit größerem Einsatz zu führen. Das QuantumThink™-System fügt die Grundlagen alten Wissens und die Brillanz moderner Physik in 21 Varianten zusammen. Sie fördert neues Denken, das es denen, die es praktizieren, ermöglicht, voll dimensional zu leben, ihre Ganzheit zu erfahren und die Kraft des Denkens zu nutzen, um die Realität, für die sie sich entscheiden, zu co-kreieren

In Kerngruppen erfahren wir, dass wir energetisch durch das Resonanzfeld der Liebe miteinander verbunden sind, das wir bewusst zusammen aufbauen. Wir können dieses unsichtbare Feld erfahren, da es unser persönliches und kollektives Bewusstsein erweitert. Wir begreifen dies intuitiv und spüren energetisch die Kraft der co-kreativen Liebe, um Vertrauen aufzubauen, unser inneres Wissen zu vertiefen und in jedem von uns das Beste zum Vorschein zu bringen.

Dies ist einer der vielen Orte, an denen die Spiritualität auf die Wissenschaft trifft. Die Physiker erklären, Quantenverflechtung bedeute, dass Partikel, die getrennt zu sein scheinen, es in Wirklichkeit nicht sind. Wenn ein Partikel stimuliert wird, erfolgt ein sofortiger Energie- und Informationsaustausch mit allen anderen Partikeln. Auf der Quantenebene ist alles miteinander verknüpft. Die Trennung ist wirklich nur eine Illusion.

Wir leben in einem einheitlichen Feld und stellen Aspekte eines Lebewesens dar. Was wir seit Jahrhunderten spirituell wissen, haben die Physiker im letzten Jahrhundert durch die Wissenschaft bewiesen. Das Feld ist real; das Feld verbindet; das Feld unterstützt unsere individuelle und kollektive Evolution. Die Quantenphysik beweist, dass das Universum ganzheitlich und holografisch ist: Alles hat Auswirkungen auf alles und das Ganze ist in jedem Teil enthalten.

David Bohm, der große Quantenphysiker, erklärte, dass die zugrundeliegende Realität dieser Verbindungen auf der Quantenebene unserem Auge verborgen bleibt. Er nannte dies die *implizite* Ordnung, die im Hintergrund enthalten und unsichtbar ist. Er nannte die sichtbare Welt die *explizite* Ordnung. Diese kontinuierliche Bewegung des Einfaltens und Entfaltens nannte er die Holobewegung des Universums. Es gibt die »tatsächliche Welt« und die »mögliche Welt«. Unsere Träume und Visionen existieren im Imaginalreich aller Möglichkeiten. Wenn wir unsere Aufmerksamkeit und

Absicht auf diese Träume fokussieren, fördern wir ihre Entfaltung in der Welt. Wir machen aus dem Unsichtbaren das Sichtbare. Einfach durch Beobachten co-kreieren wir eine neue Wirklichkeit. Wir erfahren, dass Bewusstsein die höchste Realität darstellt und die Essenz unseres Selbst.

Die Prinzipien der Co-Creation sind Manifestationen der impliziten Ordnung. Sie sind Elemente des göttlichen Musters, das im unsichtbaren Bereich existiert, zu dem wir Zugang finden können, wenn wir unser Gemüt beruhigen und uns nach innen kehren. Durch die Gabe des Bewusstseins und unseren Wunsch, uns als einmalige Lebewesen im Dienst des Wohles aller zu entwickeln, stößt die Spiritualität auf die Wissenschaft in uns.

Die Unterscheidungen des Quantendenkens fügen eine Dimension des Verständnisses hinzu, welche die Praktiken verstärkt, die wir erfahren, wenn wir uns in unseren Kerngruppen in einem Feld der Liebe, des Vertrauens und der Sicherheit miteinander verbinden.

Die Wissenschaft ist die moderne Sprache des Mystizismus.

JOE DISPENZA

Die Untrennbare Quantenvernetzung des gesamten Universums stellt die fundamentale Wirklichkeit dar ... jeglicher Versuch, das unabhängige Vorhandensein eines »Teils« zu verfechten, würde diese ungebrochene Ganzheit leugnen.

DAVID BOHM

Leidenschaftliche Absicht verbunden mit konfliktfreiem Verhalten verändert die Struktur des Universums.

JOSEPH CHILTON PEARCE

TEIL 2

Beginn des Core Group Process™

Der Kreis ist die Mutter aller Organisationsformen und die Grundlage der frühesten menschlichen Kulturen – jener mit der intensivsten Verbindung zur belebten Welt, in die sie eingebettet waren.

RIA BAECK UND HELEN TITCHEN BEETH

Bevor du beginnst

Bevor du eine Kerngruppe bildest, nimm dir Zeit, über dein Ziel, dein Anliegen und deine Intention zu reflektieren. Wenn du mit dir im Reinen bist, wende dich an *die* Freunde und Personen, mit denen du intuitiv Kontakt aufnehmen möchtest. Denk daran, dass Resonanz das Herzstück dieses Prozesses ist, sodass du den Wunsch verspüren wirst, Freunde einzuladen, mit denen du dich emotional verbunden fühlst.

Das Bilden einer Kerngruppe ähnelt ein wenig dem Liebeswerben. Erwarte nicht, dass die Mitglieder deiner ersten Kerngruppe zwangsläufig deine Lebenspartner sein werden, genauso wenig wie du deinen ersten Freund heiraten wirst. Gewöhnlich sind ein paar Meetings erforderlich, damit eine Gruppe zu einem Team wird. Am Ende dieser Probezeit können die Gruppenmitglieder entscheiden, ob diese Gruppe zu diesem Zeitpunkt das Richtige für sie ist oder nicht. Diejenigen, die sich für die Gruppe entscheiden, können eine Zeremonie gestalten, um ihre Mitgliedschaft zu feiern.

Wie viele Personen sollten an den Zusammenkünften teilnehmen? Unsere Erfahrung lehrt uns, dass vier oder fünf Personen das Minimum für eine Resonanzkerngruppe sind, die sich auf persönliche Entwicklung und Transformation fokussiert. Sechs bis zehn Personen sind ideal für den intimen Austausch. Du bestimmst die optimale Teilnehmerzahl für deine Gruppe und dein Anliegen. Eine co-kreative Kerngruppe, die einen gemeinsamen Zweck verfolgt, kann bereits mit zwei oder drei Mitgliedern effektiv sein.

Lies vor deinem ersten Meeting die Einleitung, TEIL 1 und TEIL 2 dieses *Handbuchs*.

Wähle einen Facilitator (Moderator/Prozessbegleiter), der sich vor dem Meeting mit dem Material und den Erfahrungsübungen vertraut machen kann. Obwohl es am besten ist, wenn die Rolle des Facilitators von den Gruppenmitgliedern der Reihe nach übernommen wird, stellst du möglicherweise fest, dass einige Menschen besser dafür geeignet sind als andere. Es ist sinnvoll, diese Menschen zu ermächtigen, diese Rolle zu übernehmen. Wichtig dabei ist, die Gleichstellung aller Teilnehmer anzuerkennen und andere zu ermächtigen, andere Rollen zu übernehmen.

Die ersten Meetings

Für den Erfolg der Gruppe ist es entscheidend, sich bei der ersten Sitzung über ihren Sinn, ihre Absicht und ihr Commitment abzustimmen. Effektive Zusammenkünfte von Co-Creatoren kennzeichnet Folgendes:

- Resonanz
- Gemeinsame Absicht und gemeinsamer Zweck
- Empowerment jedes einzelnen Mitglieds
- Bekenntnis zueinander und zur Gruppe

Beginnt mit folgenden Punkten:

- Einigt euch über euren gemeinsamen Zweck
- Stimmt eure gemeinsame Absicht ab
- Vereinbart Verschwiegenheit
- Beginnt mit der Kultivierung der Gruppen-Resonanz
- Stimmt eure Version der »Vereinbarungen für Co-Creatoren« ab (siehe Seite 62)

Einige Beispiele für eine gemeinsame Absicht:

- Einander bei eurer Entwicklung unterstützen und dabei mit Veränderungen in eurem Leben fertig werden
- Die Lebensbestimmung jedes Gruppenmitglieds entdecken und abklären
- Ein spezielles Projekt oder Gemeinschaftsereignis entwickeln

- Neue Formen der Kommunikation und sozialer Kooperation konzipieren, während ihr eine Vision in die Realität umsetzt.

Nachdem du das Einführungsmaterial gelesen hast, beginne mit Kreis 1 des *Handbuchs*, wenn dein Schwerpunkt auf der persönlichen und kollektiven Evolution oder dem Wunsch liegt, die Bestimmung der Seele zu klären. Wenn du den Impuls verspürst, mit anderen gemeinsam an einem Projekt zu arbeiten, lies nochmals die ersten Kreise des *Handbuchs* durch und beginne mit jenen, die für deine Gruppe am relevantesten zu sein scheinen. Egal ob du eine Resonanz- oder eine Co-Creation-Kerngruppe auf die Beine stellst, du wirst feststellen, dass die Übungen in den ersten fünf Kreisen immer maßgeblich sind, um co-kreative Prozesse zu beherrschen.

Grundlegende Fragen, die diskutiert werden müssen, schließen mit ein:

- Wann und wo finden die Meetings statt?
- Zu wie vielen Wochen oder Monaten (Minimum) möchten sich die Gruppenmitglieder verpflichten?
- Wie oft kann jemand fehlen (aus anderen Gründen als denen, einen festen Termin zu haben oder nicht vor Ort zu sein), bevor das Fehlen als eindeutiges Zeichen gilt, dass das Mitglied sich nicht voll und ganz beteiligen will?
- Sind Freunde und Besucher willkommen?[2] (siehe Fußnote nächste Seite)

Setze mindestens drei Stunden für dein erstes Meeting an. Wenn du der Gastgeber bist, dann sorge für ein Gefühl der Sicherheit – physisch und emotional. Wähle eine freundliche, friedliche Umgebung, ohne Ablenkungen. Wenn die Leute eintreffen, sollen sie mit schöner Backgroundmusik empfangen werden. Stöpsle das

Telefon aus. Bitte deine Familie um Ungestörtheit. Wenn du zu dem Meeting gehst, sei pünktlich und verabschiede dich auch wieder zur rechten Zeit.

Beginne mit einer kurzen Einstimmung oder zentrierenden Übung. Du kannst, wenn du willst, die geführte Meditation am Ende dieses Teils benutzen, die in englischer Sprache auch online unter **www.cocreatorshandbook.com** zur Verfügung steht. Die Kreis-Einführungen sind wichtig, um Resonanz und Vertrauen aufzubauen. Wenn du willst, kannst du jeden Einzelnen auffordern, seine persönliche Leidenschaft im Leben zu beschreiben und den Grund, warum er der Gruppe beitreten möchte.

Lies bei einem eurer ersten Meetings die folgenden »Vereinbarungen für Co-Creatoren« laut vor und nimm dir die Zeit, mit den anderen darüber zu sprechen. Vereinbart, dass ihr einander liebevoll erinnert, wenn jemand diese Vereinbarungen vergessen hat.

---

[2] Vermutlich besteht die schwierigste Entscheidung darin, wie man mit auswärtigen Besuchern oder interessierten Freunden und Familienmitgliedern verfahren soll. Es wirkt wie ein Widerspruch, jemanden auszuschließen, da doch ein grundlegender Zweck der Gruppe darin besteht, Einheit zu erfahren. Es ist jedoch schwierig, tiefe Bindung, Vertrauen und einen gemeinsamen Austausch zu erreichen, wenn die Gruppenmitglieder ständig wechseln. Die meisten Gruppen machten die Erfahrung, dass es am besten ist, nach der dritten Sitzung den Kreis für andere zu schließen und nach der Beendigung des *Handbuchs* eine Sondersitzung einzuberufen, um jene zu berücksichtigen, die Interesse bekundet haben. Andere Gruppen halten bei jedem Meeting ein paar Plätze für Neuankömmlinge frei und bieten damit die Möglichkeit, die Chancen für andere auszuweiten. Wenn ihr bereit seid, neue Mitglieder aufzunehmen, ist zu empfehlen, dass ihr ausgewählte Prozesse aus den Kreisen 1,2 und 3 durchlauft, um dadurch die Gruppe schnell in Resonanz zu bringen.

Bei einem künftigen Meeting wollt ihr diese Vereinbarungen eventuell neu erschaffen oder ihnen etwas hinzufügen, damit sie für eure Gruppe persönlicher, relevanter und bedeutsamer sind. Es ist wichtig, dass ihr sie euch zu eigen macht, indem ihr sie nochmals aufschreibt, damit sie in einer Sprache wiedergegeben werden, die euren Kreis anspricht. Kreis 2 enthält eine Übung: Arbeiten mit den »Vereinbarungen für Co-Creatoren«. Siehe Seite 121.

Du wirst feststellen, dass der Fokus dieser Vereinbarungen auf dem Individuum liegt. Vielleicht willst du einige Vereinbarungen hinzufügen, die auf der Perspektive der Gruppe basieren.

Die erste Vereinbarung könnte zum Beispiel sein: Unsere Absicht ist es, gegenseitig voll präsent zu sein.

Die Vereinbarungen für Co-Creatoren

SEI ACHTSAM

Meine Absicht ist es, ich selbst, authentisch und ganz und gar gegenwärtig zu sein.

VERWIRKLICHE DEIN POTENZIAL

Ich verpflichte mich, mein Potenzial ganz zu verwirklichen und andere dabei zu unterstützen, es mir nachzutun.

FOLGE DEINER FÜHRUNG

Ich stimme zu, mich auf den GEIST einzustimmen und dem Ruf meiner Seele zum Wohle des Ganzen zu folgen.

KOMMUNIZIERE MIT INTEGRITÄT

Ich stimme zu, meine Wahrheit voller Mitgefühl für mich und andere zu kommunizieren.

HANDLE MIT INTEGRITÄT

Ich stimme zu, meine Vereinbarungen einzuhalten, und ich werde mein Bestes tun, meinem Herzen bei der Erfüllung eingegangener Verpflichtungen zu folgen.

LAUSCHE TIEF

Ich stimme zu, respektvoll der Kommunikation anderer zuzuhören und mich auf die tiefste Bedeutung einzulassen.

GEIST DER NEUGIER

Ich setze mich mit anderen in einem Geist der Offenherzigkeit und unvoreingenommenen Neugier auseinander, lasse ab von jeglicher persönlicher Absicht oder jeglichem persönlichen Standpunkt, der eine Trennung untereinander bewirken könnte.

EINANDER EHREN

Ich stimme zu, den Prozess jeder anderen Person zu achten, indem ich anerkenne, dass jeder – einschließlich mir selbst – die bestmögliche Wahl oder Entscheidung trifft, zu der er im Augenblick fähig ist.

WÜRDIGE BEITRÄGE

Ich stimme zu, die Beiträge anderer zum Ganzen zu würdigen.

UNSERE UNTERSCHIEDE EHREN

Ich stimme zu, bei meinen Interaktionen mit anderen von einem Gefühl der Kooperation und Fürsorge auszugehen und von dem Verständnis, dass die Ziele oft dieselben sind, auch wenn sich die Methoden, diese zu erreichen, unterscheiden mögen. Ich ehre die Vielfalt allen Lebens.

VERANTWORTUNG ÜBERNEHMEN

Ich stimme zu, Verantwortung für meine Kreationen, meine Reaktionen, meine Erfahrung und meine Beziehungen zu übernehmen.

HALTE DIE RESONANZ AUFRECHT

Ich stimme zu, mir die Zeit zu nehmen, ein harmonisches Verhältnis herzustellen, und dann, sobald es angebracht erscheint, mich mit all jenen wiederzuverbinden, mit denen ich nicht in Harmonie lebe.

LÖSE PROBLEME KONSTRUKTIV

Ich stimme zu, Probleme, Klagen und Verstimmungen zwischen mir und anderen so schnell wie möglich zu beheben. Ich stimme zu, niemanden zu kritisieren oder mich bei jemandem über ihn zu beschweren, der nichts hinsichtlich meiner Beschwerde unternehmen kann, und ich will andere dazu anhalten, sich genauso zu verhalten.

ERSTREBE EXZELLENZ

Ich stimme zu, andere zu unterstützen und selbst darin unterstützt zu werden, auf höchstmöglichem Niveau teilzunehmen.

LERNE AUS ERFAHRUNG

Ich stimme zu, so gut wie möglich aus meiner Erfahrung zu lernen.

AKZEPTIERE UNVOLLKOMMENHEITEN

Ich habe die Absicht, meine Unvollkommenheiten und die anderer anzunehmen.

SEI EINE FÜHRUNGSPERSÖNLICHKEIT

Ich stimme zu, ein Umfeld echter Kollaboration zu fördern, in dem alle Menschen – mich eingeschlossen – sich ermächtigt fühlen, ihr individuelles und kollektives Potenzial zum Ausdruck zu bringen.

DIENE ANDEREN

Ich bin bereit, mein Herz zu öffnen, mein Gemüt still werden zu lassen und allen Lebensformen voller Mitgefühl zu dienen.

BEWERTE DEIN ENGAGEMENT NEU

Ich stimme zu, meine Entscheidung, an dieser Kerngruppe teilzunehmen, bewusst zu wählen und immer wieder frisch zu wählen und erneut zu bekräftigen. Es ist meine Wahl.

INSPIRIERE DICH UND ANDERE!

Ich stimme zu, meine Beziehungen, meine Arbeit und mein Leben mit Freude zu erfüllen.

Diese Vereinbarungen wurden von den Geneva Group Agreements, Boulder, CO, übernommen.

Empfohlenes Meeting-Format

Die Zusammenkünfte scheinen am effektivsten zu sein, wenn folgender Ablauf beachtet wird. Diese Richtlinien können entsprechend eurer eigenen Bedürfnisse von eurer Gruppe abgeändert werden. Denkt auch daran, einen Raum zu gestalten, der ansprechend, gemütlich und frei von Ablenkungen ist. Sicherlich wollt ihr mindestens jede Stunde eine Pause einlegen, um euch um persönliche Bedürfnisse zu kümmern und persönliche Gespräche zu führen, die die Beziehungen vertiefen oder einen wichtigen Teil der Agenda bilden. Vergesst nicht, euch zu bewegen – zu stehen, zu gehen und zu tanzen –, um neue Ideen aufzunehmen und eure Präsenz zu vertiefen.

A. Zentrierung oder Einstimmung

B. Check-in

C. Die Bestimmung und das Anliegen der Zusammenkunft

D. Schluss

A. Zentrierung oder Einstimmung

Eine Zusammenkunft mit einer gewissen Form der Zentrierung zu beginnen, ist wichtig, um eure Gruppe in Resonanz zusammenzubringen. Der Zweck der Zentrierung besteht darin, eure Verbindung zur Quelle und zueinander erneut zu bekräftigen und voll und ganz gegenwärtig zu sein. Nur wenn ihr Ablenkungen meidet und Zugang zu eurem SELBST findet, könnt ihr euch die unbegrenzten Ressourcen des GEISTES zunutze machen.

Eröffnet eure Sitzung mit der angebotenen geleiteten Meditation – oder kreiert euren eigenen Einstimmungsprozess.

Es ist hilfreich, das Gemüt zu beruhigen und umherschweifende Gedanken loszulassen, indem man sich auf den Atem konzentriert und den Körper als einen klaren Kanal für die Lichtenergie visualisiert. Das höchste Ziel eines Co-Creators besteht darin, jederzeit in allen Situationen zentriert zu sein. Dies erfolgt ganz natürlich, wenn die Präsenz die Herrschaft über die Persönlichkeit erlangt.

B. Check-in

Der Check-in ist eine weitere wichtige Aktivität, die eure Gruppe in Resonanz bringt. Der Zweck ist, miteinander die Situation zu teilen, in der ihr euch in diesem speziellen Moment physisch, emotional, mental und spirituell befindet. Wenn auch nur eine Person die Harmonie stört, wird die Gruppe nicht ihre volle Kraft und ihr Potenzial erreichen.

Ein individueller Check-in kann aus einem Wort oder einem Satz bestehen. Dies ist der Zeitpunkt für totale Ehrlichkeit, d. h. herauszufinden, was für dich gilt, sodass du in der Gruppe voll präsent und resonant sein kannst.

Der Check-in kann einige Details dazu mit einschließen, was dich dorthin gebracht hat, wo du dich in diesem speziellen Augenblick befindest. Der Zweck ist nicht, Geschichten zu erzählen. Im Allgemeinen ist es sinnvoll, die Check-ins auf zwei Minuten oder darunter zu begrenzen.

Diskussionen in Kerngruppen unterscheiden sich von allgemeinen sozialen Gesprächen.

Der höchste Zweck besteht darin, dem essenziellen SELBST zu erlauben zu sprechen. Klagen und negative Äußerungen zerstören die Gruppenresonanz und senken die Frequenz des Kreises, genauso Klatsch und »Small Talk«. Sprecht und lauscht mit dem Herzen.

Nach den Check-ins solltet ihr kurze Ankündigungen machen und euch mit der Logistik beschäftigen, damit der Fluss des Meetings nicht durch die Beschäftigung mit erforderlichen Details unterbrochen wird. Wenn ihr noch nicht entschieden habt, wer die Schlüsselrollen (siehe nächste Seite) übernehmen wird, könnt ihr dies zu diesem Zeitpunkt erledigen.

Wenn ihr wollt, könnt ihr eine oder mehrere der »Vereinbarungen für Co-Creatoren« laut vorlesen.

Wenn jemand in der Gruppe sich nicht in Resonanz mit einem anderen Mitglied fühlt, könnte dies die passende Gelegenheit bieten, ein Datum zu bestimmen, um dieses Problem zu lösen – entweder unter vier Augen oder mit der Gruppe zusammen.

C. Die Bestimmung und das Anliegen der Zusammenkunft

Wenn ihr euch eingestimmt und das Check-in erledigt habt, seid ihr bereit, euch um das Anliegen zu kümmern, das euch zusammengebracht hat. Lest die Einleitung zum relevanten Kreis oder ein anderes Schriftstück, das sich auf die co-kreative Praktik bezieht, mit der ihr bei diesem Meeting arbeitet. Wendet eine der Übungen an oder diskutiert über das Material in diesem Kapitel.

Der Hauptinhalt eures Meetings kann physische oder mentale Übungen, Prozesse, Visualisierungen oder Diskussionen enthalten, um Aspekte des co-kreativen Modells zu entwickeln oder um euch auf ein bestimmtes Projekt oder Ziel zu fokussieren. Vielleicht besteht der Zweck der Zusammenkunft auch im Feiern oder im Spiel oder im Zelebrieren einer Zeremonie.

D. Schluss

Der Zweck des Schlusses besteht darin, eure Verbindungen erneut zu bekräftigen und das Resonanzfeld eurer Gruppe aufrechtzuerhalten, bis ihr wieder zusammenkommt.

Denkt daran, dass alles, was ihr in eurer Kerngruppe austauscht, vertraulich ist. Redet nicht außerhalb der Gruppe über Details aus dem Leben von Mitgliedern.

Schlüsselrollen

Vor jeder Zusammenkunft – oder zu Beginn eines jeden Meetings – ist es hilfreich, festzulegen, welche Gruppenmitglieder die Verantwortung für die Schlüsselrollen übernehmen. Dies bietet eine Struktur, die hilft, euren Zweck und eure Intention zu aktualisieren. Zuerst mag es wichtig sein, diese Rollen abwechselnd zu übernehmen, damit jedes Mitglied ermächtigt wird und die Gelegenheit hat, alle Aspekte des Co-Creator-Seins zu praktizieren. Sehr schnell wird jedes Mitglied seinen natürlichen Platz finden, um seine Gaben mit der Gruppe zu teilen. *Die Leitsätze des Core Group Process™ lauten, dass die Leitung abwechselnd übernommen und die Verantwortung geteilt wird und dass der GEIST die höchste Autorität darstellt.*

A. Der Facilitator

Die Gruppe überträgt dem Facilitator die vorübergehende Führungskompetenz, und zwar in dem Wissen, dass jeder eine Führungspersönlichkeit ist und jeder ein vollwertiger Teilnehmer am Prozess. Mit der Zeit werdet ihr entdecken, wer in eurer Gruppe die natürlichen Facilitatoren sind. Es ist wichtig, daran zu denken, dass der Facilitator, wann immer möglich, auch ein vollwertiger Teilnehmer bei den verschiedenen Übungen eines jeden Kreises ist.

B. Der Zeitnehmer/Timekeeper

Die Aufgabe des Zeitnehmers besteht darin, mit der Dimension der Zeit verbunden zu bleiben, damit die anderen sich keine

Gedanken darüber zu machen brauchen. Obwohl vieles von dem, was in Kerngruppen geschieht, sich »außerhalb der vorgegebenen Zeit« abspielt, können es dreidimensionale Weltprobleme erfordern, festgelegten Zeitparametern zuzustimmen. Der Timekeeper bestimmt den Zeitrahmen der Check-ins oder lässt euch wissen, wenn ihr einen Prozess abschließen müsst, um weiterzumachen.

C. Der Nuriturer/Hüter des Herzens

Der Nuriturer sorgt bei der Zusammenkunft für eine angenehme, ruhige, friedliche und ungestörte Atmosphäre. Diese Person erinnert auch alle auf sanfte Weise, wenn die Liebesenergie, die für die Resonanz unerlässlich ist, blockiert ist oder schwächer wird. Jedes Gruppenmitglied hat die Aufgabe, seinen Teil zur Aufrechterhaltung der Resonanz beizutragen, aber im Überschwang des Augenblicks ist es einfach, sich vom Herzen zum Kopf zu bewegen und von den anderen getrennt zu fühlen. Der Hüter des Herzens erinnert die Gruppenmitglieder, sich wieder zu zentrieren, dafür zu sorgen, dass die Liebe fließt und auf die Bedürfnisse ihrer Körper zu achten. *Nur eine Resonanzgruppe kann eine höhere Geistesstufe sowie kollektives Wissen und Co-Creation erfahren.*

D. Der Schriftführer

Der Schriftführer macht Aufzeichnungen über das, was geschehen ist, die Übereinstimmung, die erreicht wurde, die Vereinbarungen, die getroffen wurden, und die wichtigen Informationen, die ausgetauscht wurden. Ein Schriftführer mag notwendig sein oder nicht, das hängt vom Zweck des Meetings ab. Normalerweise haben »resonierende Kerngruppen« keine Schriftführer, »co-kreative Kerngruppen« hingegen schon.

Der »Council-Prozess«

Verwendung eines »talking piece«

Um aufrichtige ungestörte Diskussionen während eines Meetings oder einer Zusammenkunft zu erleichtern, könnt ihr das Modell des »talking piece« der Ureinwohner Amerikas nutzen, um jedem Gruppenmitglied die ungeteilte Aufmerksamkeit zu ermöglichen. Der Zweck dieser Praktik ist es, euch daran zu erinnern, dass alle Worte, die gesprochen werden, heilig sind. Jeder Gegenstand, zum Beispiel ein Stein oder ein kleiner sakraler Gegenstand, kann als »talking piece« dienen.

Grundprinzipien für den Council schließen mit ein:

- Die Person, die das »talking piece« in der Hand hält, hat das Recht zu sprechen, ohne unterbrochen zu werden. Sie ist eingeladen, »sich kurz zu halten«, fokussiert zu sein und aus dem Herzen zu sprechen.
- Alle lauschen aufmerksam und betonen damit die liebevolle Präsenz.
- Alle Teilnehmer sind einverstanden, Verschwiegenheit zu wahren.
- Wenn ein Mitglied seine Rede beendet hat, sagt es: »Ich bin fertig.«
- Wenn eine andere Person das Wort ergreift, nimmt sie das »talking piece« vom Vorredner entgegen oder holt es sich aus der Mitte des Kreises.
- Der Redner lässt sich einen Moment Zeit, um sich zu zentrieren und spricht so gut er kann mit Klarheit und Schlichtheit direkt aus der Essenz heraus.
- Sich wortlos auszudrücken, gilt immer als ehrenwerter Beitrag. Niemand wird je zum Reden gezwungen.

Differenzierung

Gewöhnlich sind mehrere Meetings nötig, damit in einer Gruppe Kohärenz entsteht und die Gruppenmitglieder eine Bindung eingehen. Am Ende dieses Probezeitraums können die Gruppenmitglieder sagen, ob diese Gruppe im Augenblick die richtige für sie zu sein scheint oder nicht. Die Mitglieder, die sich dafür entscheiden, zu bleiben, veranstalten vielleicht eine Zeremonie, um zu demonstrieren, dass die Gruppe eine Einheit ist, zu der sie gehören.

Wenn ein Mitglied dagegen feststellt, dass die Gruppe nicht länger seinen Bedürfnissen entspricht – oder sein Plan sich geändert hat –, wird es differenzieren oder sich abgrenzen wollen. Die Gesellschaft bietet uns keine brauchbaren Modelle, wie man mit einem guten Gefühl ausscheidet. Häufig trennt sich jemand in unserer Kultur von einer Gruppe, indem er:

- sich stillschweigend aus der aktiven Teilnahme zurückzieht
- verschwindet, ohne es allen Gruppenmitgliedern mitgeteilt zu haben
- die Gruppe »schlecht« macht, um das Gefühl zu haben, dass sein Grund, die Gruppe zu verlassen, legitim ist. Vielleicht spricht er darüber mit den anderen oder auch nicht.

Wenn es für jemanden an der Zeit ist, aus der Gruppe auszuscheiden, ist es nützlich, diesen Prozess eher als »Differenzierung« denn als Trennung zu gestalten. Bei der Differenzierung geht es um die richtige Zuordnung. Sie basiert auf der Bestimmung deiner Seele und deiner inneren Führung und ist kein negativer Schritt. Sie akzeptiert weiterhin deine Verbindung zu jedem Menschen und zu jeglicher Lebensform. Sie erfolgt in einem Geist der Liebe und der Unterstützung. Vielleicht wollt ihr in der Gruppe eine Zeremonie abhalten, um den Abschied eines Mitglieds aus der Gruppe zu begehen.

Es wird *dringend* empfohlen, dass eine Gruppe niemals ihre Auflösung ohne die Anwesenheit aller beschließt. Wird dies unterlassen, führt dies häufig zu bleibenden verletzten Gefühlen bei den Gruppenmitgliedern, die nicht anwesend waren.

Zusätzliche Informationen über den Differenzierungsprozess findest du in Kreis 6: Offenbarung Deines Seelenzwecks (siehe Seite 216 und Seite 231).

Muster einer geführten Meditation

Anmerkung: Unter www.cocreatorshandbook.com kannst du dir die Aufzeichnung dieser Meditation in englischer Sprache anhören.

Wenn du willst, kannst du für sanfte Backgroundmusik sorgen. Der Facilitator liest langsam:

Schließe sanft die Augen und lade deinen Geist ein, alle Gedanken und Pläne loszulassen ... Atme mehrmals tief ein und spüre, wie dein Körper sich entspannt.

(Pause)

Wenn du wieder ein- und dann langsam ausatmest, spürst du, wie ein Leuchten von deinem Herzen ausgeht ... das ist die Lebenskraft, der Impuls der Schöpfung, der durch deinen Körper fließt ... Nimm dir einen Moment Zeit, um dieses Geheimnis göttlicher Intelligenz, die die Materie mit Leben erfüllt, zu erfahren.

(Pause)

Stell dir vor, du befindest dich an einem friedlichen Ort in der Natur ... Nimm die Ruhe der Szene vor dir in dich auf.

(Pause)

Innerhalb kurzer Zeit siehst du ein Licht in der Ferne ... Das Licht bewegt sich und tanzt im Wind ... und du erkennst, dass dieses Licht von einer kleinen Menschengruppe ausgeht.

(Pause)

Spüre, wie dein Geist angeregt wird und dich ein Wissen erfüllt, dass diese Menschen dir in vielerlei Hinsicht gleichen ... Du fühlst, dass du dich auf einem ähnlichen Pfad b*efindest wie sie ... Du fühlst dich zu diesen Menschen hingezogen und bewegst dich auf sie zu. Wenn du näher kommst, erkennst du vielleicht die Gesichter von Menschen, die dir nah sind und die du respektierst.*

(Pause)

Nimm stillschweigend ihre Hände in deine und spüre, wie deine Energie mit ihrer verschmilzt ... Ein Gefühl der Verbundenheit und der inneren Beziehung hüllt dich ein und du reflektierst über den Segen von Freundschaft.

(Pause)

Nach und nach wiegst du dich in einem anmutigen Tanz ... der den Rhythmus des Universums wiedergibt ... Du spürst, wie du zu jeder Person im Kreis Vertrauen gewinnst ... Du weißt in deinem Herzen, dass alles, was du tun oder sagen würdest, verstanden und akzeptiert würde. Du fühlst dich hier geborgen ... sicher, beschützt und getragen.

(Pause)

Vielleicht hast du ein Gefühl innerer Partnerschaft und Zuversicht ... ein Wissen, dass ein neuer Anfang vor dir liegt, das mysteriöse Auftauchen von etwas Neuem in deinem Leben ... Du hast eine Vorahnung und die Vision einer neuen Schöpfung ... neuer Möglichkeiten.

(Pause)

Atme tief in dein Herz ein und versetze dich in diese Zeit und an diesen Ort zurück ... Spüre die Lebenskraft, die dich durchflutet und jede Zelle deines Körpers mit Leben erfüllt ... eine Präsenz, die sich in physischer Form ausdrückt ...

Wenn du bereit bist, öffne die Augen und verbinde dich bewusst mit den anderen in deinem Kreis.

TEIL 3

Erfahrung mit den Kreisen der Co-Creation

*Dieser Teil des Buchs ist ein ganz besonderer und sollte anders behandelt werden als alle anderen Teile. Er soll eher **erfahren** als gelesen werden.*

KREIS 1
Erwecken des co-kreativen Selbst

Im Inneren eines jeden Menschen ruht ein embryonaler Gott.
Dieser hat nur einen Wunsch ... er will geboren werden.

KAHLIL GIBRAN

Es gibt kein Selbst, das aufgelöst werden soll. Es gibt lediglich die Vorstellung von einem Selbst, das transzendiert werden soll.

THICH NHAT HANH

Du bist der Eine, den du suchst, indem du vorgibst,
ein Suchender zu sein.

THE WAY OF MASTERY

Wenn du aus zwei eins machst
Und wenn du das Innere dem Äußeren gleich machst
Und das Äußere dem Inneren
Und wenn du das Oben dem Unten gleich machst
Wenn du männlich und weiblich zu einer Einheit formst
Sodass das Männliche nicht mehr männlich und das Weibliche nicht mehr weiblich ist –
Dann sollst du ins Himmelreich eingehen.

THOMASEVANGELIUM

Die Menschheit steht an der Schwelle zu einem neuen Aufbruch.
Die Herausforderungen und Notwendigkeiten unserer Zeit
verlangen nach größerer Kreativität und dem Erwecken von
Millionen von Menschen zu ihrer wahren Natur
und ihrem Potenzial.

Wie Schmetterlinge, die aus ihrem Kokon schlüpfen,
erwachen wir als »ganze Wesen«,
machen uns die Essenz unserer Natur zunutze,
sind fähig, mit der göttlichen Intelligenz des Geistes
zu co-kreieren.

Eines Tages treffen wir jemanden oder lesen ein Buch
oder haben ein Erlebnis
und etwas verändert sich in unserem Inneren.
Es findet ein Erwachen statt.
Wir kehren zu unserem Selbst zurück.

Unsere Seele ist entflammt, und wir wissen,
wir müssen der inneren Führung folgen
Und der Stimme unseres Herzens.

Wenn dieses Selbst schließlich aktiviert ist,
stehen wir selbstsicher als Präsenz da, um unsere Gaben
zu verschenken, unsere Liebe zu teilen
und die Herrlichkeit unseres Menschseins voll auszukosten.

Wir sind wiedergeboren und genießen diese
Verschiebung der Identität.
Wir erkennen, dass wir keineswegs ein Ding sind.
Wir sind reines Bewusstsein,
der Impuls der Schöpfung,
der einmalig durch uns zum Ausdruck kommt.

Erwecken des co-kreativen Selbst

Jeder von uns unternimmt die Reise eines Helden oder einer Heldin. Wir sind mit unserer geistigen Möglichkeit kodiert und werden auf geheimnisvolle Weise von innen her stimuliert, uns zu entfalten und zu unserer wahren Natur zu erwachen. Die tief verwurzelte Sehnsucht, unser volles Potenzial zu entfalten, treibt uns vorwärts. Gleichzeitig motivieren uns persönliche Herausforderungen, nach befriedigenden Alternativen zu alten Gewohnheiten, Neigungen und Denkweisen zu suchen.

Wenn wir den Prozess des Erwachens zu unserer wahren Identität einleiten, verlassen wir unsere Komfortzone und stellen uns den inneren Dämonen und äußeren Herausforderungen unseres Alltags. Mit der Zeit stoßen wir unterwegs auf Verbündete: jene, die an unserer Seite stehen und uns dabei helfen, voranzukommen. Die Belohnung, die wir suchen, der Goldtopf am Ende des Regenbogens, ist die Erfahrung der Rückkehr zu unserem wahren Selbst, bereit und begierig, als vollwertige Co-Creatoren der Welt unsere Gaben zu schenken.

Irgendwann wird uns bewusst, dass wir mehr sind als unsere begrenzten Gedanken, Emotionen und physischen Körper. Wir entdecken, dass sich im Mittelpunkt unseres Seins eine Lebenskraft oder höhere Macht befindet, die alles, was wir sind und tun, belebt. In einem Zustand erweiterten Bewusstseins erleben wir ein intensiveres Gefühl des Selbst und fühlen uns dann erfüllt und in unserem eigenen Sein zu Hause. Das Selbst, zu dem wir zurückkehren, ist keine Person oder ein Ort, sondern der weite Raum, in dem alles geschieht. Es ist das Bewusstsein, die höchste Realität – der Impuls der Schöpfung selbst, der durch uns wirkt, als wir.

Dieses SELBST hat viele Namen: das essenzielle SELBST, das Geliebte, das authentische SELBST, die Seele, das liebende Bewusstsein oder einfach nur die Präsenz. Welche Bezeichnung man auch wählen mag: Die Erfahrung, Zugang zu unserer wahren Natur zu finden, fühlt sich normal und befreiend an und geschieht von innen nach außen. Eine äußere Krise mag als Motivation dienen, aber die eigentliche Arbeit vollzieht sich im Inneren. Etwas erwacht oder taucht auf und wir sind neu geschaffen.

Schließlich befreien wir uns zumindest von den meisten unserer Konditionierungen und werden nicht durch die Projektionen anderer und die Regeln unserer Gesellschaft reaktiviert. Wir beginnen, eher mit dem GEIST in Verbindung zu treten als von ihm auszugehen. Unsere Identität verschiebt sich: Unsere Persönlichkeit wird eher zu einem Gefährt für die Manifestation unserer Präsenz in der Welt als zu einem Hindernis. Wir büßen unser Ego nicht ein, hören lediglich damit auf, uns mit ihm zu identifizieren und beginnen, seine Neigungen zu beobachten. Im Laufe der Zeit bewegen wir uns innerlich von einem bestimmten Daseinszustand zu einer höheren Stufe, stabilisieren uns in einer höheren Frequenz in Einklang mit dem Göttlichen. Wir fühlen die Harmonie aller Aspekte unseres Seins: Körper, Persönlichkeit, Selbst, authentisches SELBST und – wenn wir unserem wahren Ruf folgen – unser co-kreatives SELBST. Wir fühlen uns eins mit dem Einen, der in vielerlei Formen erscheint.

Wir haben schon immer diese Präsenz verkörpert und werden sie weiterhin verkörpern. Wenn wir von egozentrischem Bewusstsein zu voll-zentriertem wechseln, erkennen wir, dass wir nicht zuständig sind. Wir lassen ab von Kampf, Bemühung und Kontrollverlangen. Wir fallen in die Arme des Geliebten und entspannen uns.

Stufenweise transzendiert die Essenz oder Präsenz und schließt das Ego mit ein, ehrt das Persönlichkeits-Selbst als ein Gefährt für echte Selbstentfaltung.

Intuitiv wissen wir, dass eine unsichtbare Intelligenz einen göttlichen Tanz choreografiert. Wenn wir uns dieser lenkenden Quelle ergeben, beginnen wir, Vertrauen zu schöpfen, loszulassen und zu akzeptieren »was ist«. Dies erfordert einen Sinneswandel und die Bereitschaft, die erforderliche persönliche Arbeit zu leisten: die Mängel, Ängste und Illusionen unseres egozentrischen, getrennten Selbst zu durchleuchten und zu überwinden. Wir wissen, dass unsere Aufgabe darin besteht, zu unserer wahren Identität zu erwachen und zuzulassen, dass unsere Heilung energetisch und nicht nur konzeptionell empfunden wird. Wenn wir bereit sind, stellen wir diesen Zweck an erste Stelle.

Durch bewusste Intention, Wachsamkeit und Übung lernen wir, uns unserem inneren Wissen zuzuwenden. Vielleicht nehmen wir die Ideen anderer auf, aber wir nehmen sie zu diesem ruhigen Platz im Inneren mit und sorgen dafür, dass alle Probleme dort entschieden werden. Wenn sich der Prozess entfaltet, werden wir allmählich zu neutralen Beobachtern und nehmen wahr, wie sich das Leben in unserer Präsenz entfaltet. Unser »Tun« fließt mühelos aus unserem Sein heraus. Wir werden angesichts des großen Mysteriums demütig und ehrfurchtsvoll und sind bereit, die nächste Runde auf der Evolutionsspirale als »ganze Wesen« zu vollziehen, die die Ehre haben, den Tanz des Lebens als »wir« zu erfahren. Wir begraben den Wunsch, etwas Besonderes zu sein, und erleben dennoch, dass wir göttlich sind.

Die Aktivitäten dieses Kapitels sind in erster Linie individuell, tägliche Übungen, die dazu bestimmt sind, uns zentriert zu halten und uns als liebevolle Präsenz wahrzunehmen. Wir haben gelernt, dass der Weg, unser Persönlichkeits-Selbst mit unserer unsichtbaren Essenz zu verflechten, holprig und unvorhersehbar sein kann. Er erfordert Engagement und Unterstützung, insbesondere, wenn wir von Angst, Zweifel oder irgendeiner anderen emotionalen Anspannung beherrscht werden. *Dieser Schritt der Rückkehr zum SELBST ist entscheidend für die Entdeckung unseres Sinns und der Kooperation mit anderen.* Wenn wir unsere Träume träumen und uns auf die Bedürfnisse des Ganzen einstimmen, formt der GEIST der Schöpfung Energie und Potenzial zu Materie, magnetisiert die perfekten Menschen und Aktivitäten, die zu jedem beliebigen Zeitpunkt für die Evolution unserer Seele erforderlich sind.

Diese Übungen bereiten uns darauf vor, uns schließlich mit anderen, die bereit für die Co-Creation sind, zu vereinen. Wir erfahren, dass die Verbindung mit Partnern, von Herz zu Herz, Zentrum zu Zentrum, unsere Energiefrequenz ansteigen lässt und unsere kreative Ausdruckskraft verstärkt. Eine innere Veränderung findet statt, wenn wir uns die Kraft der Schöpfung nutzbar machen. Nach und nach können wir uns von den schwankenden Umständen unseres Lebens lösen und uns in neutrale Beobachter verwandeln ... und das feiern, was ist, wie es ist ... »in der Welt, aber nicht von ihr«.

Die nächste Evolutionsstufe besteht darin, als Essenz zu leben, von diesem Ort tiefen Vertrauens und Wissens aus zu handeln – ein Co-Creator zu werden: uns bewusst einzustimmen in Resonanz mit anderen und dem evolutionären Impuls, der zu höherem Bewusstsein führt, größerer Kohärenz und Freiheit. Die Reise unseres Helden oder unserer Heldin umfasst eine innere Bewegung von der Identifikation mit dem Persönlichkeits-Selbst zu der Erfahrung der Gemeinschaft mit allem, was lebt – als liebevolles Bewusstsein.

Anmerkung: Die Übungen in diesem Kapitel benötigen mehr als ein Meeting, bis sie alle durchgeführt sind. Wir raten euch, das Buch *Vom Ego zur Essenz* von Barbara Marx Hubbard in Zusammenhang mit der Ausführung dieser Übungen zu lesen.

Geführte Meditation: Sich zentrieren

Der Facilitator liest dies langsam laut vor und achtet auf Pausen zwischen den Sätzen. Vielleicht sorgst du für sanfte Backgroundmusik.

Schließe sanft die Augen und erzeuge eine Aura der Stille um dich herum. Lass so gut wie möglich jedes Gefühl von Alter oder Geschlecht los ... jegliche Identität mit Rollen oder Aufgaben.

(Pause)

Spüre deine Verbindung zur Erde und fordere deinen Körper auf, sich zu entspannen ... Fokussiere dein Bewusstsein auf deine Füße, und spüre, wie die Lebenskraft durch deine Füße fließt ... Richte jetzt deine Aufmerksamkeit auf deine Beine, lade sie ein, jegliche Anspannung zu lösen, jeglichen Stress ... Lass jetzt dieses Gefühl völliger Entspannung nach oben fließen ... in deinen Bauch ... und deinen Rücken ... deine Arme und deine Hände. Zucke die Schultern oder schüttele sie aus, sodass sie völlig frei von Anspannung sind. Atme tief ... und spüre, wie der Atem deinen Hals ... deinen Kiefer ... deine Augen ... deine Kopfhaut entspannt.

(Pause)

Fühle dich im Reinen, während du dich weiterhin auf deinen Atem konzentrierst ... Atme unbefangen und tief. Spüre, wie die Lebenskraft durch deine physische Form fließt. Körper

(Pause)

Stell dir mit dem nächsten Atemzug vor ... wie die Kraft der Erde sich in jeder Zelle deines Körpers verbreitet. Stell dir vor, wie die Liebe und die Weisheit des Geistes *durch deine Scheitelregion strömen ... und sich in deinem Herzen mit der Erdenergie verbinden und mit ihr verschmelzen.*

(Pause)

Richte jetzt deine Aufmerksamkeit auf dein Herz ... Lass die Wärme deiner Liebe zur Natur, zum Göttlichen und zum Leben selbst dein Sein durchdringen. ... Fühle den vollkommenen Frieden und die Freude dieser Liebe. Stell dir vor, dass jeder Atemzug goldenes Licht in dein Herz strömen lässt ... Spüre den alchimistischen Prozess der Umwandlung, der sich jetzt in deinem Körper vollzieht ... warme Elektroimpulse strömen durch jede Zelle ... bewirken Entspannung und Regeneration ... fluten in deine physische Form und dein Bewusstsein ... Spüre jetzt die Liebesenergie in jeder Zelle, die deinen gesamten Körper mit Leben erfüllt.

(Pause)

Fühle die Weitläufigkeit deines essenziellen SELBST *als Frieden und Freiheit.*

(Pause)

Führe jetzt dein Bewusstsein langsam zu diesem gegenwärtigen Moment zurück ... bewege deine Hände und Füße langsam. Wenn du dich bereit fühlst, öffne die Augen und blick dich langsam im Raum um ... Stelle den Blickkontakt zu jeder Person in diesem Kreis her ... Tritt mit deinem SELBST *in Verbindung ... Präsenz trifft auf Präsenz.*

Prozess: Sich gegenseitig vorstellen

Um euch gegenseitig besser kennenzulernen, tut euch paarweise zusammen und bereitet euch darauf vor, euch gegenseitig eurer Gruppe vorzustellen. Dabei könnt ihr eurem Partner tiefe Erkenntnisse über euch selbst anvertrauen. Räumt jeder Person etwa fünf Minuten ein. Wenn dann die Gruppe wieder zusammentritt, kannst du deinen Partner vorstellen. Nachdem die Person der Gruppe vorgestellt wurde, kann diese dem, was gesagt wurde, etwas hinzufügen oder es veranschaulichen.

Prozess: Unterscheidung zwischen Präsenz und Persönlichkeit

Die folgende Übung besteht aus vielen Teilen. Sorge dafür, dass du mindestens 90 Minuten zur Verfügung hast, um alle Teile des Prozesses während eines Meetings abzuwickeln. Andernfalls könntest du zu dem Teil über »inneres Lauschen« (siehe Seite 91) in diesem Kapitel gehen und dieses Material bei deinem nächsten Meeting behandeln.

In der folgenden Liste sind die Eigenschaften des essenziellen SELBST/der Präsenz dem ortsgebundenen Persönlichkeits-Selbst, das in der Welt der Dualität lebt, gegenübergestellt.

1. Diskutiere dies in deiner Gruppe und co-kreiere mögliche Zusätze oder Änderungen

Präsenz **oder essenzielles SELBST**	**Persönlichkeit** **oder ortsgebundenes Selbst**
Einssein; spürt die Verbindung	Erlebt Trennung
Unparteiischer Zeuge	Anhaftend und involviert
Identifiziert sich mit reinem Bewusstsein	Identifiziert sich mit dem Körper, den Gedanken und Emotionen
Erweiterung; keine Begrenzung	Eng; ein Gefühl des Mangels
Flow; Leichtigkeit und Anmut	Rigidität; Bemühung
Implizites Wissen	Denken
Intimität; nichts zu verbergen	Abwehrhaltung; Schutz des Selbstbildes
Akzeptanz dessen, was ist	Manipulation; Beteuerung des Persönlichen
Zulassen; Vertrauen, willkommen heißen	Widerstand; beurteilend
Präsent; im Augenblick	Zukunfts- oder vergangenheitsorientiert
Liebe verkörpern	Auf der Suche nach Liebe
Authentisch	Das Gesicht wahrend; Tragen einer Maske

Akzeptiert Fehler; demütig	Tadelt; Sündenböcke; projiziert
Transpersonell	Personalisiert das Unpersönliche
Innerer Frieden	Angst; Beklemmung
Spontan	Strategisch
Frei	Will kontrollieren oder dominieren
Unvergänglich und ewig	Sterblich und vorübergehend

2. Erstelle eine Liste von Aspekten deines ortsgebundenen Persönlichkeits-Selbst (z. B. der Kritiker, der Krieger, das Opfer, der Tadler usw.)

Das ortsgebundene Selbst sind in Wirklichkeit die Gedanken in deinem Kopf! So stammen zum Beispiel Opferbewusstsein, Eifersucht, Bedauern und Groll aus der Vergangenheit; Sorge, Ängstlichkeit und Besorgnis stellen negative Zukunftsprojektionen dar. Liebe, Frieden und ein intensives Gefühl des Wohlbefindens – Aspekte des essenziellen SELBST – existieren lediglich im Augenblick und können durch volle Präsenz erschlossen werden. Vielleicht willst du dies zu einem anderen Zeitpunkt in deiner Gruppe diskutieren und auf deine persönliche Erfahrung zurückgreifen, um festzustellen, ob dies für dich zutrifft!

3. Nimm dir, bei einfühlsamer Hintergrundmusik, ein paar Minuten Zeit, um eine ausführliche Beschreibung deines essenziellen SELBST niederzuschreiben. Erwähne all die Eigenschaften, die du am meisten schätzt und bewunderst.

4. Der Facilitator liest langsam den nachfolgenden Text vor. Seine Worte werden untermalt von sanfter Hintergrundmusik. Leg zwischen den Sätzen Pausen ein, damit die Mitglieder deiner Gruppe die Meditation voll in sich aufnehmen können.

Geführte Meditation: Akzeptanz des ortsgebundenen Selbst

Der Facilitator liest dies langsam laut vor und legt zwischen den Sätzen Pausen ein.

Schließe sanft die Augen und lass zu, dass sich dein Körper völlig entspannt ... Atme ein paarmal ein und aus und richte dein Bewusstsein auf deine Essenz, den zeitlosen Aspekt deines Seins ... Rufe als Essenz jenes ortsgebundene Selbst auf, das eine starke Präsenz in dir hat ... Reflektiere einen Moment lang über diese Facetten deiner Persönlichkeit.

(Pause)

Bring jetzt einen Aspekt, ein getrenntes ortsgebundenes Selbst ins Bewusstsein ... Nimm das Verhalten, die Körperhaltung und den Gesichtsausdruck wahr ... Was tut dieses getrennte Selbst gerade? Wie fühlt es sich?

(Pause)

Tritt erneut als dein essenzielles SELBST *vor und lade dieses ortsgebundene Selbst auf, in deine Arme zu kommen ... öffne dein Herz für diese Eigenschaft ... empfinde Mitgefühl für den Kampf, den diese ausficht. Spüre, wie dieses ortsgebundene Selbst deine Liebe und Energie aufnimmt und als Reaktion sein Bedürfnis, Aufmerksamkeit zu erheischen, zurücknimmt ... Wie will es geehrt werden? Nimm wahr, wie dieser Aspekt deiner Persönlichkeit deinem Wachstum gedient hat ... Spüre den Strom der Liebe zwischen Präsenz und Persönlichkeit ... hin und zurück ... wie er jegliches Vorurteil oder Gefühl des Getrenntseins heilt, das hier geherrscht haben mag ... Empfinde jetzt voller Zärtlichkeit, wie dieses ortsgebundene Selbst, das als Essenz zur Ganzheit gelangt, es weiterhin voller Liebe umfängt.*

(Pause)

Bring ein anderes ortsgebundenes Selbst ins Bewusstsein ... Beachte das Verhalten, die Körperhaltung und den Gesichtsausdruck ... Was tut dieses ortsgebundene Selbst gerade? ... Wie fühlt es sich? ... Tritt erneut als Essenz in Erscheinung und lade dieses ortsgebundene Selbst ein, in deine Arme zu kommen ... nimm diese Eigenschaft wahr ... und empfinde Mitgefühl und Empathie für den Kampf, den es austrägt. Äußere gegenüber dem ortsgebundenen Selbst Worte der Dankbarkeit für seine segensreiche Präsenz in deinem Leben. Achte auf eine Reaktion. Spüre erneut, wie dieses ortsgebundene Selbst deine Liebe und Energie aufnimmt ... die Illusion des Getrenntseins zerstört.

(Pause)

Stell dir jetzt vor, dass alle anderen Aspekte deiner Persönlichkeit wie deine Kinder sind ... und als mitfühlender Elternteil umarmst du sie liebevoll ... Spüre mit einem Gefühl der Dankbarkeit die Art und Weise, wie sie dir gedient haben, diese Integration auf der Zellebene ... kein Aspekt von dir bleibt unberücksichtigt.

(Pause)

Stell dir die Eigenschaften des essenziellen Selbst als hübschen unsichtbaren Mantel vor, in den du hineinschlüpfst und den du jeden Tag tragen kannst ... Fühle, wie diese Eigenschaften aus dir herausströmen und dich umfangen ... Dies ist deine wahre Identität ... realisiere sie als dein vollkommenes Wesen.

(Pause)

Denke darüber nach, wie du und andere davon profitieren würden, als dieses Selbst in der Welt zu leben.

(Pause)

Atme nun ein paarmal tief ein und aus. Öffne dann, wenn du bereit bist, langsam die Augen und hole dein Bewusstsein hierher zurück.

Nimm dir ein paar Minuten Zeit, deine Einsichten aufzuschreiben, und teile sie den anderen Gruppenmitgliedern mit.

Dies ist möglicherweise ein guter Zeitpunkt, eine Pause einzulegen oder dieses Meeting zu beenden. Alternativ könnt ihr Musik auflegen und euch bewegen, bevor ihr eine abschließende Übung absolviert oder zur nächsten Übung übergeht.

Selbstwahrnehmung praktizieren

Anscheinend sind selbstreflektierende Menschen darauf vorprogrammiert, »sich selbst zu erkennen«. Die meisten bewussten Menschen fragen sich irgendwann in ihrem Leben: »Wer bin ich?«, »Wohin gehe ich?«, »Warum bin ich hier?«

Das Üben der Selbstwahrnehmung oder der Achtsamkeit kann überall und jederzeit erfolgen. Es geht darum, unsere momentane Erfahrung wahrzunehmen – mental, emotional und physisch. Dies bedeutet, wahrzunehmen, was äußerlich in unserem Umfeld passiert und im Innern von Körper/Geist. Außerdem bedeutet es, darauf zu achten, welche Bedeutung wir unseren Erfahrungen einräumen. Wenn wir schließlich erwachen, beginnen wir, unsere Reaktionen wahrzunehmen, ohne reaktiviert zu werden – ohne zu versuchen, eine Erfahrung zu verändern oder sich gegen sie zu stemmen.

Tipps für inneres Lauschen

Lies die folgenden Richtlinien laut und diskutiere sie. In der nächsten Übung hast du die Gelegenheit, diese grundlegende co-kreative Praktik zu erleben.

- Um inneres Lauschen zu üben, nimm in einer friedlichen, ungestörten Umgebung Platz, die dazu beiträgt, dass du dich zentrierst. Schließe die Augen, nimm eine entspannte Haltung ein und atme tief.
- Beruhige deinen Geist, deine Emotionen und deinen Körper. Nimm sie wahr, aber blick über sie hinaus auf den ruhigen und liebevollen Raum des SELBST.
- Stell eine Frage und öffne dich dem inneren Wissen, ohne Beteiligung an dem oder Bindung an das, was du erlebst. Häufig ist die erste Reaktion die eindeutigste.
- Hüte dich vor Deutungen und Versuchen, Dinge zu ergründen. Die Wahrheit ist einfach. Betrachte neben dem Inhalt der Reaktion die Energie der Reaktion als eine verlässlichere Richtlinie.
- Lausche voller Zuversicht in dem Wissen, dass du geführt wirst, selbst wenn du dir dessen nicht bewusst bist. Beobachte aufmerksam alles, was bei deinem Erlebnis geschieht.
- Akzeptiere vorbehaltlos alles, was du hörst, siehst oder fühlst. Wenn du mehr Klarheit oder eine größere Gewissheit wünschst, bitte darum. Handle dann entsprechend der Führung, die dir zuteil wird.

- Wenn du Zweifel hast, lausche weiter. Du wirst die Wahrheit immer erkennen, wenn sie vor dir auftaucht und Einsicht und Verständnis in deine Welt bringt. Vielleicht ist eine unmittelbare Reaktion nicht angebracht oder eine »Nicht-Reaktion« im Augenblick wichtig.
- Unterzieh dich häufig dieser Übung und mache sie zu einem normalen Teil deines Lebens – als wäre es eine »Erweckungs-Meditation«. Vermeide es also, ausschließlich in Notsituationen »Stoßgebete« zum Himmel zu schicken oder nur in Krisen diese innere Verbindung herzustellen.
- Bitte um eine Öffnung »für das höchste Gut« in jedem Bereich deines Lebens, der der Hilfe bedarf. Hege keine Erwartungen. Sei einfach offen und bereit, zu empfangen und zu lernen.
- Vergegenwärtige dir die Antworten, die dir gegeben und demonstriert werden, und bekräftige sie.
- Nutze die Kunst, das kreative Schreiben, die Visualisierung, den Tanz, die Musik, den Aufenthalt in der Natur und andere kreative Aktivitäten als Hilfe zur Erlangung inspirierter Einsichten.

Geführter Prozess: Inneres Lauschen

Der Facilitator liest dies langsam laut vor und legt Pausen zwischen den Sätzen ein.

Atme ein paarmal tief in dein Herz und lade deinen Körper ein, sich zu entspannen.

(Pause)

Formuliere eine Frage, die in diesem Augenblick für dich von Bedeutung in deinem Leben ist.

(Pause)

Wenn die Frage auf sich warten lässt, frage dich: Was soll ich tun, um mein Leben in ein besseres Gleichgewicht zu bringen?

(Pause)

Lass zu, dass eine Antwort auftaucht ... Sie kann sich als Intuition oder tiefes Wissen oder als ein Gefühl oder Körpergefühl manifestieren ... Vielleicht hörst du sogar Worte.

(Pause)

Wenn sich nichts tut, entspann dich einfach und hole erneut ein paarmal tief Luft.

(Pause)

Öffne in ein paar Minuten die Augen und registriere eventuelle Inspirationen, Erkenntnisse oder Gefühle, die sich eingestellt haben.

Wenn alle bereit sind, tauscht eure Erfahrungen untereinander aus.

Geführte Meditation: Die Herz-Meditation

Jahrtausendelang haben die Menschen in der östlichen Welt eine Meditation namens Tonglen praktiziert. Sie wurde im 1. Jahrhundert von dem tibetischen Herzmeister Atisha beschrieben. Er nannte sie »Mit dem Atem aufnehmen und aussenden«. Die nachfolgende Übung kann alleine, mit einem Partner oder mit deiner gesamten Kerngruppe durchgeführt werden, um die Herzzentren noch weiter zu öffnen.

Der Facilitator liest dies langsam laut vor und legt zwischen den Sätzen Pausen ein. Vielleicht lässt du im Hintergrund schöne, sanfte Musik spielen.

Setz dich bequem hin und schließe die Augen ... Nimm ein paar tiefe Atemzüge und entspanne deinen Körper.

(Pause)

Richte deine Wahrnehmung auf deine Brustmitte, das Herzzentrum ... Vielleicht stellst du dir vor, dass du die Herzflamme mit jedem Einatmen fächelst ... Spüre, wie sich die Flamme beim Ausatmen in deinem Körper verbreitet.

(Pause)

Visualisiere dein Herzzentrum als ein Fenster in der unermesslichen Weite, die deiner wahren Natur entspricht ... Blicke von diesem Platz der Unbegrenztheit hinaus in die Welt der Formen ... Stell dir jetzt vor, dass du durch das Fenster des Herzens Form einatmest ... Atme Form ein und Formlosigkeit, Leere aus ... Strahle mit jedem Ausatmen Präsenz und Liebe aus.

(Pause)

Nimm all deine Gedanken wahr und atme sie durch das Fenster des Herzens ein ... Atme nochmals Form ein und Formlosigkeit aus ... Strahle Ruhe aus, die frei von Gedanken ist.

(Pause)

Nimm jetzt all deine Gefühle wahr und atme sie durch das Fenster des Herzens ein ... Nimm dir die Zeit, die du benötigst, um Gefühle ein- und Leere auszuatmen.

(Pause für ein bis zwei Minuten)

Verfahre jetzt mit jeglichem Körpergefühl, das du empfindest, genauso .... Atme alle Empfindungen ein, die du fühlst, und atme Wärme, Liebe und Ruhe aus.

(Pause für ein bis zwei Minuten)

Nimm weiterhin durch Einatmen auf ... und strahle mit dem Ausatmen aus ... Triff keine Unterscheidung zwischen Gedanken, Emotionen und Körpergefühlen ... Mache diese Übung so lange, bis sie für dich so natürlich wie das Atmen ist.

(Pause)

Öffne langsam die Augen und strahle weiterhin Liebe und Ruhe aus.

Prozess: Praktizieren der Herz-Meditation mit einem Partner

Tu dich mit einem Mitglied deiner Kerngruppe zusammen. Setzt euch einander gegenüber und übt fünf Minuten lang das Einatmen von Form und das Ausatmen von Formlosigkeit. Stell dir vor, dass ihr beide euch zu einer Person vereinigt, unterlasst jegliche Vorstellung von Begrenzung und Unterscheidungen, die in der Welt der Formen gültig sind.

Ihr könnt entscheiden, die Herz-Meditation bei künftigen Meetings regelmäßig zu praktizieren. Wenn ihr in diesem Prozess voranschreitet, könnt ihr ihn nutzen, um bestimmten Personen, Situationen oder der Erde Heilenergien zu übermitteln.

Prozess: Verbindung von SELBST zu SELBST

- Der Zweck dieser ersten Übung besteht darin, den Identitätswechsel vom Ego zur Essenz zu unterstützen und die zeitlosen Eigenschaften der Präsenz zu akzeptieren und zu untermauern.

Der Zeitnehmer kann euch anzeigen, wann ihr beginnen sollt, und euch signalisieren, wann ihr aufhören und die Rollen wechseln sollt, sofern dies angebracht ist. Wenn ihr wollt, kann jeder von euch dies noch einmal zusätzlich tun, um die Erfahrung zu vertiefen. Setzt für diesen Prozess 30 bis 40 Minuten an.

Tut euch paarweise zusammen und setzt euch gegenüber. Blickt einander tief in die Augen und verbindet Herz mit Herz. Absolviert die Herz-Meditation einige Minuten lang.

Partner A beginnt, indem er Partner B fragt: »Wer bist du?« Partner B, der als Essenz das Wort ergreift, antwortet: »Ich bin ________« Partner A sagt: »Danke« und fragt dann erneut: »Wer bist du?« Dieser Ablauf wird zwei bis drei Minuten weitergeführt, wobei Partner B jedes Mal wie folgt antwortet: »Ich bin ______«

»Denkt« nicht bewusst darüber nach, sagt einfach, was euch in den Sinn kommt. Wenn ihr bereit seid, tauscht die Rollen und wiederholt den Prozess.

- Bei dieser zweiten Übung werdet ihr geführt, um euch als reines Bewusstsein wahrzunehmen.

Nehmt gegenüber eurem Partner Platz und versenkt euch ein paar Minuten lang in die Herz-Meditation. Wenn ihr bereit seid, sagt Partner A: »Erzähl mir von dem, das dich beobachtet« Partner B antwortet spontan. Partner A wiederholt das Statement nach jeder Antwort: »Erzähl mir von dem, was dich beobachtet.« Setzt diesen Prozess mindestens drei Minuten lang fort und tauscht dann die Rollen. Wenn ihr fertig seid, sitzt schweigend zusammen da und versenkt eure Blicke ineinander. Stimmt euch ganz auf die Präsenz ein. Das SELBST trifft ein anderes SELBST.

Wenn ihr den Prozess beendet habt, würdigt euren Partner. Schließt euch dann wieder dem größeren Kreis an.

Du bist die leuchtende Quelle, aus der Brillanz entsteht.

ARJUNA ARDAGH

Die Menschen stellen keine Probleme dar, die darauf warten,
gelöst zu werden, sondern Potenzial,
das darauf wartet, sich zu entfalten.

FREDERIC LALOUX

Geführte Meditation: Treffen mit dem Geliebten

Der Facilitator liest dies langsam laut vor und vergisst die Pausen zwischen den Sätzen nicht. Im Hintergrund spielt eventuell schöne leise Musik. Plane 30 Minuten für diesen Prozess ein.

Schließe die Augen. Atme ein paarmal tief ein und aus und lade deinen Körper ein, sich völlig zu entspannen.

(Pause)

Visualisiere dich an einem schönen, friedlichen Platz in der Natur ... Nimm die Geräusche und Gerüche dieses Orts in dich auf ... Atme tief durch und lass los ... Es gibt nichts zu tun ... Entspann dich einfach ... Lass zu, dass jegliche Gedanken, die aufkommen, vorbeiziehen ... wie Wolken am endlos blauen Himmel.

(Pause)

Atme durch dein Herz ein und aus ... Atme in Liebe ein ... strahle Liebe aus ... Lass zu, dass der Atem dein Herz noch mehr öffnet ... Lade die Präsenz von Liebe ein, jede Zelle deines Körpers zu erfüllen.

(Pause)

Stell dir vor, dass diese Präsenz von Liebe vor dir aufflammt und Gestalt annimmt ... Das ist der Geliebte, dein ideales Wesen ... der Aspekt deines SELBST, den du gesucht hast ... Nimm diesen Geliebten genau in Augenschein ... vielleicht ist er energetisch und ätherisch oder sichtbar. Nimm so genau wie möglich alle Aspekte dieses Seins wahr, während es dir erscheint.

(Pause)

Wenn du dich bei diesem Geliebten sicher fühlst ... sprich leise zu diesem Wesen ... Stell alle möglichen Fragen ... äußere alle möglichen Ängste ... rufe jegliches Wissen auf ... Verrate dem Geliebten deine Bedürfnisse und Bestrebungen.

(Pause für ein bis zwei Minuten)

Lausche jetzt dem Geliebten ... Erlaube, dass dieser Dialog fortgesetzt wird, stell deine Fragen und höre, was der Geliebte antwortet.

(Pause für ein bis zwei Minuten)

Verwandle dich jetzt in den Geliebten ... Beobachte und fühle, wie du tatsächlich mit dem Geliebten verschmilzt ... Blick durch diese Augen ... nimm diese Gefühle auf ... Nimm wahr, wie der Körper empfindet ... Sei dir der Erhabenheit und Allumfassendheit dieses Wesens bewusst ... Verändere langsam deine Identität und akzeptiere, dass du der Geliebte bist ... Derjenige, den du in der Welt gesucht hast, bist du ... Du bist zu deinem SELBST gelangt .... Empfinde die Großartigkeit deines Seins.

(Pause für ein bis zwei Minuten)

Verändere erneut deine Identität ... Atme ein paarmal tief ein und aus und fokussiere dich auf deinen physischen Körper. Nimm alle Gefühle wahr, die auftauchen ... Sieh den Geliebten an ... Setz deinen Dialog mit ihm fort.

(Pause)

Verändere noch einmal deine Identität ... Werde zum Geliebten und verschmelze mit der Leere ... Spüre die Liebe, die du bist ... Nimm das tiefe Gefühl des Friedens wahr, das immer als das SELBST präsent ist ... Achte darauf, dass du weder männlich noch weiblich bist ... Du hast weder Alter noch Geschlecht ... Du bist reines Bewusstsein ... alles, was ist ... ganz und vollkommen in deinem Sein.

(Pause)

Bring, wenn du bereit bist, dein Bewusstsein wieder langsam in den Raum zurück ... Öffne die Augen. Blicke jede einzelne Person im Kreis an ... Sieh in jedem Mitglied deiner Gruppe den Geliebten, das SELBST.

Wenn diese Übung abgeschlossen ist, verspüren vielleicht einige Gruppenmitglieder den Wunsch, ruhig dazusitzen, während andere vielleicht lieber aufstehen und sich zur Musik bewegen. Fordere dazu auf, alle Erkenntnisse aufzuzeichnen. Binde dich in den Fluss der Gruppenenergie ein. Vielleicht ziehst du es vor, nicht mit den anderen zu sprechen, um die Intensität der Erfahrung zu würdigen.

Kreiere einen bewussten Abschluss des Meetings.

Das Ego ist eine Vorstellung davon,
wer oder was du zu sein glaubst.

ROBERT WOLFE

Wenn wir in Berührung mit dem höchsten GEIST in uns
selbst sind, sind wir ebenfalls ein Buddha,
erfüllt vom HEILIGEN GEIST, und wir werden sehr tolerant,
sehr offen, sehr tiefsinnig und sehr einfühlsam.

THICH NHAT HANH

Unser höchstes Potenzial als Spezies ist unsere Fähigkeit,
ein selbst-reflektierendes Bewusstsein zu erlangen
oder »zu wissen, dass wir wissen«.
Durch das Erwachen der Menschheit erwirbt das Universum
die Fähigkeit, zurückzublicken und über sich selbst
zu reflektieren – voller Verwunderung,
Ehrfurcht und Wertschätzung.

DUANE ELGIN

Vertiefende Übungen

Führe die folgenden Übungen alleine durch.

Zentrierung

Eine tägliche Zentrierungs-Übung kann das Erwecken des authentischen Selbst erleichtern. Vielleicht findest du es hilfreich, innezuhalten und tief durchzuatmen, wenn du dich nicht in deiner Mitte fühlst. Mach langsamer und lass zu, dass deine Persönlichkeit von deiner Essenz gehalten wird. Übe Achtsamkeit, indem du auf deine Gedanken, Emotionen und Körpergefühle achtest, während du deinen Alltag bewältigst. Vielleicht versuchst du es mit der buddhistischen Übung, bei der man eine Glocke benutzt, um sich in den Augenblick zurückzuholen. Du könntest z. B. den Timer auf deinem Smartphone einstellen, der dir alle paar Stunden ein Signal gibt.

Dein essenzielles Selbst ist der weiseste Lehrer auf Erden. Es weiß jederzeit genau, was erforderlich ist. In dieser Beziehung könnte es auch »innerer Coach« genannt werden. Erziehe deinen Geist dazu, auf den inneren Coach zu hören und führe dessen Anweisungen aus. Wenn du dich angespannt, ängstlich oder orientierungslos fühlst, bedeutet das, dass dein Persönlichkeits-Selbst die Herrschaft über die Essenz übernommen hat. Wenn dir derart zumute ist, dann erlebe das Gefühl in seiner ganzen Fülle und werde ein neutraler Beobachter. Sieh zu, wie das Gefühl sich auflöst und verschwindet.

Widerstandslosigkeit, Nicht-Bindung und Nicht-Beurteilung sind die Schlüssel zu echter Freiheit.

Da es viele Praktiken gibt, die du lernen kannst, und viele Wege, um das SELBST zu erfahren, nimm dir die Zeit, zu erforschen und herauszufinden, was richtig für dich ist.

Co-Creatoren sind wachsam und lernen, immer mehr Zeit in einem Zustand der Zentrierung zu verbringen. Durch das Gefühl der Verbundenheit mit anderen und der Natur wirst du das essenzielle SELBST kennenlernen – ein Gefühl der Vereinigung mit allem. Wenn du dich entspannt, wachsam und im Hier und Jetzt präsent fühlst, erlebst du ein Gefühl mentalen, emotionalen, physischen und spirituellen Gleichgewichts. Du hältst das beobachtende Bewusstsein aufrecht – beobachtest deine Gedanken und Gefühle und Körpergefühle mit einer gewissen Distanziertheit. Du fühlst dich frei von den Hochs und Tiefs des selbstbezogenen Bewusstseins.

Beobachte deine Gedanken, kläre deine Absicht

Was auch immer deine Aufmerksamkeit erregt, prägt dich. Dinge, die dir immer wieder in den Sinn kommen, formen deinen Geist. Lerne, deine eigene Aufmerksamkeit zu beherrschen und dir deiner Gedankenströme bewusst zu sein. Gedanken sind unpersönliche Energiewellen, die in dem Raum in Erscheinung treten, den du ausmachst. Lass unbedeutende, ungewollte Gedanken an deinem Bewusstsein vorüberziehen, ohne zu reagieren und zu urteilen.

Nimm wahr, wenn du aufgrund deiner Vorstellungen und Ideale, wie die Dinge sein sollten, handelst. Kannst du die »Positionalität« aufgeben und akzeptieren, was ist? Erzeugt dieser Prozess des Loslassens und Beobachtens aus neutraler Perspektive ein Gefühl größeren Friedens und größerer Freiheit bei dir?

Der Verstand kann nicht zwischen »Realität« und durch Wünsche hervorgerufene Vorstellungen unterscheiden. Du kreierst so, wie du denkst. Wenn Gedanken dich herausfordern oder schwierige Entscheidungen bevorstehen, agiere nicht aus Ängstlichkeit heraus.

Beruhige dein Gemüt und bitte um Führung. Der Weg wird dir offenbart werden.

Bitte, so wird dir gegeben. Nimm dir etwas Zeit, um mit deiner Vision in Berührung zu gelangen. Denk in Begriffen von Optionen und kläre deine Träume und Absichten. Welche Art von Leben wünschst du dir? Worin besteht deine tiefste Sehnsucht? Schreib die Vision deines idealen Lebens nieder und lies sie häufig. Lege deine Absichten fest und bring deinen innigsten Wunsch ins Spiel, indem du deine Aufmerksamkeit auf deine Wahl lenkst. Verbinde deine Absicht mit einer sehr starken Emotion, sodass dein Körper glaubt, dass das, was du vorhast, bereits eingetreten ist. Schöpfung ist eine Funktion des Fokus, nicht der Kraft. Das Leben zeigt sich in anderem Licht, wenn du deinen Fokus veränderst, deine Absicht klärst, an alle Möglichkeiten glaubst, dich auf deine Leidenschaft ausrichtest und als unendliche Präsenz akzeptierst.

Aufmerksamkeit, Absicht und inniger Wunsch wirken beim Cokreieren der von dir gewählten Realität mit.

Führe Tagebuch

Ein Tagebuch kann ein starkes Tool für persönliches Wachstum und Transformation sein. Schreib deine Erkenntnisse und die Antworten, die du von innen erhältst, auf. Nimm dir jeden Tag Zeit, mit Vorliebe morgens, wenn alles ruhig ist, um Zugang zu deinem tieferen Wissen zu finden. Stell Fragen, die für deine derzeitige Situation von Belang sind, und schreib nieder, was du empfängst. Kreiere einen inneren Dialog mit dem Geliebten.

Zeichne deine Reise durch dieses *Handbuch* in deinem Tagebuch auf. Schreib deine Träume auf. Vielleicht ist es dir möglich, stets einen Notizblock oder einen Voicerecorder griffbereit zu haben, um deine Erkenntnisse bei Tag oder bei Nacht festzuhalten.

Nimm dir jeden Tag und jede Woche Zeit, um die spirituelle Dimension deines Lebens zu würdigen. Das SELBST benötigt heilige Zeit und Raum, um zu gedeihen und zu herrschen.

Umarme deinen Schatten

C.G. Jung bezeichnete den Schatten als die »dunkle unbekannte Seite der Persönlichkeit«. Diese umfasst die unbewussten, instinktiven und irrationalen Eigenschaften, die wir unbewusst auf andere projizieren.

Indem wir uns unsere Projektionen bewusst machen, distanzieren wir uns von Gefühlen des Getrenntseins und bewegen uns auf größere Authentizität zu – gewinnen Zugang zu Aspekten unserer persönlichen Kraft und Kreativität, die nicht verfügbar und außer Reichweite waren. Dieser Prozess erfordert Präsenz und kann desorientierend sein, wenn sich der Verstand bemüht, sich an neue Verhaltensweisen zu gewöhnen. Wenn wir uns dieser unbewussten Tendenzen bewusst werden, machen wir Fortschritte darin, das Gefühl des Getrenntseins zu überwinden, das aufkommt, wenn wir andere wegen der Eigenschaften, die wir bei uns selbst nicht akzeptiert haben, beurteilen.

Ausrichten von Körper, Verstand und GEIST.

Die Umstände oder Ereignisse unseres Lebens sind ein Abbild der Ausrichtung oder des Konflikts zwischen Körper, Verstand und GEIST. Das Leben ist ein Spiegel unseres Bewusstseins. Wenn wir als Essenz verbunden sind, scheint das Leben leicht und wunderbar dahinzufließen. Es besteht eine direkte Verbindung zwischen Inspiration und Manifestation.

Wenn wir uns isoliert und unverbunden fühlen, spüren wir Anspannung und Mühe. Wir haben zum Beispiel einen inneren Konflikt oder einen Schmerz oder brechen einen Streit vom Zaun. Wenn wir bei jedem dieser Vorfälle die vorhandene Energie spüren, können wir herausfinden, was wirklich los ist. Wir blicken über den äußeren Anschein hinweg zum Bewusstsein, das für das Eintreten dieser Geschehnisse verantwortlich ist. Der Zweck dieses Prozesses besteht darin, Selbstkorrektur zu lernen, wenn unsere Lebensumstände kein Spiegelbild unserer Ideale sind.

Schreibe Folgendes auf:

- Wähle als Erstes einen Umstand in deinem Leben, der aufzeigt, dass etwas nicht in Harmonie ist.
- Wende dich jetzt der Verfassung deines Körpers, deines Verstands und deiner Emotionen zu. Wie fühlst du dich physisch, mental und emotional, wenn du dich auf diese Situation fokussierst.
- Nachdem du alle drei überprüft hast, stelle fest, wie die Botschaft lautet oder welch roter Faden sich durch alle drei zieht. Wie sehr sind dein Körper, dein Gemüt und deine Emotionen in Disharmonie mit dem GEIST?
- Denke über die Entscheidungen nach, die du in deinem Leben triffst. Wie bestimmen sie dich?
- Wie beeinflussen deine Entscheidungen dein Umfeld?
- Frag jetzt dein SELBST, was du tun kannst, um das Gleichgewicht in deinem Leben wiederherzustellen. An wen könntest du dich wenden, um Unterstützung und Aufmunterung zu erfahren?

Teile deinen Prozess und deine Erkenntnisse beim nächsten Meeting mit deiner Kerngruppe. Die Mitglieder deiner Gruppe können Zeuge deiner Absichten werden und dich ermutigen, wenn du Veränderungen in deinem Leben vornimmst.

Übernimm Verantwortung für deine Gedanken, Kreationen und Handlungen

Was bedeutet es für dich, Verantwortung für alles in deinem Leben zu übernehmen? Überleg dir in den nächsten Wochen Folgendes: »Alle Beziehungen und Erfahrungen sind neutral. Ich allein verleihe ihnen Wert und Bedeutung und deute sie. Dadurch kreiere ich meine Erfahrung.« Wie wäre dein Leben, wenn du diese Haltung einnehmen und Verantwortung für deine Kreationen und Reaktionen übernehmen würdest – wie in den »Vereinbarungen für Co-Creatoren« empfohlen wird? Wie wäre die Gesellschaft, wenn jeder Mensch diese Haltung einnehmen würde?

Bewusste Evolution

Meditiere über folgende Aussage und teile beim nächsten Meeting jegliche Erkenntnisse mit deiner Kerngruppe. Kannst du nachempfinden, was hier angeboten wird? Klingt das echt für dich?

Gegenwärtig überschreiten wir eine Schwelle des Bewusstseins. Wenn wir unsere Aufmerksamkeit auf das richten, was in uns ans Tageslicht möchte, beginnen wir, uns »neu« zu fühlen. Wir stellen fest, dass alte Muster anfangen zu verblassen, und haben das Gefühl, als würde unser Körper leichter und lebendiger. Unser Bewusstsein fühlt sich viel erweiterter an, wenn wir erkennen, dass wir die Verkörperung des göttlichen Schöpfer-Impulses sind. Wenn wir alle Aspekte unseres Seins integrieren und uns ganz fühlen, empfinden wir Freude und Verspieltheit. Wenn wir unsere Aufmerksamkeit auf den höchsten Aspekt unseres Seins richten, können wir das, was uns nicht länger dienlich ist, loslassen und damit beginnen, das, was auftaucht, zu integrieren. Wir können bewusst als vollständige Co-Creatoren, als einzigartige und universelle Fraktale des Einen an unserer eigenen Evolution teilhaben.

Ich Bin Nicht Ich

von Juan Ramón Jiménez

Ich bin nicht ich.
Ich bin der,
der neben mir hergeht, den ich nicht sehe,
den ich gelegentlich besuche,
und den ich zu anderen Zeiten vergesse;
der ruhig bleibt und still, während ich rede,
und milde vergibt, wenn ich hasse,
der dort geht, wo ich nicht bin,
der am Leben bleibt, wenn ich sterbe.

KREIS 2
Erzeugen und Aufrechterhalten von Resonanz

Wenn du liebst, solltest du nicht sagen: »Gott ist in meinem Herzen«, sondern eher »Ich bin im Herzen Gottes«.

KAHLIL GIBRAN

Wo zwei oder drei in meinem Namen versammelt sind, da bin ich mitten unter ihnen.

JESUS

Die Anziehung der Liebe für die Liebe bleibt unwiderstehlich. Denn es ist die Aufgabe der Liebe, alles in sich zu vereinen und alles durch Ausweitung der Ganzheit zusammenzuhalten.

A COURSE IN MIRACLES

Man sieht nur mit dem Herzen gut.
Das Wesentliche ist für die Augen unsichtbar.

ANTOINE DE SAINT EXUPERY

Die Liebe ermöglicht alles, vertraut allem, umfasst alles und
transzendiert deshalb alles.

THE WAY OF MASTERY

Der Prozess der Co-Creation beginnt mit der Verschiebung der
Identität auf das SELBST und der anschließenden
Manifestation der Liebe als dieses SELBST.
Dieser Ausdruck von Liebe schafft Resonanz,
das unsichtbare Feld, in dem wahre Co-Creation erfolgt.

Resonanz gedeiht, wenn wir das Potenzial in anderen lieben
und uns die heiligen Praktiken der Akzeptanz,
des Nicht-Beurteilens, des Vertrauens und
des Mitgefühls zu eigen machen.

Die Vorstellung, den anderen wie uns selbst zu lieben,
ist das größte und augenscheinlichste Prinzip auf Erden.
Wir haben es alle mittels unserer Religionen
und ethischen Systeme gehört:
»Was du nicht willst, das man dir tu',
das füg' auch keinem anderen zu.«

Tausende von Büchern wurden geschrieben,
Millionen von Menschen legen ein Lippenbekenntnis dafür ab.
Warum sollte es jetzt funktionieren?
Weil auf der Erde neue Voraussetzungen herrschen,
die erfordern, dass wir unser Verhalten ändern,
wenn wir überleben wollen.

Was in der Vergangenheit esoterisch oder untauglich war,
ist jetzt essenziell.
Es ist an der Zeit, eine liebenswerte Welt zu erschaffen.

In einer Welt, in der die Liebe als weich, schwach und
ineffizient angesehen wird,
zeigt die Evolution, dass die Liebe die fundamentale,
vereinende und kreative Kraft im Universum ist.

Sie ist kraftvoll, mutig und die effizienteste verfügbare Energie,
um das Potenzial der Menschheit zu entfalten
und »die Arbeit zu erledigen«.
Die Liebe ist genau das, was die Menschen gerade jetzt
am dringendsten benötigen!

Erzeugen und Aufrechterhalten von Resonanz

Vor einigen Jahrzehnten stellte der britische Biologe Rupert Sheldrake seine Theorie der morphogenetischen Felder vor. Seiner Hypothese zufolge sind alle Lebensformen von unsichtbaren Feldern umgeben, die Information von einer Generation an die nächste weitergeben und somit das Erlernen einer neuen Verhaltensweise erleichtern. Diese Hypothese, die oft als der Einfluss von Gleichem auf Gleiches bezeichnet wird, stellt die Behauptung auf, dass die Menschen selbst mit allen Lebensformen verbundene Energiefelder sind. Als bewusste Wesen können wir die Art von Energie erzeugen, die wir übermitteln. Wenn diese Energie von »Heartfulness« und Mitgefühl durchdrungen ist, nennen wir das Resonanz, die Liebesfrequenz.

Resonanz steht im Mittelpunkt co-kreativer Praktiken. Gleichmut zu bewahren, ist nicht immer einfach. Es kann eine Herausforderung darstellen, vom Beherrscher- zum Partnerschaftsmodell überzuwechseln und immer ein offenes Herz zu haben. Co-kreative Praktiken können Unruhe stiften und etwas chaotisch sein. Vielleicht durchbrechen wir Jahrzehnte der Konditionierung als Individuum und Jahrtausende des Verhaltens als Spezies. Missverständnisse und Verwirrung können Teil der Reise beim Aufbau einer neuen Welt sein. Doch wir wählen diesen Weg, um ein erfülltes Leben zu schaffen und zu führen und eine mitfühlende Gesellschaft.

Resonanz erwächst in einem Feld der Liebe, des Vertrauens, bedingungsloser Akzeptanz und gegenseitiger Unterstützung und gedeiht an »sicheren Orten«. Angesichts von Vorurteilen, Kritik, Spannung oder Animosität verschwindet sie. Sie beginnt mit der Eigenliebe und der bedingungslosen Liebe, die in Fülle vom GEIST gegeben wird. Wenn du diese Liebe annimmst, akzeptierst du, dass du gesegnet und solcher Liebe wert bist; *dass du, in der Tat, die Liebe bist.* Sie ist nicht von anderen Menschen abhängig; hängt nicht von dem ab, was wir tun, oder von unseren täglichen Erfolgen und Misserfolgen. Wenn wir uns beurteilen oder verdammen, leugnen wir den Wert des göttlichen Impulses und der Schöpfung, zu der wir gehören.

Resonanz kommt von Intention, Aufmerksamkeit, Wahrheitsagen und unserer gegenseitigen Verbindung von Mitte zu Mitte. Praktiken wie Meditation, Yoga, Gebet, Gesang, Tanz, Stille, achtsames Reden und bewusste Bewegung ermöglichen uns die Einstimmung auf höhere Vibrationsfrequenzen. Wenn wir zentriert sind, uns selbst als gegenwärtiges Bewusstsein erfahren, sind wir in Resonanz mit allem, was existiert – und wir ziehen die Resonanz in unser Leben.

Wie wir es in unseren Herzen glauben, so geschieht es. Wenn wir uns mit anderen Herz zu Herz verbinden, arbeitet die universelle Schöpfungskraft durch uns, um uns zu unserem vollkommenen Bestimmungsort zu geleiten. Wenn wir unsere Energien auf diese Weise ausrichten, entsteht ein unsichtbares Feld der Vereinigung, des Einsseins und der Kreativität. Es bringt unsere harmonisierten Energien in Kohärenz. Das ist das Resonanzfeld – die natürliche Heimat des essenziellen SELBST. Wir lernen, diese Energie bewusst zu pflegen, bis sie zu einer natürlichen Seinsweise geworden ist. Wir intensivieren unsere Vorgehensweise in unseren kleinen Gruppen und setzen dabei in jedem Mitglied unseres Kreises das höchste Potenzial frei.

Wenn das Liebesfeld aufrechterhalten wird, fühlen wir uns leichter. Unsere Körper sind weniger angespannt, wenn wir uns auf eine höhere Energiefrequenz zu bewegen. Emotionale und physische Heilung können spontan erfolgen, wenn die Liebe die Zellen unseres Körpers öffnet und die durch Ängstlichkeit und Furcht hervorgerufenen Spannungen löst, die zu Krankheit führen. Begrenzungen lösen sich auf. Das essenzielle SELBST wird durch das Feld der Liebe ans Tageslicht gebracht und gewinnt schließlich die Oberhand. Eine vibrierende harmonische Frequenz verschmilzt unsere Energien und schafft ein vereinigtes Feld. Wir sind erfüllt von Liebe und Freude.

In unseren Gruppen üben wir »liebe deinen Nächsten wie dich selbst« als Co-Creatoren. Wenn wir uns selbst als Aspekte göttlicher Intelligenz lieben, fällt es uns leicht, andere auf dieselbe Weise zu lieben. Wenn wir unsere eigenen Gaben lieben, können wir die Gaben schätzen, die andere anzubieten haben. Fröhlich verbinden wir uns zur bewussten Evolution unserer selbst in einer akzeptierenden Welt. Wenn wir Frieden und Harmonie in unserem Inneren pflegen, erleben wir, dass dies ein Geschenk an uns und an die Menschheit ist.

Wenn wir uns im Herzen mit anderen verbinden, machen wir einen Quantensprung über die Fähigkeiten der Individuen hinaus. Dies bewirkt soziale Synergie und kreiert ein Ganzes, das größer und anders als alle Einzelteile ist. Wir erleben totale Ausrichtung und einen Sprung in Bewusstsein, Freiheit und Kreativität. Wir erleben, dass alles eins ist.

Die Aufrechterhaltung der Gruppenresonanz ist ein heikler Akt der Orchestrierung, der Sensibilität und des Vertrauens, die höchste Integrität erfordert. Sie kann nicht erzwungen werden, kann aber als ein Akt der persönlichen und kollektiven Praxis und des Willens angesehen werden. Eine erfolgreiche Kerngruppe ist ein heiliger Raum, der Vielfalt beinhaltet, Individualität hervorbringt und allen Teilnehmern einmalige Möglichkeiten bietet. Sie muss als solche geehrt, gefördert und mit dem Engagement jedes Mitglieds gesegnet werden.

Leitprinzipien zur Herstellung von Resonanz

ACHTUNG: Richte deine Aufmerksamkeit auf dein Herz, fühle die Liebe, die du bist.

ANZIEHUNG: Sei dir deiner natürlichen Affinität zu allem Leben bewusst: Essenz, die sich von Essenz angezogen fühlt.

VERBINDUNG: Erlebe endlose Präsenz als der Eine, der als viele in Erscheinung tritt.

INTENTION: Fasse einen Vorsatz, um in jedem Aspekt deines Lebens Resonanz zu erleben.

ENTSPANNUNG: Lass los und vertraue dem kreativen Prozess und der transformierenden Macht der Liebe.

Beachte, dass die Übungen in diesem Kreis mehrere Meetings erfordern, um bis zu Ende durchgeführt zu werden. Denk daran, Pausen einzulegen und deinen Körper zu bewegen. Bewusstseinsveränderungen werden ganz natürlich in den Körper integriert, wenn wir im Hier und Jetzt präsent sind.

Geführte Meditation: Schaffung von Resonanz

Der Facilitator liest dies langsam laut vor und vergisst nicht, zwischen den Sätzen Pausen einzulegen. Vielleicht möchtest du sanfte Musik im Hintergrund hören.

Lade die Gruppe ein, es sich bequem zu machen, die Augen zu schließen und zu entspannen.

Setz dich mit geradem Rücken hin ... und atme ein paarmal tief durch.

(Pause)

Lass mit jedem Ausatmen jegliche Anspannung und Gedanken davontreiben.

(Pause)

Stell dir bei jedem Einatmen vor, dass der Atem in jede Zelle deines Körpers eingesogen wird ... und jedes Organ und Gewebe erneuert und revitalisiert.

(Pause)

Lass zu, dass sich dein Atem in deinem Herzen sammelt ... Spüre mit jedem Einatmen, wie sich in deiner Herzmitte Wärme ausbreitet ... wie eine kleine Flamme, die wie ein glühendes Stück Kohle leuchtet.

(Pause)

Während du tief atmest, wird diese Flamme größer und verströmt Wärme in deinem gesamten Körper.

(Pause)

Jede Zelle deines Körpers reagiert, als wäre sie in Sonnenlicht getaucht ... Alle deine Zellen fangen an, in derselben Frequenz zu vibrieren.

(Pause)

Jede Zelle strahlt Licht in dein Herz zurück, wie Wellen, die über den Ozean gleiten ... Und zum Herzen und aus ihm heraus fließen — wie eine große zentrale Sonne, die alles Leben in Licht taucht.

(Pause)

Das goldene Licht in deinem Herzen wird noch heller, wenn diese Energie hin und her strömt, bis dein gesamter Körper anfängt zu glühen.

(Pause)

Lass jetzt einen Strahl dieses Lichts sanft aus deinem Herzen zum Mittelpunkt dieses Kreises gleiten ... Wenn er in der Mitte angelangt ist, lass zu, dass der Strahl einen kleinen goldenen Ball bildet, während er sich mit den anderen Strahlen bündelt, die von allen Anwesenden im Raum ausgestrahlt werden.

(Pause)

Beobachte, wie die verschiedenen Energien ganz natürlich in einen größeren Ball goldenen Lichts übergehen.

(Pause)

Stell dir vor, dass sich von diesem riesigen Lichtball zwei Lichtstrahlen nach außen, nach unten und oben wagen: einer zur Erde und der andere zu den Sternen ... Beobachte, wie die Erdenergie und das Strahlen der Sterne geschmeidig in diesen Ball goldener Energie fließen.

(Pause)

Und so ist es in Wahrheit ... Wir sind alle verbunden mit der Quelle ... und immer miteinander ... in unseren Herzen.

(Pause)

Während wir miteinander teilen, wollen wir das Bewusstsein dieser Verbindung präsent halten. Lasst uns bewusst sein, dass es lediglich ein weiterer Aspekt unseres SELBST ist, das spricht, wenn ein anderer spricht.

(Pause)

Werde dir jetzt langsam wieder deines Körpers bewusst und lass dir dabei so viel Zeit wie nötig ... Spüre den festen Boden unter dir und nimm die anderen um dich herum wahr ... Bewege sanft deine Hände und Füße, um die Lebenskraft zu spüren, die durch deinen Körper strömt.

(Pause)

Lass das Licht von deinem Herzen weiterhin zur Mitte fließen ... Spüre deine Verbindung zu den anderen im Kreis ... Wenn du irgendwann während dieser Sitzung wieder Verbindung mit jemandem aufnehmen möchtest, dann folg einfach diesem goldenen Strahl zu dessen Herz ... Lass dies heute unseren Hauptpfad des Verständnisses sein ... Wenn du dich bereit fühlst, öffne die Augen und sei präsent im Kreis.

Gönne dir ein paar Minuten der Stille, um visuell mit jeder Person in deiner Gruppe Verbindung aufzunehmen. Tauscht euch dann miteinander aus.

Leitprinzipien, um Resonanz zu schaffen und zu erhalten[3]

Überprüfe und diskutiere diese Prinzipien mit deiner Gruppe:

1. Wir verschieben unsere Wahrnehmung und Identität von uns selbst auf die der Essenz, als »Fraktale« oder einzigartige Teile einer kollektiven Intelligenz/eines Körpers, »Hüter« des Frequenzfelds und Imaginalzellen, die sich in einem Körper vereinigen.
2. Wir halten das Bewusstsein unseres Atems aufrecht, atmen bewusst, konzentrieren uns insbesondere auf das Ausatmen, da dieses unseren Parasympathikus aktiviert, den erdenden Beruhigungsreflex. Wir erleben unseren kollektiven Atem und tauchen in das Bewusstsein, dass wir zusammen »geatmet werden«.
3. Wir vertrauen der alldurchdringenden Intelligenz des Feldes und darauf, dass wir genau das erhalten, was wir erhalten müssen, und erfahren, was wir in diesem Augenblick erfahren müssen. Dafür bedarf es keiner Vorbereitung. Wir öffnen uns allem,

---

[3] Herzlichen Dank den mitwirkenden Autoren: Joanne Brem, Ami Marcus, Patricia Ellsberg, Shiloh Boss, Mark DuBois und Brad Nye, zusammen mit Reba Vanderpool, Eric Lawyer, Claudia Weiss, Gary Malkin, Davin Infinity und Sheri Herndon.

was auftaucht oder als Nächstes eintreten will, und lassen es zu. Wir sind offen für das Ergebnis, hängen jedoch nicht daran. Wir erkennen die Vollkommenheit dieses gegenwärtigen Augenblicks.

4. Jeder von uns trägt zur resonanten Kohärenz des Felds bei, indem er das Kohärenzniveau aufrechterhält, hebt oder senkt. Jeder unserer Gedanken, Gefühle, Bewegungen und Worte wirkt sich kontinuierlich auf das Feld aus. Wir arbeiten daran, uns bewusst zu werden, wenn wir die Kohärenz verlieren, z. B. durch ein erhöhtes Tempo, Eile, zu viele Worte, übertriebene Bewegung usw. Wir erkennen dies, da es sich als Stress, Anspannung, Enge oder Atemnot in unserem Körper bemerkbar macht. *Wir legen eine Pause ein.* In diesem Moment der Pause atmen wir tief in unser Herz. Wir erinnern uns an die Wertschätzung, die wir füreinander empfinden, und lassen zu, dass diese unser Herz mit *Liebe* erfüllt. Bewusst stellen wir unsere Energie neu ein, bringen uns in die Gegenwart zurück. Dabei verfeinern und verstärken wir diese Meta-Fähigkeit, wieder Resonanz zu erzeugen.
5. Wir fühlen uns hinein, finden Zugang und sprechen dann aus der Stille und der Intelligenz des Resonanzfelds. Wir vertrauen der Stille, den Pausen und dem Raum zwischen den Worten. Wir lassen zu, dass zwischen unserem Austausch eine Pause im Feld entsteht. Wir erlauben, dass die Worte/der Beitrag einer anderen Person auf dem Feld »landen«. Wir reagieren auf das Feld und reagieren von diesem aus, basierend auf dem, was zuvor aufgetaucht ist, was von innen in Erscheinung tritt und was sich durch höheres Bewusstsein ergibt.
6. Wir praktizieren vollkommene Kommunikation, sprechen zu der Essenz von dem, was aufgrund unserer augenblicklichen Erfahrung in Worte ausgedrückt werden möchte. Wir unterscheiden zwischen egoistischer Motivation und *Essenz*, wenn

wir den Impuls verspüren, zu sprechen. Wir üben uns darin, die Unterscheidung zwischen der Erkenntnis wahrzunehmen, wann wir an etwas hängen oder das »Bedürfnis« verspüren, zu sprechen, und wann wir etwas Wertvolles hinzuzufügen haben. Wir erkennen in uns selbst und an den anderen, dass Schweigen und Sprechen die gleiche Kraft haben und gleichwertige Beiträge sind. Im Wesentlichen dient unser Sprechen dazu, die Resonanz, Frequenz, Kohärenz und Vitalität des Feldes aufrechtzuerhalten.

7. Wir vertrauen dem Prozess und akzeptieren jede wahrgenommene Dissonanz, um durch aufmerksames Lauschen, Verständnis und die Rückkehr zu unserer inneren Mitte einen höheren Resonanzlevel zu erlangen. Durch unsere Risikobereitschaft und Bereitschaft, uns gegenseitig zu stützen, liefern der Stimulus und die Integration in das Feld Material und frische Dynamik. Das ebnet der Gruppe den Weg, den nächsten Level ihrer evolutionären Entwicklung zu finden.
8. Wir lauschen aufmerksam – horchen auf die Genialität dessen, was gesagt wird, und lauschen so, als würde die andere Person, die das Wort ergriffen hat, in diesem Augenblick ein erforderliches Teil präsentieren. Wir horchen auf die Übermittlung und richten uns auf die Frequenz dessen ein, was gerade gesagt wird, statt einfach nur auf die Worte, die ausgesprochen werden.
9. Wir *sehen* einander wirklich, wenn wir üben, Zeuge der Großartigkeit, der Genialität und der Essenz eines anderen zu werden.
10. Wir stellen uns vor, dass unsere kollektive Intention bereits erfolgte und sich *jetzt* hier manifestiert. Wir erleben, wie sich diese Wahrnehmung in unserem Körper anfühlt. Dies wird uns als unsere »neue Norm« vertraut und wir handeln und sprechen von diesem Bewusstsein aus.

Vertrauen in der Gruppe aufbauen

Für die meisten von uns entsteht Vertrauen ganz von selbst, wenn wir unser Herz öffnen und einander kennenlernen. Je mehr sich andere uns gegenüber öffnen und ihre Verletzbarkeit mit uns teilen, desto mehr öffnen wir uns ihnen gegenüber. *Die Schaffung eines sicheren Raums des Vertrauens und der Nicht-Beurteilung bildet das Fundament der Gruppenresonanz.*

Prozess. Der Vertrauensweg

Lies den gesamten Prozess durch, bevor du anfängst. Setze 30 bis 40 Minuten für diese Übung an.

Tu dich mit einem anderen Gruppenmitglied zusammen. Beim Vertrauensweg legt eine Person eine Augenbinde an und die »sehende« Person führt die »blinde« Person. Die führende Person ist verantwortlich für die Sicherheit der anderen Person und sollte diese warnen, wenn sich irgendwelche Hindernisse auftun – Stufen, Felsen oder steile Anstiege. In der Natur macht diese Übung am meisten Spaß und ist auch am effektivsten. Wechselt nach 10 bis 15 Minuten die Rollen.

Wenn ihr beide den Spaziergang beendet habt, tauscht eure Erfahrung miteinander aus. Wenn du bei diesem Meeting mehr als eine Vertrauensübung ausführst, solltest du vielleicht warten und später deine Erfahrung mit der gesamten Gruppe teilen.

Prozess: Vertrauen in den Kreis

Bei dieser Übung stellen sich die Gruppenmitglieder im Kreis um eine Person in der Mitte auf, nah genug, um sie auffangen zu können. Diejenigen, die den Kreis bilden, bereiten sich darauf vor, die Person in der Mitte aufzufangen, indem sie sich vergewissern, dass sie fest dastehen, die Beine leicht gespreizt, die Hände nach oben gerichtet, wobei die Handflächen zur Mitte des Kreises zeigen.

Mit geschlossenen Augen und über der Brust verschränkten Armen lässt sich die Person in der Mitte gegen den Kreis »fallen«. Die Gruppenmitglieder schieben sie sanft zurück in die Mitte und gegen eine andere Person. Auf diese Weise gewinnt die Person in der Mitte Vertrauen, dass der Kreis sie nicht fallen lassen wird.

Nach ein bis zwei Minuten gibt jemand das Signal, aufzuhören und die Gruppe befördert die Person sanft zurück in die Mitte des Kreises. Wiederhol diesen Prozess, bis alle, die dies möchten, ihn durchlaufen haben. Dann tausche dich mit den anderen über deine Erfahrung aus.

Arbeiten mit den »Vereinbarungen für Co-Creatoren«

Kehre zu den »Vereinbarungen für Co-Creatoren« zu Beginn von Teil 2 dieses *Handbuchs* zurück (siehe Seite 62). Du wirst feststellen, dass viele davon handeln, dein SELBST und andere zu würdigen und Resonanz aufrechtzuerhalten.

Während jede Person in deinem Kreis abwechselnd eine Vereinbarung laut vorliest, stell dir stillschweigend folgende Fragen:

- Welche dieser Vereinbarungen findet bei mir Widerhall? Welche praktiziere ich bereits?
- Stellen irgendwelche Vereinbarungen eine Herausforderung dar? Welche?

- Welche dieser Vereinbarungen sind zu diesem Zeitpunkt meines Lebens am wichtigsten?
- Gibt es irgendwelche Vereinbarungen, die ich entfernen oder grundlegend ändern würde?

Seid ihr damit fertig, nimm dir die Zeit, jede dieser Fragen noch einmal zu durchdenken. Vielleicht möchtest du Eintragungen in dein Tagebuch vornehmen und diese dann deiner Gruppe mitteilen oder vielleicht einfach die Fragen nacheinander beantworten.

Wenn deine Gruppe darauf ausgerichtet ist, eine der Vereinbarungen zu ändern, tu dies sofort oder einige dich mit ihr darauf, zu einem späteren Zeitpunkt zu diesem Prozess zurückzukehren.

Tipps, um in einer Gruppe die Herzen zu öffnen

Obwohl es nicht nur eine Art und Weise gibt, Gruppenresonanz zu erzeugen, werden folgende Schritte empfohlen, um euer Herz für andere zu öffnen, Liebe zu co-kreieren und Resonanz in einer Gruppe aufrechtzuerhalten. Lies das Folgende laut vor und co-kreiere Veränderungen, die für deine Gruppe von Relevanz sind.

- Spüre die Verbindung jedes Mitglieds deiner Gruppe, indem ihr euch an den Händen haltet, gemeinsam ein- und ausatmet und mithilfe von Musik, Bewegung, Lachen, Singen, Visualisieren, einer gemeinsamen Aufgabe oder gemeinsamen Schweigens eine gemeinsame Erfahrung co-kreiert.
- Schaffe einen sicheren Raum ohne Beurteilung, in dem jeder seine Verletzlichkeit, Höhen und Tiefen, Stärken und Schwächen zum Ausdruck bringen kann. Erteile dir selbst und anderen die Erlaubnis, eure innigsten Wünsche, Leidenschaften, Visionen und Erkenntnisse zu teilen.
- Um Vertrauen aufzubauen, erlaube allen, ihre Wahrheit immer wieder kundzutun. Bitte um intensive Ausrichtung und Liebe

und bekräftige die Zielgerichtetheit und den Wert der Gruppe.

- Lausche aufmerksam dem, was ausgetauscht wird, und sei voller Mitgefühl und Verständnis, ohne Urteil und Widerstand.
- Fasse dich kurz, meide lange, ausführliche Geschichten. Differenziere zwischen Beobachtung, Einsicht und Urteil – ermögliche Wahrnehmung und Kommentare ohne Etiketten wie gut/schlecht, richtig/falsch und sollte/sollte nicht.
- Projiziere nicht deine eigenen Wertvorstellungen, Meinungen oder deine Kritik auf andere, wenn in Wahrheit du die Person bist, die eine Veränderung vornehmen muss. Stell dir die Frage: »Stimmt das?« »Weiß ich, dass dies wahr ist?«
- Vermeide Leugnen und teile deine Gedanken und Gefühle offen mit, um aufgestaute Energie freizusetzen, die vielleicht Getrenntsein verursacht. Übernimm die volle Verantwortung, deine Wahrheit im Augenblick einzugestehen.
- Du kannst dich bewusst entscheiden, jemanden oder etwas zu akzeptieren, ohne zwangsläufig mit ihm oder seinen Ideen konform zu gehen.
- Unterlasse ermächtigende Verhaltensweisen. Jedes Mitglied der Gruppe muss für sich selbst geradestehen, um unbehindert bedingungslose Liebe und Akzeptanz zu kreieren und zu geben.
- Erkenne an, dass du derjenige bist, der den Dingen Sinn verleiht. Achte auf die Bedeutung, die du ihnen beimisst.
- Um einen Liebesraum wiederherzustellen, ist es oft von Nutzen, dass die Menschen aus ihren Köpfen heraustreten und in ihre Herzen und Körper schlüpfen, zu ihren Gefühlen zurückkehren und schließlich zu ihrer Mitte. Dies kann durch Fokussierung auf das Herz und den Bauch erfolgen und durch gemeinsames tiefes Ein- und Ausatmen. Es mag auch hilfreich sein, wenn die Gruppenmitglieder »check ins« vornehmen und ihre augenblickliche Wahrheit aussprechen.

Geführte Meditation: Das Licht der Liebe leuchten lassen

Der Facilitator liest dies langsam laut vor und legt zwischen den Sätzen eine Pause ein. Vielleicht lässt du schöne sanfte Musik im Hintergrund spielen.

Schließe die Augen, atme tief ein und aus und entspann dich. Erlaube deiner Aufmerksamkeit, tief in das Herz von Gaia hinabzutauchen ... das Feuer im Kern der Erde. Atme mit einem tiefen Atemzug das Feuer des Lebens durch deine Füße in deinen Körper ein ... Spüre, wie die Hitze, diese Flamme des Lebens, jede Zelle deines Körpers mit Vitalität erfüllt. Atme weiter tief ein und aus und akzeptiere deine Verbundenheit mit der gesamten Schöpfung.

(Pause)

Wenn du jetzt einatmest, erweitere dein Bewusstsein und zieh das weite Universum jenseits der Erde in dich hinein. Spüre das Sonnensystem, die prachtvolle Milchstraße, die Milliarden von Galaxien, die mehr Planeten enthalten, als es Sandkörner auf der Erde gibt. Fühle dich in völliger Harmonie mit dem Universum ... Visualisiere, wie sich deine Essenz zwischen den Sternen und den Galaxien bewegt, als ob du alte Freunde besuchen würdest.

(Pause)

Erlaube jetzt deinem Gefühl für die ganze Schöpfung, dich mit Staunen und Dankbarkeit zu erfüllen ... Spüre den Impuls der Schöpfung, der als du zum Ausdruck kommt ... als Geist, der sich in der Materie manifestiert.

(Pause)

Spüre, wie sich deine Essenz ausdehnt. Würdige die Schönheit der gesamten Schöpfung. Sieh dich im Widerschein des Lichts der Liebe und bekräftige, dass du Liebe bist.

(Pause)

Lass, erfüllt von dieser Liebe, ihren stetigen Strom durch dich hindurchfließen und sich bis zu den Geliebten in diesem Kreis ausdehnen ... bis zu deiner Familie und deinen Freunden und hinaus in die Welt. Du kannst dieses Gefühl, geliebt zu werden und zu lieben, mit dir tragen ... Erwecke dieses Gefühl jederzeit wieder, indem du tief atmest und dich selbst als einen sich entwickelnden Aspekt der gesamten Schöpfung erlebst.

(Pause)

Öffne die Augen, wenn du bereit bist, und blick in die Augen der anderen Anwesenden – gib und empfange bedingungslose Liebe.

Prozess: Beweg dich vom Kopf zum Herzen

Die folgende Übung ist nützlich, um in die Mitte zurückzukehren, wenn du wütend, deprimiert, ängstlich oder aufgebracht bist. Wenn du jeglichen Widerstand gegen jegliche Situation oder jeglichen Umstand aufgibst, weitest du deine Energie aus, befreist den Körper von Stress und begibst dich völlig in den gegenwärtigen Augenblick.

Wähle einen Partner aus und führt euch gegenseitig bei dieser Übung.

Denk an eine Zeit, in der du dich fern von der Mitte gefühlt hast und eher aus deinem Persönlichkeits-Selbst als von deiner Essenz aus gehandelt hast. Teile diese Situation kurz mit deinem Partner.

Lege jetzt die Hand aufs Herz und atme ein paar Mal tief durch. Erlebe in aller Fülle, welche Gefühle auftauchen. und achte auf Anspannungen, die du in deinem Körper spürst. Werde ein neutraler Beobachter der Geschichte, die sich entfaltet. Versuche nicht, irgendetwas von dem, was passiert, zu korrigieren oder zu verändern. Konzentriere dich einfach auf deine Erfahrung.

Bekräftige laut:

- *Ich bin grenzenloses Bewusstsein.*
- *Ich bin der offene Raum, in dem alle Gedanken, Gefühle und Empfindungen auftauchen*
- *Ich bin Liebe, Frieden und Harmonie.*
- *Ich bin alles, was existiert.*
- *Ich bin das Leben und ich bin frei.*

Nimm wahr, dass sich deine Körpergefühle auflösen, wenn du jeglichen Widerstand aufgibst, und sich ein Gefühl des Wohlbehagens bildet. Verharre in dieser Erfahrung erweiterten Bewusstseins und neutraler Beobachtung, denn du weißt, dass volle Akzeptanz jedweden Umstands ein Schlüssel zu echter Freiheit ist. Wenn es sich richtig anfühlt, sich so zu verhalten, tauscht die Rollen und wiederholt die Übung.

Aufbau des Resonanzfelds durch Anerkennung

Prozess: Der Liebessitz

Der Sinn der folgenden Übung besteht darin, dir zu erlauben, bedingungslose Liebe in deiner Gruppe zu üben und zu erfahren. Bevor du beginnst, erklärt der Facilitator der Gruppe den Prozess.

Vielleicht willst du diese Sitzung aufzeichnen, da jeder Einzelne von euch von allen anderen Gruppenmitgliedern Anerkennung empfangen wird.

Wenn deine Gruppe groß ist, teile sie in kleinere Gruppen aus vier bis fünf Mitgliedern auf.

Ein Kissen, ein Polster oder ein Stuhl sollten in die Mitte des Kreises postiert werden. Wenn alle Platz auf Stühlen nehmen, sollte ein Stuhl gleicher Höhe benutzt werden. Lass gefühlvolle Musik im Hintergrund spielen. Schließt die Augen und nehmt euch ein paar Minuten Zeit, um eure Herzen noch mehr füreinander zu öffnen.

Wenn es sich richtig anfühlt, nimmt eine Person in der Mitte des Kreises Platz und setzt sich jemandem im äußeren Kreis gegenüber. Du kannst die Augen nach Wunsch offen oder geschlossen halten.

Diejenigen, die sich im äußeren Kreis befinden, lassen sich eine Minute Zeit, um sich auf die Person in der Mitte zu konzentrieren. Erlaube deiner inneren Stimme, auf folgende Frage zu antworten »Was liebe/bewundere/respektiere ich an dieser Person?« Wenn jemand im Kreis bereit ist, teilt er mit, was er im Hinblick auf die Person, die in der Mitte des Kreises sitzt, empfindet, indem er sagt: »Was ich an dir liebe, ist ...« »Ich anerkenne ...« Dieses authentische Teilen dauert vielleicht ein bis zwei Minuten. Wenn die Person in der Mitte von der ersten Person eine Anerkennung erhalten hat, sagt sie »danke« und wendet sich der nächsten Person zu, die zu sprechen beginnt. Die Person in der Mitte wendet sich weiterhin einem Mitglied nach dem anderen zu, bis alle sich geäußert haben.

Dann nimmt eine andere Person in der Mitte des Kreises Platz und der Prozess beginnt von vorne. Wenn du die Würdigung aufzeichnest, sorge dafür, dass für jede Person eine eigene Aufzeichnung erfolgt. Vielleicht spielst du diese Aufzeichnung regelmäßig ab, um dir vor Augen zu führen, wie dich die anderen sehen.

Wenn es dir als passend erscheint, teile deine Erfahrung. Wie war diese Erfahrung für dich? War es leichter zu geben oder zu empfangen? Wie könntest du diese Erfahrung auf andere Lebensbereiche anwenden?

Prozess: Anerkennung in Zweiergruppen

Bildet Paare. Setzt euch einander gegenüber. Seht dem anderen tief in die Augen und richtet euch energetisch aufeinander aus. Vielleicht wollt ihr euch an den Händen halten.

Nach ein bis zwei Minuten bittet der Facilitator einen von euch, zum anderen aus der Essenz heraus zu sprechen und folgenden Satz zu sagen und zu ergänzen: »Ich sehe in dir ...«

Wiederhole den Satz mit den verschiedenen Ergänzungen, die dir spontan einfallen, und lass zu, dass die Liebesenergie fließt. Sprich authentisch von deinem Herzen aus zur Essenz deines Partners.

Nach ein paar Minuten bittet der Facilitator die Partner, die Rollen zu tauschen und den Prozess zu wiederholen. Wenn ihr beide damit fertig seid, gönnt euch die Zeit, euch gegenseitig auszutauschen. Vielleicht hast du Lust, diese Erfahrung in dein Tagebuch einzutragen.

Schluss: Der stille Gruß

Dieser Prozess kann dazu dienen, dieses Meeting oder eine Zusammenkunft der Familie oder von Freunden abzuschließen.

Er erfordert etwas Vorbereitung, und vielleicht möchtest du ein Medley schöner Musik auflegen, die das Herz berührt und Gruppenresonanz erzeugt.

Der Facilitator weist die Gruppenmitglieder an, einen Partner auszuwählen, sich an den Händen zu halten und einander in die Augen zu schauen und leitet dann die Übung an:

Beginnend mit diesem Partner werdet ihr jeden Einzelnen in dieser Gruppe stillschweigend grüßen, als würdet ihr ihm zum ersten Mal begegnen UND *als würdet ihr ihn schon seit einer Ewigkeit kennen.*

Die Teilnehmer schweigen, signalisieren einander aber durch Blicke, Hände und Herzen Liebe. Gestehe jedem Paar 30 bis 60 Sekunden zu, einander zu grüßen, bevor sie sich anderen Leuten zuwenden. Fahrt fort, bis jeder jede andere Person in der Gruppe schweigend gegrüßt hat.

Anmerkung: Dieses Grüßen funktioniert besonders gut bei Gruppen mit Menschen unterschiedlicher Nationalität, die nicht mit Worten kommunizieren können, aber die Sprache des Herzens beherrschen. *Schweigsam zu bleiben und mit den Augen und dem Herzen zu sprechen, ist entscheidend.*

Wenn wir eines Tages die Winde, die Wellen,
die Gezeiten und die Schwerkraft beherrschen,
werden wir uns die Energien der Liebe nutzbar machen.
Dann wird der Mensch zum zweiten Mal in der Geschichte
das Feuer entdeckt haben.

PIERRE TEILHARD DE CHARDIN

Vertiefende Übungen

Führe die folgenden Übungen alleine durch.

Sobald du Resonanz erfahren hast, wirst du in keinem Bereich deines Lebens mehr darauf verzichten wollen. Integriere mit Geduld und Feinfühligkeit diese Prinzipien und Übungen in all deine Beziehungen. Du wirst jeden um dich herum positiv berühren.

Lebe nach deinen Wertvorstellungen

Tu dein Bestes, um nach deinen Wertvorstellungen, deiner tiefsten Absicht und höchsten Weisheit zu leben – ungeachtet des Ergebnisses. Wende die »Vereinbarungen für Co-Creatoren« auf all deine Beziehungen an, einschließlich deiner Familie, deiner Freunde, Kollegen und Mitarbeiter. Vielleicht wählst du jede Woche eine Vereinbarung aus, um dich darauf zu konzentrieren. Teile deine Erfahrungen mit einem Freund, einem Verwandten oder anderen Mitgliedern deines Kreises.

Mach dir selbst und anderen eine Liebeserklärung

Tu jeden Tag etwas Liebevolles für dich. Vielleicht erstellst du eine Liste all der Aktivitäten, die dich nähren, und gewöhnst es dir an, mindestens eine davon täglich zu genießen: Nimm dir Zeit, dich allein oder mit anderen in der Natur aufzuhalten; lies ein gutes Buch; meditiere; iss mit Freunden zu Mittag; bereite dir dein Lieblingsessen zu. Was auch immer deine Stimmung hebt, wird dein Wohlbefinden und das der anderen fördern.

Bring täglich deine Liebe angemessen zum Ausdruck. Eine liebevolle Berührung geht nicht nur »unter die Haut«, sondern noch tiefer. Du kannst dich mit anderen durch herzliches Händeschütteln oder eine sanfte Berührung der Schulter sowie eine liebevolle Umarmung verbinden. Das Entscheidende ist, dass du dich in diesem Augenblick mit den anderen verbunden fühlst.

Ein aufrichtiges Kompliment oder liebevolle Worte können den Tag verschönern. Wenn du liebevoll über jemanden denkst, teile ihm das mit. Niemand kann genug »Streicheleinheiten« bekommen. Sag den Menschen – deiner Familie, deinen Freunden oder Kollegen –, dass du sie liebst.

Eine Haltung der Dankbarkeit

Konzentriere dich bei jeder Beziehung auf das Positive und beobachte, wie sich deine Liebe entwickelt. Gönne dir jeden Tag zur selben Zeit ein paar Minuten, vielleicht vor dem Zubettgehen oder während eines stillen oder lauten Gebets vor dem Abendessen, um zu überlegen, wofür du heute dankbar bist.

Weißt du, wenn alles gesagt und getan ist,
wird die einzige Veränderung,
die einen Unterschied macht,
in der Transformation des menschlichen Herzens bestehen.

JOSEPH JAWORSKI

KREIS 3
Überwindung der Illusion des Getrenntseins

Man wird nicht erleuchtet, indem man sich Lichtgestalten vorstellt, sondern indem man sich der Dunkelheit bewusst wird.

C. G. JUNG

Ich sage dir eines: Wenn du deinen Seelenfrieden willst,
dann suche nicht die Schuld bei anderen.
Beginne lieber damit, deine eigenen Fehler zu erkennen.
Und mache dir die ganze Welt zu eigen.

SRI SARADA DEVI

Je mehr wir die Menschen um uns herum
von innen heraus betrachten,
desto klarer und mitfühlender wird unsere Kommunikation.
Das ist die Basis eines »neuen Wir«.

THOMAS HUBL

Das grundlegende Problem, mit dem die Menschheit heutzutage konfrontiert ist, ist die Illusion des Getrenntseins – Getrenntsein voneinander, von der Natur und von unserer persönlichen Göttlichkeit.
Genau diese Illusion provoziert jegliches kriminelle Verhalten, jeden Krieg und jedes Gefecht, das riesige Missverhältnis zwischen »Reich« und »Arm«, und die Gleichgültigkeit gegenüber der Umwelt, der Erde und deren Zerstörung.

Da die meisten aller Probleme, mit denen die Menschheit konfrontiert ist, von ihr selbst und durch die Illusion des Getrenntseins verursacht werden, besteht die Hauptlösung in der Erfahrung der Verbundenheit: in einem inneren Wandel von Angst zu Liebe und – vor allem – in dem Bewusstsein, dass wir eins sind. Dieser Wandel kann plötzlich erfolgen oder vielleicht das Ergebnis von Jahren tiefer Intention, bewusster Aufmerksamkeit, »gebotener Sorgfalt« und Übung sein.

Wenn jeder Einzelne von uns alle Aspekte seiner selbst akzeptiert, Licht in die Finsternis bringt, unterstützen wir das authentische SELBST, um die Herrschaft in unserem Leben zu übernehmen.
Was wir für uns selbst tun, können wir auch füreinander tun.
Wenn wir uns selbst und den anderen vergeben und die Kommunikationsfertigkeiten erlernen, die für gesunde und harmonische Beziehungen erforderlich sind, öffnen wir uns, um die Schönheit, die die Essenz jedes Menschen ist, zu sehen und zu akzeptieren.
Wir tragen unseren Teil dazu bei, um das kollektive Feld des Bewusstseins von Angst auf Liebe umzustellen, von einem Fokus auf das »Ich« hin zum Interesse am »Wir« und zum Wohl des Ganzen.

Überwindung der Illusion des Getrenntseins

Wir sehen die Dinge nicht, wie sie sind,
sondern so, wie wir sind.

DER TALMUD

Angefangen von der Gesellschaft im antiken Griechenland bis zur Zeit von Isaac Newton und dem Aufkommen der klassischen Physik vor dreihundert Jahren haben sich die meisten Menschen mit ihrem Körper und/oder ihren Gedanken und Gefühlen identifiziert und sich selbst als getrennt und unterschiedlich von anderen Mitgliedern ihrer eigenen Spezies erfahren. Ichbezogenes, egozentrisches Bewusstsein war die Norm.

Die Newtonsche Physik lässt uns glauben, dass das Leben vorhersehbar und alles von allem anderem getrennt sei. Die Menschen sind wie Maschinen, Zahnräder in einem größeren Mechanismus. Auswirkungen können auf einen bestimmten Grund oder eine Reihe von Gründen zurückgeführt werden und Ergebnisse nur durch Bemühung erzielt werden. Aus der Sicht der klassischen Physik stellt die Materie die höchste Realität dar und die Menschheit steht unter der Wirkung von Umständen, die entweder schwarz oder weiß, gut oder schlecht sind.

Noch heute herrscht bei den meisten Menschen diese klassische Weltsicht vor. Organisationen und Institutionen gründen von jeher auf einer Hierarchie, einer strengen Verteilung von Rollen und Verantwortlichkeiten, die alle auf Eigennutz gründen. Diesem Modell zufolge zeigt sich Macht als Herrschaft über andere, häufig durch Manipulation und Kontrolle. Die Individuen, die in diesen Systemen agieren, werden oft entmachtet und ihre Kreativität im Keim erstickt. In Geschlechterverhältnissen gilt die männliche Hälfte der Menschheit oft als wertvoller und bedeutender als die weibliche Hälfte.

Das Gefühl, ein getrenntes Selbst zu sein, fördert den Wettbewerb, den Glauben an Mangel und die Praktiken des Anhäufens sowie der Ausbeutung der Natur. Außerdem führt es dazu, dass wir Geld und Besitztum über das Leben als solches stellen. Dies ist der Kern des menschlichen Leidens, der Umweltzerstörung und der meisten übrigen Probleme, mit denen die Menschheit heutzutage konfrontiert ist. Ob es sich um die Krise im Bildungswesen, in der Regierung, dem Gesundheitswesen oder der Wirtschaft handelt – die Hauptursache liegt in der Vorstellung, dass die Menschen voneinander und von der Natur getrennt sind. Diese Illusion des Getrenntseins und deren Begleiterscheinung, das egozentrische Bewusstsein, haben sich als verheerend erwiesen!

Es ist unschwer zu erkennen, dass sich die Menschheit an einem Scheideweg befindet. Entweder schreiten wir in der Evolution voran oder wir müssen damit rechnen, als Spezies unterzugehen. Die Krisen, mit denen wir uns auseinandersetzen müssen, dienen als Evolutionstreiber. Sie fordern uns heraus, uns zu unserer wahren Identität zu bekennen. Wie Einstein sagte, können wir unsere Probleme nicht lösen, indem wir in derselben Denkart verharren, die die Probleme verursachte. Wir müssen einen Bewusstseinswandel vollziehen vom Getrenntsein und der Angst zu Einheit und Liebe, einen Wandel vom egozentrischen Selbst zum gesamtzentrierten

Bewusstsein. Der evolutionäre Impuls drängt die Menschheit, einen Quantensprung des Bewusstseins zu vollziehen.

Glücklicherweise ist zurzeit zum Wohle unserer Gattung und unseres Planeten ein größeres Erwachen im Gange. Diese augenblickliche Bewusstseinserweiterung wurde vor ein paar Jahrzehnten zum Teil durch Entdeckungen im Bereich der Physik und durch das Auftauchen der Weltsicht bewusster Evolution ausgelöst.

Eine Verschiebung erfolgte, als Einstein entdeckte, dass Masse und Energie verschiedene Zustände derselben zugrunde liegenden Realität sind. Dann bewies die Wissenschaft, dass Materie entweder als Welle oder als Partikel existieren kann. Was von fester Beschaffenheit zu sein scheint, besteht zum größten Teil aus Raum – Energie und Information in Bewegung. Die Realität hat viele Facetten, ist unvorhersehbar. Das Bewusstsein, nicht die Materie, ist der Grundbaustein aller Schöpfung. Alles, was existiert, ist aus dem Nichts hervorgegangen. Außerdem ist im gesamten Universum alles mit allem anderen durch ein unsichtbares Feld verbunden, das die Erinnerung an alles enthält, was je existiert hat.

Die Quantenfeldtheorie hat die Unterscheidungen zwischen dem SELBST/andere und Beobachter/Beobachteter aufgegeben und uns das Prinzip der Vernetzung beschert. Die neue Wissenschaft zeigt, dass jede Handlung sich auf alles im Kosmos auswirkt – dass wir in einem relationalen Universum leben. Es gibt kein Getrenntsein und kein getrenntes SELBST.

Als der britische Biologe Robert Sheldrake seine Theorie der morphischen Resonanz präsentierte, legte er nahe, dass eine Grundeigenschaft der Natur darin besteht, dass Formen und Muster ansteckend sind: Sobald irgendwo etwas geschieht, kann es auch anderswo geschehen, weil das unsichtbare Quantenfeld alles miteinander verbindet. Wenn Individuen und kleine Gruppen von Menschen in China oder in Brasilien oder in irgendeinem anderen

Land erwachen, wirkt sich dieses Ereignis auf die Erdenbürger aller Nationen aus. Wenn es um das Bewusstsein geht, gibt es keine Grenzen!

Die Quantenphysik offenbart eindeutig, dass die Menschheit in einem Universum voller endloser Möglichkeiten residiert, in dem der Beobachter Realität erschafft. »Was du siehst, ist das, was du erwartest.« Die Intention – der Gedanke als solcher – bestimmt das Ergebnis. Die Menschen sind keine getrennten machtlosen »Zahnräder einer Maschine«, sondern multi-dimensionale Wesen, einzigartige Aspekte der Schöpfungskraft selbst. Allein durch unsere Gedanken können wir etwas aus der Ferne beeinflussen. Wir sind mehr als unsere begrenzten Vorstellungen, Emotionen und physischen Körper. Wir sind Inkarnationen göttlicher Intelligenz und können das Gefühl, ein getrenntes Selbst zu sein, transzendieren, um uns selbst als einzigartige Aspekte des Einen zu betrachten. Da wir unsere Interdependenz mit allem, was lebt, spüren, fokussieren wir uns automatisch auf das Wohlbefinden des Ganzen.

Da die Umstände auf der Erde gebieten, dass wir uns entweder entwickeln oder uns auf ein mögliches Aussterben gefasst machen müssen, taucht »gerade zur rechten Zeit« ein neuer Menschentyp auf. Das ist der Co-Creator: ein »ganzes Wesen«, das sich mittels des Herzens mit allem Lebendigen verbunden fühlt und sich des Impulses bewusst ist, einmalige Kreativität zugunsten des größeren Wohls zu entfalten.

Der Co-Creator, der nicht länger aus einem Gefühl des Getrenntseins agiert, verzichtet darauf, Macht über andere zu haben, und genießt es, in einem Geist der Einheit, der Liebe und des gegenseitigen Respekts eine authentische Partnerschaft einzugehen. Als neue Norm sind die Co-Creatoren fähig, Liebe, Kohärenz und ganzheitlich zentriertes Bewusstsein in Gang zu setzen und uns eine Vorahnung vom Auftauchen des wirklich göttlichen Menschen, das von Teilhard de Chardin, Sri Aurobindo und anderen großen Sehern und spirituellen Pionieren vorausgesagt wurde, zu geben. Das ist die Welt, die wir co-kreieren: eine Welt, in der jeder sein volles Potenzial abrufen kann. In einem Resonanzfeld der Liebe unterstützen wir einander darin, unser authentisches SELBST zu sein, unser göttliches Schicksal zu entdecken und die Illusion des Getrenntseins zu überwinden. In einem Umfeld der Liebe, der Geborgenheit und Gleichrangigkeit, können sich die Gaben des Einzelnen entfalten, um zur Schaffung einer gerechten, liebevollen Gesellschaft beizutragen.

Die nachfolgenden Übungen in diesem Kapitel sollen die Illusion des Getrenntseins auflösen und dich dabei unterstützen, deine Gaben und Fähigkeiten anzunehmen, wenn du die Freude der Verbundenheit erfährst. Du kannst diese Übungen mit deiner Familie und deinen Freunden, deinen Arbeits- und Geschäftskollegen, in Organisationen oder in bestehenden Gemeinschaften durchführen. Mit Kenntnis, Feingefühl und Erfahrung können wir uns selbst und andere optimal unterstützen. Das co-kreative SELBST kann in einem Umfeld der Liebe und der Partnerschaft freigesetzt werden – und es jedem von uns ermöglichen, frei, vollständig ermächtigt und großartig zu sein. Wir erleben, dass das Getrenntsein wirklich nur eine Illusion ist, an die wir geglaubt haben und die wir jetzt loslassen können.

Indem wir das SELBST in uns und in anderen lieben und uns mit ihm identifizieren, bringen wir es an die Oberfläche. Wir lernen voneinander und erkennen an, dass jeder von uns ein Meister auf seinem eigenen Erfahrungsgebiet ist. Wir werden gegenseitig zu Mentoren und wir wachsen in unserer Ganzheit. Kollektiv erreichen wir eine höhere Frequenz der Liebe und grenzenlose Möglichkeiten.

Geführte Meditation: Erforschung unserer Wertvorstellungen

Der Facilitator liest dies langsam laut vor und denkt an die Pausen zwischen den Sätzen.

Entspann dich ... atme tief und fordere jegliche Gedanken und Sorgen auf, dahinzutreiben, wie die Wolken am Himmel ... Sei dir bewusst, dass dein Herz in deiner Brust schlägt und die Lebenskraft durch deinen Körper strömt.

(Pause)

Erlaube, dass die Wärme deines Herzens dein Sein durchdringt ... Genieße das Gefühl des Friedens und der Geborgenheit, während du zulässt, dass sich alle Zerstreuungen und Sorgen mit jedem Atemzug auflösen.

(Pause)

Gönne dir nun einen Moment, um über die Werte zu reflektieren, die dir am meisten bedeuten ... Schätzt du Ehrlichkeit? Schönheit? Großzügigkeit? Welche Werte schätzt du und willst du in deinem Leben hochhalten?

(Ein- bis zweiminütige Pause)

Atme mehrmals tief ein und aus und werde dir erneut deines Körpers bewusst ... und wenn du bereit bist, öffne die Augen und richte die Aufmerksamkeit wieder auf diesen Ort und diesen Zeitpunkt.

Erstelle, ohne mit anderen zu sprechen, eine Liste deiner Wertvorstellungen. Teile diese als Bestandteil deines Check-ins deiner Kerngruppe mit.

Kommunikationsfertigkeiten für ein harmonisches Leben

»Abrakadabra« ist eine alte aramäische Zauberformel, die bedeutet: »Ich erschaffe, während ich spreche«. Mit anderen Worten: Die Sprache als solche erschafft Realität.

RABBI ASHER CRISPE

Effizient miteinander kommunizieren zu lernen, ist eine relativ neue Fertigkeit im Evolutionsbogen. Unsere Vorfahren schenkten der »Kunst der Kommunikation« keine Aufmerksamkeit. Selbst heute unterscheiden die meisten Menschen rund um die Welt nicht zwischen Kontext, Inhalt und Prozess. Sie haben keine Ahnung von Fertigkeiten wie dem »reflektierenden Zuhören« oder der »bewussten Kommunikation«. Im Allgemeinen sprechen die Menschen und hören zu, projizieren und beurteilen andere, fühlen sich gekränkt und missverstanden, werden wütend, überwinden es oder streiten und glauben, dass ihr Realitätssinn *Realität* ist.

Erst in den letzten Jahrzehnten wurden sich viele Menschen des Nutzens vom Erlernen von Kommunikationsfertigkeiten bewusst, um die Produktivität an ihrem Arbeitsplatz zu erhöhen und in ihrem persönlichen Leben ein tieferes Gefühl der Erfüllung und der Harmonie zu erzeugen. Heutzutage nehmen viele Anwälte, Therapeuten, Pädagogen und Diplomaten das Erlernen und Praktizieren der Kunst des intensiven Zuhörens und der bewussten Unterhaltung sehr ernst. Gewaltfreie Kommunikationspraktiken, »transparente Kommunikation« und »mitfühlende Kommunikationsfertigkeiten« werden in den Industrieländern allgegenwärtig. Wir gelangen zu dem Bewusstsein, dass transparente Kommunikation, Eigenverantwortung und anteilnehmendes Lauschen entscheidende Fertigkeiten für jene sind, die vom Ego zur Essenz umschalten, inneren Frieden erlangen und dazu beitragen wollen, eine liebevolle kreative Gesellschaft aufzubauen.

Um die Illusion des Getrenntseins zu überwinden, müssen wir diese Fertigkeiten erlernen, damit wir effektiv miteinander kommunizieren können. Während wir den manchmal umständlichen Weg der Verschiebung unserer Identität zum Bewusstsein selbst gehen, beginnen wir, jene Aspekte unseres Egos wahrzunehmen, die sich getrennt oder unterentwickelt oder sogar selbstsabotierend anfühlen. Wir beleuchten sie mit dem Licht des Bewusstseins. Wir beobachten unsere Gedanken und »sehen unser Sehen«. Schließlich lernen wir, jene Persönlichkeitsmerkmale, die nicht länger unserer Evolution dienen, anzunehmen statt abzulehnen. Durch Übung, Selbstwahrnehmung, Selbstakzeptanz und die Unterstützung unserer Kerngruppe lernen wir, alle Aspekte unseres Selbst zu lieben.

Die Informationen und Übungen in diesem Kapitel sollen ein Grundtraining in den Kommunikationsfertigkeiten bieten, die es dir ermöglichen, viele Facetten deiner Persönlichkeit zu entdecken und zu akzeptieren und schnell in eine Erfahrung intensiver Verbindung und Gemeinschaft mit anderen einzutauchen – Essenz zu Essenz, Seele zu Seele.

Tipps für gesunde Kommunikation

Diskutiere folgende Tipps oder Prinzipien in deiner Gruppe und verändere nach Wunsch die Liste auf jede dir passend erscheinende Art.

- Die Wahrheit ist der Fels, auf der jede gute Beziehung aufgebaut ist. Teile deine Gefühle und sei ehrlich bei deiner Kommunikation, verwende »Ich«-Botschaften und übernimm die Verantwortung für deine Erfahrung.
- Höre mit deinem Herzen; sprich aus dem Herzen.
- Sprich nur jeweils ein Problem an.
- Sorge dafür, dass das, was du zu sagen hast, ehrlich *und* erwähnenswert ist. Sag es nicht, wenn es die Unterhaltung oder die Beziehung nicht bereichert.
- Echte Kommunikation schließt über die Worte hinaus Körpersprache und Intention mit ein. Positive Intention erleichtert die Erfahrung der Verbindung oder Gemeinschaft.
- Timing, Sicherheit und Empfänglichkeit sind Schlüssel für eine transparente Kommunikation. Sei dir der Bedürfnisse der anderen bewusst, bevor du eine Unterhaltung beginnst. Bring in gehetzten oder stressigen Zeiten des Tages keine wichtigen Probleme zur Sprache. Schaff einen sicheren Raum für Ehrlichkeit und Verletzbarkeit.
- Menschen sehnen sich danach, gehört und gesehen und bei ihrer Kommunikation akzeptiert und verstanden zu werden. Höflichkeit, Respekt und reflektierendes Zuhören sind wesentlich für eine bewusste Kommunikation.
- Der Verstand erzeugt Getrenntsein; das Herz erzeugt Verbindung. Wenn du voreingenommen oder kritisch bist, dich ungerecht behandelt oder in irgendeiner Weise getrennt fühlst, versuche, deine Energie von deinem Verstand zu deinem Herzen zu verschieben. Hebe dir die Kommunikation auf, bis du dich zentriert fühlst.

- Denk daran, dass aufrichtige Dankesbekundungen, Wertschätzung und Empathie die Erfahrung der Verbindung kreieren und bei den anderen das Beste zutage fördern können.
- Sei bereit, offen zu antworten anstatt zu reagieren. Wenn du reagierst, dann akzeptiere, dass deine Konditionierung getriggert wurde. Übernimm Verantwortung für deine Gefühle und deine Reaktionen.
- Stille ist häufig die beste Brücke zwischen den Herzen. Denk nicht, dass du immer sprechen musst, um gehört zu werden.
- Sei dir so gut wie möglich deines eigenen Wachstums bewusst. Sei bereit, keine negativen Gedanken und Gefühle auf andere zu projizieren.
- Bleib in deinen Beziehungen immer auf dem Laufenden. Unbeendete Auseinandersetzungen stauen sich an. Unterdrückte und unausgesprochene Gefühle können sich im Körper anreichern und Krankheiten verursachen. Die Rückstände aus ungeklärten Fragen können in Beziehungen zu Trennungen führen. Sei in deinen Kommunikationen so vollständig und aktuell wie möglich.
- Lerne, klare Wünsche zu äußern, Fragen zu stellen und deine Verpflichtungen einzuhalten, um ein Gefühl der Verbundenheit zu fördern. Tu das, was du sagst, zügig, um in deinen Beziehungen Vertrauen aufzubauen. Wenn du eine Vereinbarung nicht einhältst, gib dies zu und sprich mit den Betroffenen darüber.
- Vergiss deinen Humor nicht.

Klärung

Während wir uns entwickeln und unsere Wertvorstellungen in unser Leben integrieren, kann es sein, dass wir unbewusste innere Reaktionen auslösen. Angst, Tadel, Scham, Beurteilung, Gefühle der Unzulänglichkeit und des Zweifels dringen möglicherweise an die Oberfläche, wenn das Ego sich wehrt, neue Wege des Seins zu begehen. Vielleicht durchläuft der emotionale Körper einen Entgiftungsprozess, um alte Muster und Annahmen abzulegen. Wenn es uns erlaubt ist, Gefühle in aller Fülle zu erleben, kann ein alchimistischer Prozess einsetzen, der uns aus dem Griff der Vergangenheit befreit.

Bringen wir unsere Wahrheit nicht in jedem Moment akkurat zum Ausdruck, nimmt das Unterdrücken von Gedanken, Emotionen oder Körpergefühlen zu. Zudem blockiert das den Energiefluss, verhindert Ergebnisse und kann schließlich sogar erhebliche physische Leiden verursachen. Die Wahrheit kundzutun oder für rechtzeitige »Klärung« mit positivem Ergebnis zu sorgen, öffnet die Tür zu einer neuen Ebene der Beziehung.

Tipps für eine Klärung untereinander

1. Die Zeit darf nicht begrenzt sein, sondern muss ausreichend zur Verfügung stehen, und die Person, mit der du etwas zu klären hast, muss bereit sein, bei diesem Prozess mitzuwirken. Wenn sie nicht bereit ist, eine Klärung mit dir herbeizuführen, kannst du jegliche Gefühle des Getrenntseins loslassen, und zwar mithilfe der ersten Übung im Abschnitt »Vertiefende Übungen« am Ende dieses Kapitels.
2. Sofern ein Problem nur geringfügig emotionsgeladen ist, kann eine Klärung zwischen zwei Menschen erfolgen. Ist es stark emotionsgeladen oder liegt eine Menge aufgestauter Energie vor, ist es am besten, mit einer neutralen dritten Person oder

einer kleinen Gruppe als Mediator zu arbeiten. Stimme zu, dass alles, was jemand während des Prozesses sagt, außerhalb der Sitzung – d. h. als historischer Beweis im Falle einer künftigen Unstimmigkeit – nicht gegen ihn verwendet werden darf. Die Intention der Klärung besteht darin, jegliche Verdrängung oder Begrenzung auszuschalten, statt an ihr festzuhalten.

3. Bevor ihr beginnt, nehmt euch ein paar Augenblicke Zeit, damit sich jeder zentrieren und sich in seine Essenz hineinbewegen kann. Die Person, die um die Klärung gebeten hat, beginnt damit, ihre Wahrheit (Gedanken, Emotionen, Körpergefühle und/oder spirituelle Führung) zum Ausdruck zu bringen, bis sie alles kundgetan hat. Dabei benutzt sie das »talking piece-Modell« (siehe Seite 71). Es ist wichtig, dabei das Pronomen »Ich« zu benutzen und volle Verantwortung für die Kommunikation zu übernehmen. Alle anderen verhalten sich ruhig und nehmen auf, was gesagt wird. Wenn du sprichst, bemüh dich, zu spüren, was die andere Person empfindet. Sei dir des gesamten Beziehungsfelds bewusst und spüre die Essenz dessen, was wirklich kommuniziert werden will. Sofern du es kannst, beleuchte das Ganze in vielfachen Dimensionen. Wenn du der Zuhörer bist, erlebe, was die andere Person als ihre augenblickliche Wahrheit kundtut. Registriere ihre Körpersprache. Horche auf die Essenz, nicht nur auf die Worte oder Emotionen. Wisse, dass das Verständnis einer Person von der Wahrheit entsprechend ihrer Wahrnehmung, Erfahrung, Stimmung und ihrer Bewusstseinsstufe variiert. Bleib so leidenschaftslos und präsent wie möglich, um die Klärung unterdrückter und angehäufter Äußerungen zu ermöglichen.

4. Wenn die erste Person mit ihren Darlegungen zum Ende gekommen zu sein scheint, frage sie »Gibt es etwas, das du noch nicht zur Sprache gebracht hast und gerne hinzufügen möchtest?« Erlaube ihr, noch verbliebene Gedanken oder Gefühle

zu klären. Versuche, so gut wie möglich, die Perspektive der anderen Person nachzuvollziehen.

5. Es ist jetzt an der Zeit, dass der Zuhörer seine Wahrheit mitteilt, indem er »Ich«-Botschaften verwendet und die Verantwortung für seine Gedanken, Gefühle und Reaktionen übernimmt.
6. Wenn die zweite Person zum Ende gekommen ist, beachte die ein, zwei, drei grundlegenden Probleme, die im Hinblick auf die Interaktion zur Sprache kommen müssen. Wenn es sich richtig anfühlt, akzeptiert eure »Seelenverbindung« und stimmt zu, jetzt fortzufahren oder einen Zeitpunkt festzulegen, zu dem es passender wäre, gemeinsam nach Lösungen zu suchen, die für beide Seiten von Vorteil oder annehmbar sind.
7. Wenn du die ausgewählten grundlegenden Probleme ansprichst, wende dich nach innen und suche an dem Ort der Allwissenheit, des Mitgefühls und des Einsseins nach einer Antwort, die alle voranbringt. Co-kreiere Lösungen und Vereinbarungen, die die Essenz und die Integrität eines jeden Einzelnen zum Ausdruck bringen. Wenn deine Weltanschauung oder deine tief empfundenen Überzeugungen nicht hilfreich bei Vereinbarungen sind, kannst du »zustimmen, nicht einverstanden zu sein« und dich immer noch im Herzen verbunden fühlen. Denk daran, du bist derjenige, der deinem Erlebnis einen Sinn gibt.
8. Akzeptiere jedermanns Bereitschaft und Mut, die Wahrheit zu sagen und positive, nach vorn zeigende Lösungen zu co-kreieren.

Prozess: Klärung üben

Lies noch einmal die oben beschriebenen Tipps, bevor du beginnst. Tu dich dann mit jemandem in deiner Gruppe zusammen. Es empfiehlt sich, dass du während dieser Übungssitzung mit jemandem arbeitest, den du respektierst und mit dem du dich verbunden fühlst, *nicht mit jemandem, mit dem du eine Klärung suchen musst.* Dies ist eine Übungssitzung und nicht die tatsächliche Klärung.

Sobald du weißt, wie du diesen Prozess angehen musst, kannst du ihn dazu nutzen, jegliches Gefühl des Getrenntseins zu heilen, das du vielleicht gegenüber einer anderen Person empfindest.

Wie in den Tipps erwähnt, möchtest du, sofern die Situation emotionsgeladen ist, vielleicht eine neutrale Person einladen, deine Interaktion zu beobachten und für einen geschützten Raum zu sorgen.

Wähle eine Person A und eine Person B aus – oder, wenn du willst, eine Person A, eine Person B und einen neutralen Beobachter.

A beginnt. Berichte deinem Partner *in aller Kürze* von einer Beziehung in deinem Leben, die »Klärung« erfordert. Stelle dir selbst die Frage: »Von wem fühle ich mich getrennt?« Dann lass dir zehn Minuten Zeit und übe die Klärung mit deinem Partner – als sei er diese Person. Folge den in den Tipps für Klärung untereinander vorgegebenen Schritten. Sorge dafür, dass ihr die Rollen tauscht, sodass jeder von euch die Chance hat, A, B und der neutrale Beobachter zu sein.

Egal, ob ihr zu zweit oder zu dritt arbeitet, stimmt auf jeden Fall zu, dass ihr uneingeschränkt eure Gefühle teilt und dann der anderen Person erlaubt, ohne Unterbrechung ihre Gefühle auszudrücken. Wenn der Prozess abgeschlossen ist, gebt euch gegenseitig ein Feedback: Konntest du »Ich«-Aussagen anbringen? Warst du in der Lage, die Verantwortung für deine Gedanken und Handlungen zu übernehmen? Warst du in der Lage, es zu vermeiden, die andere Person zu tadeln? Hast du dich als Ego oder als Essenz manifestiert? Wie war die Erfahrung deines Partners, als du ihm deine Wahrheit kundgetan hast?

Wenn das Ganze abgeschlossen ist, verspürst du vielleicht das Bedürfnis, deine Erfahrung schriftlich im Tagebuch festzuhalten.

Selbst wenn du mit einer »neutralen Partei« die Klärung übst, kann es sein, dass du ein Freiwerden von Energie spürst, die deinen Fluss der Liebe blockiert hat. Vielleicht stellst du fest, dass du nicht länger unter einem Gefühl des Getrenntseins leidest und keine Klärung mit der bestimmten Person herbeiführen musst; oder du fühlst dich motiviert, dich mit ihr auszutauschen und jegliches Gefühl des Getrenntseins hinter dir zu lassen.

Anmerkung: Wenn du gegenüber einer anderen Person oder einer Gruppe ein Gefühl des Getrenntseins empfindest, ist es am besten, einen Schritt zurückzutreten und dir die Frage zu stellen: »Was wird in mir in Gang gesetzt?« »Welcher Aspekt meiner Konditionierung erzeugt dieses Gefühl des Getrenntseins?« »Inwiefern trage ich zu den schlechten Gefühlen bei, die hier hervorgerufen werden?« Indem du die volle Verantwortung für deine Rolle beim Erzeugen eines Gefühls des Getrenntseins übernimmst, kannst du vielleicht davon Abstand nehmen, eine Klärung mit einer anderen Person anzustreben.

Diskussion: Kontext, Inhalt und Prozess

Diskutiere Folgendes in deiner Gruppe: Jede bewusste Kommunikation schließt den Kontext, den Inhalt und den Prozess mit ein. Bei einfachen Interaktionen ist der Kontext oft implizit, der Inhalt explizit und der Prozess als solcher sehr einfach. Wenn zum Beispiel eine Mutter ihr Kind bittet, die Hände vor dem Essen zu waschen, ist der implizite Kontext der, dass sie sich Sorgen um die Gesundheit ihres Kindes macht; der Inhalt drückt sich durch die Worte aus und der Prozess schließt vielleicht mit ein, das Kind direkt anzuschauen, mit freundlicher Stimme zu ihm zu sprechen und diese Botschaft direkt vor der Essenszeit zu übermitteln. Der Prozess beinhaltet das richtige Timing, die richtige Einstellung, Stimmlage, Körpersprache und das Wichtigste – die Präsenz.

Sich dieser Elemente gesprochener Kommunikation bewusst zu sein, ist ein wichtiger Schritt, um gegenseitigen Respekt und Rücksichtnahme aufzubauen. Wenn sich Individuen voneinander getrennt fühlen, kann der Grund der Störung häufig auf einen Mangel an einem bewussten Prozess zurückgeführt werden. Wenn zum Beispiel ein Familienmitglied ohne zu fragen von einem anderen Familienmitglied etwas »ausleiht«, könnte dies eine Flut von Missverständnissen und Beschuldigungen auslösen. Wenn man sich jedoch ein paar Minuten Zeit nimmt, um darum zu bitten, kann dies eventuell Stunden, ja sogar Tage der Kränkung, der Vorwürfe oder der Schuldzuweisung ersparen.

Wenn du dich das nächste Mal von einer anderen Person getrennt fühlst, denk über die Ursache dieses Gefühls nach: Lag es am Inhalt der Worte? Stand das Problem in Zusammenhang mit dem Prozess – oder nicht? Mangelte es an einem passenden Kontext für die Kommunikation? Was ist hier schiefgelaufen? Was kannst du aus dieser Erfahrung lernen?

Selbstverantwortliche Vereinbarungen zur Heilkommunikation

Folgende Vereinbarungen wurden unter der Leitung von Ralph Huber, dem damaligen Verwalter der Hummingbird Community im Norden New Mexicos, von und für diese Gemeinde kreiert.

Wir laden dich ein, sie in deiner Kerngruppe zu diskutieren und für die Verwendung in deinem Alltag anzupassen.

- Bei meiner Kommunikation mit anderen ist es meine Absicht – besonders, wenn wir unterschiedliche Standpunkte haben –, dass beide Seiten größere Klarheit, ein größeres Verständnis und eine größere Vertrautheit erlangen.
- Ich übernehme uneingeschränkte Selbstverantwortung für meine Gefühle und Sichtweisen. Im Besonderen verstehe ich, dass ich den Umständen in meinem Leben den Sinn gebe, den sie jeweils für mich haben. Ich bin dafür verantwortlich, wie ich mit meinen Gefühlen und Sichtweisen umgehe, nicht jemand anderer.
- Ich verstehe, dass jemand, der mir seine Sichtweisen darlegt, nicht über *mich* redet, sondern über sich – was meine Abwehrhaltung vermindert und damit meine Fähigkeit fördert, dem Standpunkt dieser Person aufmerksam zu lauschen.
- Ich verstehe, dass die Art und Weise, wie jemand denkt und handelt, für diese Person absolut Sinn ergibt, und dass ich, wenn

ich diese Person wäre, höchstwahrscheinlich ähnlich denken und handeln würde.

- Wenn ich den Impuls verspüre, eine andere Person zu verändern, achte ich auf meine Gedanken und Worte. Ich bin mir bewusst, dass ich nicht wissen kann, was das Beste für die anderen ist. Deshalb beschränke ich mich darauf, ihnen von mir zu erzählen und nicht über sie zu sprechen, z. B. »Die Gedanken und Gefühle, die ich in Bezug auf ... habe, sind ...«
- Wenn ich meine Sichtweise darlege, begreife ich den Wert von Demut und erkenne, dass ich nicht alles weiß, nicht das Gesamtbild sehe. Es kann hilfreich für mich sein, wenn ich mir meines beschränkten Verständnisses der subtilen Mechanismen des Lebens bewusst bin, um zu verhindern, dass ich anderen etwas »auflade« und/oder Argumente dafür liefere und/oder versuche, eine Diskussion zu gewinnen.
- Ich lade die Führung und die Weisheit meines authentischen SELBST ein, um mir unvoreingenommen die Sichtweise einer anderen Person anzuhören sowie wahrheitsgemäß und unvoreingenommen meine Perspektive zu präsentieren – das heißt das, was in mir lebendig ist. *Ich spreche und höre aus meinem Herzen.*

Prozess: Eine zweiminütige Loslass-Übung

Der folgende Prozess kann allein oder mit einer anderen Person durchgeführt werden, um Gefühle sehr schnell zu verändern und wieder zu deiner Mitte zurückzufinden.

Wenn du einen Partner wählst, dann lest das Folgende durch und führt euch anschließend abwechselnd durch die Übung:

Denke an eine Zeit zurück, als du durcheinander warst und nicht mehr in deiner Mitte. Identifiziere die Gefühle und die Körpergefühle, die auftreten, wenn du dich an diesen Vorfall erinnerst.

*»**Was** fühlst du?«*

(Pausiere und warte auf eine Antwort)

»**Könntest** *du dies loslassen?«* (Kannst du dieses Gefühl jetzt loslassen?)

(Pausiere und warte auf eine Antwort)

*»**Willst** du dies loslassen?«* (Bist du bereit, über dieses Gefühl hinauszugehen?)

(Pausiere und warte auf eine Antwort)

*»Bist du bereit, dies **jetzt** loszulassen?«*

(Pausiere und warte auf eine Antwort)

Wenn du bereit bist, hole tief Luft und tauch tief in das Zeugen-Bewusstsein ein ... Nimm wahr, dass du Gefühle und einen Körper hast ... aber du bist nicht deine Gefühle oder dein Körper ... Du bist der Raum, in dem sich Gedanken, Gefühle und Empfindungen entfalten ... Du bist grenzenlos und frei ... Du bist Bewusstsein mit menschlicher Erfahrung.

(Pause)

Tauscht die Rollen und wenn ihr damit fertig seid, teilt eure Erfahrungen mit der Gruppe. Immer, wenn du dich nicht in deiner Mitte fühlst, kannst du dies durchführen – lediglich, indem du dir diese Fragen stellst und dein Bewusstsein von deinem Persönlichkeits-Selbst zu deinem authentischen SELBST verschiebst.

Vergebung

Vergebung erlaubt uns, mit unserer Vergangenheit Frieden zu schließen und in unserem Leben präsent und auf dem Laufenden zu sein. Das Bedürfnis, einem anderen zu vergeben, entsteht, wenn unsere unerfüllten Wünsche Frust, Verwirrung, Groll und/oder Wut hervorrufen. Im Wesentlichen verkörpern all diese Gefühle Bewusstseinszustände, Muster aus der Vergangenheit. Sobald dies erkannt wird, gibt es einen Weg zur Vergebung, indem du dich daran erinnerst, dass du nicht die Emotion oder die Geschichte bist, sondern der Raum, in dem sich alles abspielt, das SELBST. Diese Verschiebung der Identität ist wesentlich für den Vergebungsprozess.

Anmerkung: Vergebung kann nicht erzwungen werden. Du öffnest lediglich dein Herz voller Güte für jene Eigenschaften eines anderen, die du bei dir selbst ablehnst. Du vergibst dem Akteur, nicht der Handlung – und du bist dir bewusst, dass du diese Person und Situation zu deiner persönlichen Evolution in dein Leben gelassen hast. Vielleicht erkennst du sogar, dass diese Person einen Aspekt deines Schattens widerspiegelt, den es gilt zu akzeptieren.

Prozess: Vergebung erbitten

Der Facilitator übernimmt die Führung der Gruppenmitglieder, indem er ihnen Folgendes vorliest und zwischen den Sätzen Pausen einlegt.

Denk an eine Zeit zurück, als du das Gefühl hattest, dass dir »Unrecht geschieht«, du dich missverstanden fühltest oder dir innigst etwas gewünscht hast und dieser Wunsch blockiert wurde. Lass kurz die Szene und die Umstände in deiner Vorstellung vorbeiziehen.

(Pause)

Schließe jetzt sanft die Augen und beobachte den Prozess, der sich abspielt. Erinnere dich an die Gefühle, die auftauchten – vielleicht Frust, Groll, Wut und Verwirrung ... Setz deinen Verstand ein, um den Prozess zurückzuverfolgen – das Spiel von Emotionen zu beobachten.

(Pause)

Halte dich als Zeuge im Hintergrund und lass zu, dass das Drama sich entfaltet ... Beobachte deine ständig wechselnden Bewusstseinszustände ... Bemerke Folgendes: Wenn Beobachtung ohne

Identifizierung und Festhalten erfolgt, mag Wut entstehen, ohne dass jemand wütend ist ... Groll, ohne dass jemand aufgebracht ist ... Die Vergebung erfolgt ganz natürlich und angemessen.

(Pause)

Sei dir deines Körpers bewusst ... Wie empfindet dein Körper? ... Wie fühlt dein Herz? ... Beobachte deine Emotionen ... Was spürst du emotional? ... Hast du ein Gefühl der Beklemmung in deinem Herzen? ... Oder ein Gefühl der Leichtigkeit oder ein Gefühl des Loslassens?

(Pause)

Atme ein paar Mal tief durch und schüttle deine Arme und Beine aus ... Nimm die anderen im Kreis sitzenden Personen wahr ... Öffne die Augen, wenn du bereit bist.

Wenn du den Prozess abgeschlossen hast, wende dich einem Partner zu und teile deine Erfahrung mit ihm. Empfindest du ein Gefühl der Befreiung oder Auflösung? Ist die mit dieser Situation verbundene Energie verschwunden? Vielleicht möchtest du dies in dein Tagebuch schreiben und dir vornehmen, alle Emotionen, Gedanken oder Körpergefühle, die dir beim Durchlaufen dieses Prozesses bewusst geworden sind, vollkommen loszulassen.

Tipps zur Schaffung bewusster Kommunikation in Gruppen

Diskutiere diese Tipps und verwende sie als Grundlage, um Richtlinien für künftige Diskussionen in deiner Kerngruppe zu co-kreieren.

- Wählt einen Facilitator aus, der den Prozess moderiert.
- Strebt als Gruppe eine kollektive Absicht oder einen Zweck für euer Meeting an.

- Hebe die Hand, damit der Facilitator erkennt, dass du dich zu Wort melden willst.
- Sei präsent. Stell dich auf der Gefühlsebene auf intensives Lauschen ein, wenn andere das Wort ergreifen.
- Achte auf die Sprechzeit, die du beanspruchst, um etwas vorzutragen; sprich Gedanken präzise aus.
- Verwende ein »talking piece«, wenn dir das angemessen erscheint.
- Sei offen für die Perspektiven der anderen und bitte, wenn nötig, um eine Erklärung, um das Verständnis zu vertiefen.
- Präsentiere deine Perspektive mit Respekt und Verständnis und akzeptiere offen die Perspektive einer anderen Person. Äußere deine Wahrheit mit Liebe.
- Betrachte unterschiedliche Sichtweisen als Gelegenheiten, die Beziehungen in der Gruppe zu stärken.
- Lass die anderen ihre Gedanken zu Ende vortragen, bevor du antwortest.
- Sprich mit Demut, Wertschätzung und Rücksichtnahme gegenüber anderen.
- Konzentriere dich auf das Thema, das diskutiert wird.
- Legt eine Stoppzeit für jeden Agendapunkt fest. Sollte mehr Zeit benötigt werden, fixiert eine neue Stoppzeit.
- Verschiebe, so gut du kannst, deine Aufmerksamkeit von der »Ich«-Perspektive zur Perspektive der anderen Personen.
- Verfolge die Absicht, um des besseren Verständnisses und einer tieferen Verbindung willen zu kommunizieren, und nicht, um die anderen zu überzeugen oder zu überreden, deinen Standpunkt zu akzeptieren.
- Vermeide es, so gut du kannst, dich an Ergebnisse zu klammern.

Die Kraft von Akzeptanz

In Kreis 2, »Resonanz erzeugen und aufrechterhalten«, wurden zwei Akzeptanz-Übungen angeboten. Gönne dir einen Augenblick, um dich an diese Erfahrungen zu erinnern. Wie fühlte es sich an, als dein authentisches SELBST empfangen zu werden? Was glaubst du, wie es sein würde, wenn jeder Mensch auf der Welt voll und ganz wahrgenommen, respektiert und geehrt würde? Wie wäre es, wenn wir alle von früher Kindheit an ermutigt und unterstützt würden, unser Bestes zu tun und uns voll zu entfalten. Wie wäre die Gesellschaft, wenn jeder von uns sein volles Potenzial entfalten würde? Das ist die Welt, die wir co-kreieren, wenn wir unsere Unterschiede überwinden und die Schönheit in Form der Essenz jeder Person anerkennen.

Wir leben in einer Kultur, die häufig die Schönheit unserer Seele ignoriert und sich stattdessen auf kleine Unzulänglichkeiten konzentriert. Als Lehrer, Eltern und Arbeitgeber sind wir oft geizig mit unserem Lob und großzügig mit Kritik, erzeugen dadurch ein Gefühl der Scham und zeigen einen Mangel an Eigenliebe. Die folgenden Übungen sollen dich darin unterstützen, deine Identität von der Persönlichkeit zur Präsenz zu verschieben und Liebe und Ganzheit als das wahre Wesen deines Seins zu erfahren.

Damit Akzeptanz ins Schwarze trifft und das Herz wirklich berührt, muss sie authentisch sein. Schmeichelei, die durchschaubar ist und das Ego aufbaut, fördert aber keine Verschiebung der Identität zur Essenz. Echte Akzeptanz ist kraftvoll, aufbauend und häufig transformativ.

Vermutlich willst du bei diesem Meeting nur einen Akzeptanz-Prozess durchlaufen und weitere bei künftigen Sitzungen. Lass dir genug Zeit, um jeden einzelnen davon zu genießen, und fühle dich frei, sie zu wiederholen, wenn es angemessen ist.

Akzeptanz ist ein wirkungsvolles Tool, die Illusion des Getrenntseins zu zerstören, eine emotionale Verbindung zu kreieren und das Beste und Brillanteste in uns zu erwecken.

Prozess: Sehen und gesehen werden

Wähle einen Partner aus. Setzt euch einander gegenüber und haltet euch, wenn ihr wollt, an den Händen. Schließe die Augen, entspanne dich, atme tief durch und fokussiere deine Energie auf dein Herz. Fühle die Präsenz deines Partners als der Eine, der sich als dieses einmalige Wesen präsentiert.

Öffne die Augen, wenn du bereit bist, und blick deinen Partner an. Erlaube dir, offen zu sein – zu sehen und gesehen zu werden. Sieh die zeitlose Eigenschaft, die Essenz dieser Person. Öffne dein Herz weit und erlaube dir, Liebe zu geben und zu empfangen. Halte ein paar Minuten lang sanften Augenkontakt, sei präsent bei deiner Erfahrung, wenn Energie zwischen euch beiden fließt. Erfahre dein Einssein: Bewusstsein trifft auf Bewusstsein, Liebe auf Liebe, das SELBST auf das SELBST.

Wenn du das Gefühl hast, am Ende angelangt zu sein, gönne dir ein paar Minuten, um deinen Partner zu akzeptieren und deine Erfahrung zu teilen. Lasst euch dann als Gruppe Zeit, euch im Kreis gegenseitig in die Augen zu schauen – Essenz verbindet sich mit Essenz.

Prozess: Der Engelprozess

Beginne mit der Bildung von Dreiergruppen. Die Person, der die Anerkennung zuteil wird, sitzt den beiden Personen, die die Anerkennung zum Ausdruck bringen wollen, gegenüber. Vielleicht schließt du die Augen, um visuelle Ablenkungen auszublenden. Du kannst, wenn du willst, im Hintergrund sanfte, romantische Musik spielen lassen. Fokussiert euch und spürt, wie sich eure Herzen füreinander öffnen.

Nun beugen sich die beiden Personen vor und flüstern ihre Anerkennung ins Ohr der dritten Person. Beide sprechen aus dem Herzen, zur selben Zeit, nennen dem Empfänger all die Eigenschaften, die sie an ihm bewundern. Vergiss nicht, authentisch zu sein und Schmeicheleien zu vermeiden. Fahrt fort, bis ihr alles gesagt habt, was deine aufrichtige Bewunderung für die Person widerspiegelt, die anerkannt wird.

Wechselt die Rollen, bis jede Person der Dreiergruppe anerkannt wurde, und beendet die Übung, indem ihr euch gegenseitig umarmt.

Prozess: Ich sehe dich

Diese Übung ähnelt dem Liebessitz-Anerkennungsprozess in Kreis 2 (siehe Seite 127). Doch dieses Mal wird ein Mitglied deiner Gruppe nicht in der Mitte des Kreises sitzen, sondern mit dem Rücken zur Gruppe. Dann wird einer nach dem anderen von euch, entsprechend eurer Inspiration, den anderen mitteilen, was er am meisten an dieser Person schätzt, als würdet ihr »hinter ihrem Rücken reden«. Wiederholt dies, bis jede einzelne Person voll anerkannt wurde. Dies kann eine spielerische Art sein, das Herz eines jeden in deiner Gruppe zu berühren.

Vertiefende Übungen

Führe die folgenden Übungen alleine durch.

Überwindung des Getrenntseins

Wenn du das Bedürfnis verspürst, mit einer anderen Person eine Klärung zu suchen, und diese nicht zur Verfügung steht, kann folgende Übung hilfreich sein.

Kreiere einen sicheren Raum für dich selbst, wo du nicht gestört wirst. Beginne den Prozess, indem du deine Gedanken und Gefühle haarklein in dein Tagebuch schreibst. Zum Beispiel: »Ich bin traurig, frustriert und fühle mich getrennt von .... Ich befürchte, ich kann nichts tun, um sein/ihr Vertrauen zurückzugewinnen.«

Achte auf jede Art von Körpergefühl, die bei dir auftaucht. Verstärke, betone und bringe alle vorhandenen Gefühle und Empfindungen, so gut du kannst, zum Ausdruck. Konzentriere dich weiterhin auf sie, bis du spürst, dass du den Höhepunkt deiner Erfahrung erreicht hast. Wende dich jetzt von diesen Gedanken, Gefühlen und Empfindungen ab und fokussiere dich auf dein authentisches Selbst. Stimme dich in die Eigenschaften dieses ewigen Aspekts deines Seins ein. Bekräftige, dass du personifiziertes Bewusstsein bist. Zum Beispiel: »Ich bin Frieden, Liebe, Wahrheit, Schönheit und Weisheit.« »Ich bin Alles, was ist.«

Lass mit der Kraft der Intention deine Gedanken und Gefühle des Getrenntseins los und bleibe als Präsenz. Spüre, wie sich dein Körper entspannt und dein Herz sich öffnet, wenn du deine Identität vom Ego zur Essenz verschiebst. Wenn es sich richtig anfühlt, dann notiere deine Erfahrung in dein Tagebuch. Identifiziere dich weiterhin mit dem ewigen Aspekt deines Seins, wenn du wieder in den Alltag eintauchst.

Zentrierung finden

Wenn du das Gefühl hast, nicht mehr in deiner Mitte, genervt oder feindselig zu sein, kann dich dieser Prozess dabei unterstützen, einen inneren Wandel zu vollziehen, um zu erkennen, wer du wirklich bist.

- Beginne damit, ein Stressgefühl aufzuspüren. Bemerke, wie dieses sich in deinem Körper auswirkt. Bemühe dich nach Kräften, herauszufinden, an welcher Stelle genau eine Spannung besteht. Prüfe, ob das Stressgefühl sich durch eine Farbe oder Form manifestiert.
- Bemühe dich ernsthaft, deinen Fokus von deinem analytischen Verstand, deinen verwirrten Gefühlen oder deiner physischen Verkrampfung auf dein Herz zu verschieben. Stell dir mindestens zehn Sekunden lang vor, dass du durch dein Herz atmest.
- Rufe als Nächstes ein positives Gefühl auf oder eine erbauliche Zeit aus der Vergangenheit und versuche, diese in Gedanken noch einmal zu erleben.
- Stell dir jetzt die Frage: »Was wäre eine heilsamere Reaktion auf diese Situation, eine, die Stress auf ein Minimum reduziert?«
- Atme erneut tief in dein Herz und stimme dich auf die Weisheit ein, die es dir bietet. Wenn du eine spezielle Führung erhältst, handle danach.

Bewusstmachung unseres getrennten Selbst

In diesem *Handbuch* treffen wir klare Unterscheidungen zwischen dem Ego/Persönlichkeits-Selbst und dem essenziellen SELBST. Nimm dir diese Woche die Zeit, über jene Aspekte deiner Persönlichkeit nachzudenken, die du nicht ganz akzeptierst und vielleicht auf andere projizierst. Beispiele von restriktiven Emotionen und begrenzten Bewusstseinszuständen beinhalten Folgendes:

Angst	Selbstgefälligkeit
Gier	Arroganz
Traurigkeit	Schuldzuweisung
Wut	Verwirrung
Unwürdigkeit	Selbstmitleid
Beurteilung	Unehrlichkeit
Diskriminierung	Kontrolle
Sorge	Hilfsbedürftigkeit
Scham	Gefühllosigkeit

Reflektiere über die Eigenschaften, die du bei dir selbst entwickeln möchtest und deswegen bei anderen begrüßt, und schreib sie nieder. Wenn du das Licht des Bewusstseins auf diese Aspekte deines Egos wirfst und deine Intention darauf fokussierst, das freizulassen, was du verborgen hast, dann denk auch über die Eigenschaften des SELBST nach. Richte deine Identität und Aufmerksamkeit auf die Essenz – das, was nie geboren wurde und nie stirbt.

Vergib dir und anderen

In dieser Übung schreibst du den Namen jeder Person in deinem Leben auf, die du vielleicht auf irgendeine Weise verletzt oder beleidigt hast. Schreib auf, was deiner Wahrnehmung nach mit jeder Einzelnen dieser Personen geschehen ist.

Schließe jetzt die Augen und erwecke die Anwesenheit der ersten Person auf deiner Liste. Erkläre ihr, was du getan hast, bitte um Vergebung und stell dir vor, dass sie dir vergibt. Vergewissere dich, dass du wirklich die Emotionen, die auftauchen, *fühlst*. Damit ein echtes Loslassen erfolgt, muss es sich hier um eine erfahrungsbezogene und nicht um eine konzeptuelle Übung handeln. Wiederhole dies mit jeder Person auf deiner Liste.

Wenn du damit fertig bist, schreib unten auf die Liste: »Ich vergebe mir alle vergangenen Verfehlungen und spreche mich von allen Gefühlen der Schuld und der Scham frei.« Nutze die Kraft der klaren Intention und des erhöhten emotionalen Ausdrucks, um dies für dich real zu machen. Dann verbrenne das Stück Papier oder zerreiße es in kleine Fetzen und wirf es weg.

Im zweiten Teil dieser Übung schreibst du alle Vorkommnisse und die Namen aller Personen auf, die dich deiner Wahrnehmung nach je auf irgendeine Weise schlecht behandelt, geärgert oder betrogen haben.

Schließe erneut die Augen, entspanne dich und hole eine Person nach der anderen in dein Bewusstsein. Führe einen Dialog mit dieser Person und trage deinen Wunsch vor, zu vergeben und dann deines Weges zu gehen. Segne diese Personen und bekräftige deinen Wunsch, dass sie glücklich sein und sich wohl fühlen mögen.

Dann schreib in dein Tagebuch: »Ich vergebe dir und gebe dich frei, damit du genauso sein kannst, wie du bist.« Sei dir über deine Intention im Klaren, dieses wahrgenommene »Unrecht« loszulassen, und empfinde eine hochgestimmte emotionale Reaktion.

Vergiss dabei nicht, die Energie, die mit jeder dieser Personen und Vorkommnisse verbunden ist, loszulassen. Dann verbrenne das Papier in einer kleinen Zeremonie und lass dir Zeit, um über das, was geschehen ist, nachzudenken. Dein Körper und dein Herz werden sich vermutlich leichter fühlen, wenn du der Vergangenheit vergibst und in die Gegenwart eintauchst.

Ho'oponopono

Seit Jahrhunderten praktizierten die Hawaiianer einen Brauch der Versöhnung und Vergebung, das Ho'oponopono. Man geht davon aus, dass Krankheiten oder soziale Spannungen nur durch eine mentale Reinigung, ein Eingeständnis und eine Entschuldigung geheilt und wieder in Harmonie gebracht werden können. Traditionsgemäß beinhaltet das Ho'oponopono Familienzusammenkünfte, bei denen Beziehungen durch Gebete, Diskussionen, Eingeständnisse, Reue und gegenseitige Vergebung bereinigt werden können. Der Priester oder Kahuna, der Familienälteste oder die Person, die körperlich krank oder emotional gestört ist, wird ermutigt, das Gefühl hinter diesen Worten, die an die wahrgenommene Quelle des Getrenntseins gerichtet sind, zum Ausdruck zu bringen und wirklich zu fühlen.

- Ich liebe dich.
- Es tut mir leid.
- Bitte vergib mir.
- Danke.

Buddhistische Übung der rechten Rede

Die Buddhisten praktizieren die sogenannte »rechte Rede«. Damit meinen sie eine Rede, die zur Transformation führt und die spirituelle Praxis unterstützt. Die Richtlinien sind einfach und tiefgründig. Vielleicht möchtest du diese einfachen Prinzipien in deinen Alltag integrieren. Bevor du zu sprechen beginnst, stelle dir folgende Fragen:

- Ist das, was ich gerade sagen will, wahr?
- Ist es freundlich?
- Ist es notwendig?

Eine andere Art der Klärung

Während du auf der mentalen, emotionalen und spirituellen Ebene einen Wandel vollziehst und dich entwickelst, nimm dir die Zeit, deine Schubladen, deine Schränke und deine Garage zu durchstöbern und alles auszusortieren, was sich hier angesammelt hat und das du nicht mehr brauchst.

Denk über deine Beziehungen nach. Gibt es eine, die du zu diesem Zeitpunkt loslassen solltest? Wenn ja, dann tu es auf eine liebevolle, bewusste Weise. Damit bleibt dein Energiefluss aktiv und dein neuer Bewusstseinszustand wird positiv gestärkt. Außerdem bietet es dir die Gelegenheit, bewussteren Menschen und Chancen zu begegnen.

KREIS 4
Zugang zur inneren Weisheit

Die Intuition verkörpert sich im Menschen durch Gott,
der ihm die Realitäten des Seins enthüllt,
und so wie der Instinkt das Tier leitet,
würde die Intuition den Menschen führen,
wenn er es zulassen würde.
Diese Erfahrung entsteht in der Stille der Seele,
wenn die äußere Stimme schweigt,
wenn der Sturm des menschlichen Kampfes sich gelegt hat;
es bedeutet ein Erwachen des inneren Menschen
für eine ewige Realität.

ERNEST HOLMES

Vorstellungskraft ist wichtiger als Wissen.

ALBERT EINSTEIN

In der Stille bieten sich alle Möglichkeiten.

DEEPAK CHOPRA

Im tiefsten Inneren des co-kreativen Selbst residiert eine
intuitive, liebevolle und umfassende Intelligenz.
Wir vernehmen sie als unsere innere Stimme,
unser intuitives Wissen.
Sie tritt in Erscheinung, wenn wir unseren Körper entspannen
und um innere Führung bitten.

Sie schwebt direkt unter der Oberfläche unseres
Wachbewusstseins und wartet auf ein Umfeld der Resonanz und
der Liebe, um sich in der Welt zu manifestieren.
Sie wird in einem Kreis von Vertrauen und Sicherheit verstärkt.

Wir üben, als diese innere Stimme zu sprechen,
verleihen ihr durch das gesprochene Wort Substanz.
Die Führung für unser Handeln ist gegeben.
Der Entwurf ist enthüllt.
Der tiefere Plan für unser Leben entfaltet sich.
Das Wort wird Fleisch.

Jede Zelle in unserem physischen Körper enthält in
ihrem genetischen Code den Plan für den gesamten Körper
sowie ihre spezifische Funktion innerhalb des Körpers.
Wir Menschen haben also möglicherweise in unserem
»genialen Code« den Plan für die Evolution des
gesamten Planetenkörpers sowie unsere spezifische Funktion
oder unseren Sinn darin.

Wenn wir uns in Resonanz mit anderen Menschen verbinden,
bilden wir eine multi-menschliche Zelle,
deren Kern die einmalige Funktion eines jeden Einzelnen von uns
ans Tageslicht bringt und erweitert.

Durch die verstärkte Resonanz und die unerlässliche Vielfalt eines vielzelligen Organismus statt einer einzigen Zelle, gewinnen wir besseren Zugang zur universellen Intelligenz.

Diese Intelligenz manifestiert sich als unsere innere Stimme, bietet inspirierte Erkenntnisse, die unser Handeln leiten können. Brillante Ideen beginnen, ganz von selbst zu fließen. Tiefe Einsichten erklären plötzlich zusammenhanglose Erfahrungen. Verborgene Wahrheiten werden enthüllt.

Eine »kritische Masse« von Menschen, die in Resonanz sind, wird das Programm für die planetarische Evolution und den Plan für die Schaffung einer neuen Welt erkennen!

Zugang zu innerer Weisheit

In jedem Moment steht jedem von uns eine Quelle grenzenloser Weisheit und grenzenloser Inspiration zur Verfügung. Diese Quelle wird als intuitives Wissen bezeichnet, unsere innere Weisheit und »die kleine, leise Stimme Gottes« – weder an Zeit noch an Raum gebunden. Wir bekommen Zugang dazu, indem wir das Geschnatter in unserem Kopf zum Stillschweigen bringen und zum »Ort der Stille« abtauchen. Obwohl diese Quelle immer zur Verfügung steht, hören sie viele von uns nicht, weil wir von den Informationen unserer Sinne, unserem denkenden Geist oder den Stimmen anderer abgelenkt werden. Unser geschäftiges und oft stressiges Leben blockiert unseren intuitiven Denkprozess. Um auf die Probleme, die uns bedrängen, kreativ zu reagieren, müssen wir herunterschalten, uns entspannen und unser inneres Wissen einladen, zum Vorschein zu treten. Um uns auf die Stimme der göttlichen Intelligenz einzustimmen, müssen wir die Geräusche der Welt abschalten und dem Flüstern und den inspirierten Erkenntnissen unseres essenziellen SELBST lauschen.

In der Vergangenheit mussten wir uns auf Berggipfel zurückziehen oder an verborgene heilige Stätten, um einen mystischen Daseinszustand zu erleben. Was einst »ungewöhnlich« war, wandeln wir jetzt in »gewöhnlich« um. Wir können das Erwachen nicht länger einigen wenigen Heiligen oder Mystikern überlassen. Wir können uns nicht an die Regierung, an Unternehmen oder Religionsführer wenden, um herauszufinden, was richtig für uns ist.

Die Abhängigkeit von weltlichen Autoritäten hat unsere Manifestation als einzigartige kreative Wesen untergraben. Wir haben auch gelernt, dass die Logik es nicht vermag, die meisten unserer Dilemmata zu lösen. Wir werden dazu aufgerufen, unsere Aufmerksamkeit auf unsere innere Autorität zu richten und so zu handeln, als ob unser Leben davon abhinge. Dies mag durchaus der Fall sein. Es ist an der Zeit, dass wir bewusst eine Zukunft kreieren, die unserer Liebe, Kreativität und unserem göttlichen Wesen entspricht.

Unsere Kerngruppe bietet ein Umfeld der Geborgenheit, des Vertrauens und der Liebe, in dem wir Zugang zu unserer inneren Weisheit finden können. Das Resonanzfeld hebt uns alle auf eine höhere Frequenz. Umgeben von unterstützenden und liebevollen Freunden wird die uns angeborene Weisheit dazu eingeladen, sich vollständig zu präsentieren. Wenn wir uns öffnen, entspannen und aufmerksam lauschen, bekommen wir leicht Zugang zum Wissen unseres Herzens. Es ist die natürliche Manifestation unseres wahren, ganzen und integrierten SELBST. Wenn wir miteinander inspirierte Einsichten austauschen, stabilisiert dies unser Zutrauen in die Fähigkeit, Zugang zu diesem Teil unseres SELBST zu bekommen. Im Lauf der Zeit erleben wir kein Getrenntsein mehr von GEIST und Herz, innerem Coach und analytischem Verstand. Mentales Geschnatter beherrscht nicht mehr unser Bewusstsein. Komplexe Probleme werden mühelos gelöst. Wenn wir von Seele zu Seele kommunizieren, sind unsere Kommunikationen reichhaltig und erfüllend. Wir werden kollektiv auf ein Frequenzniveau gehoben, das höher ist als unser essenzielles SELBST.

In dem zum Vorschein kommenden Paradigma zeichnet sich zunehmend ein Sinn für Freiheit und Stabilisierung ab, wenn wir unserer inneren Weisheit vertrauen und danach handeln. Wenn wir Zugang zu dem Imaginalreich aller Möglichkeiten bekommen, uns auf unser inneres Wissen abstimmen und der Führung des Herzens folgen, erleben wir die Dynamik der Telepathie, der Synergie und der Synchronizität. Wir können den Entwurf der Schöpfung erahnen und während dieser historischen Ära der planetarischen Transformation voranschreiten.

Da wir auf der Schwelle des Unbekannten stehen, können wir kollektiv die Entscheidung treffen, unserem Herzen zu vertrauen, unser inneres Wissen zu würdigen und uns zu erlauben, bei unserer Evolutionsreise zur Ganzheit geführt zu werden.

Geführte Meditation: Triff deinen Lehrer

Der Facilitator liest dies langsam laut vor und legt Pausen zwischen den Sätzen ein. Vielleicht lässt du im Hintergrund schöne, sanfte Musik spielen.

Mache es dir so bequem wie möglich. Spüre, wie sich dein Körper entspannt, wenn du ganz präsent in diesem Augenblick bist.

(Pause)

Empfinde ein Gefühl der Leichtigkeit und allgemeine Entspannung ... Gönne dir einen Moment, um dich auf deinen Atem zu konzentrieren, und achte darauf, ob du irgendeine Emotion empfindest ... Wenn ja, erlaube, dass diese Emotion sich manifestiert. Öffne dich ganz diesem Augenblick.

(Pause)

Sieh dich in deiner Vorstellung an einem hübschen Platz in der Natur ... Sieh vor deinem inneren Auge einen deutlich markierten Weg ... und geh den Weg entlang hin zu einer Wiese.

(Pause)

Wenn du die Wiese betrittst, spüre die warmen Sonnenstrahlen auf dir ... Genieße das Gefühl der Vorfreude, weil du intuitiv weißt, dass dein persönlicher Lehrer oder Guide dich hier erwartet.

Vielleicht nimmt dein Lehrer die Gestalt von jemandem an, den du kennst, oder es handelt sich um eine historische oder sogar mythologische Gestalt ... Dein Guide könnte auch ein Tier oder eine Energie sein.

(Pause)

Wenn du fühlst, wer dein Lehrer ist, lade dieses Wesen ein, zu dir zu kommen, und nimm dir einen Moment Zeit, damit ihr einander begrüßen könnt.

(Pause)

Wenn du bereit bist, stelle eine Frage und empfinde diese Präsenz als klug, vertrauenswürdig und bedingungslos liebevoll.

(Pause)

Akzeptiere jede Antwort, die du erhältst.

(Pause)

Wenn du willst, kannst du noch eine Frage stellen. Dein Lehrer ist hier, um dich voll und ganz zu unterstützen. Und wenn du bittest, wird dir gegeben ... Wenn du irgendwann das Gefühl hast, keine Antwort zu erhalten, sei in den nächsten Tagen und Wochen wachsam. Oft kommen die Antworten aus einer unerwarteten Quelle und manchmal, wenn du es am wenigsten erwartest. Achte auf Synchronizitäten.

(Pause)

Wisse, dass du mit deinem Lehrer zusammen sein kannst, wann immer du möchtest, indem du im Geiste zu eben diesem hübschen Ort zurückkehrst und deinen Lehrer bittest, anwesend zu sein.

(Pause)

Wenn du dich ganz fühlst, bedanke dich ... verabschiede dich, kehr über die Wiese zu dem Weg zurück und trete den Heimweg zu deiner gewohnten Umgebung an.

(Pause)

Und sei dir jetzt der Erde, dem Boden unter deinen Füßen bewusst ... Bewege deinen Körper ein wenig ... und öffne die Augen, wenn du bereit bist.

Nimm dir Zeit, ein paar Notizen zu deiner Erfahrung in dein Tagebuch einzutragen.

Check-in

Teile anschließend den anderen alle Erkenntnisse mit, die du während der Meditation gewonnen hast. Hat die Lektüre der Einleitung zu diesem Kreis Gefühle in dir hervorgerufen? Kannst du dir eine Welt vorstellen, in der jeder der Führung seines Herzens folgt statt aus der Kindheitskonditionierung oder dem Konsensus des Kollektivs heraus zu handeln? Wie könnte das wohl sein?

Die Unterscheidung der inneren Stimme vom analytischen Verstand

Durch Übung kann jeder von uns über seinen analytischen Verstand hinausgehen und Zugang zu einem höheren Bewusstsein erlangen – zur Essenz. Wir können lernen, zwischen dem denkenden Geist, der ängstlich, kritisch und beurteilend sein kann, und dem höheren Bewusstsein zu unterscheiden, das kreativ, akzeptierend und voll präsent im Augenblick ist. Beobachte dich in den kommenden Wochen und achte darauf, wann dein Verstand analysiert und wann du Zugang zu deiner inneren Stimme findest – die kleine, leise Stimme in deinem Inneren.

Diskussion. Zugang zur inneren Führung

Sieh dir die folgende Tabelle an, um die Unterscheidung zwischen der Stimme der Essenz, dem »inneren Coach« und dem analytischen Verstand oder Intellekt zu klären. Nimm wahr, was in deinen Gedanken und Emotionen an die Oberfläche kommt. Beobachte, ob du dem Intellekt und der inneren Stimme das gleiche Maß an Liebe und Akzeptanz entgegenbringst

Während sich unser Bewusstsein von egozentrisch zu ganzheitlich verschiebt, neigen wir dazu, ein Vorurteil gegenüber unserem analytischen Verstand zu haben. Dies kann sich auch als Vorurteil gegenüber anderen manifestieren. Überprüfe die Tabelle und überlege, wie ihr euch gegenseitig darin unterstützen könnt, sowohl die intuitiven als auch die logischen Aspekte deines Geistes anzunehmen und zu fördern, damit sie zusammenwirken können.

INNERE STIMME	ANALYTISCHER VERSTAND
Intuitiv und fühlend	Rational und mental
Gegenwärtig	Orientiert auf die Vergangenheit oder die Zukunft
Verbindet; sieht miteinander verbundene Ganzheiten	Unterteilt; sieht getrennte Teile
Sicherheit und Frieden	Kann verwirrt und hin und her gerissen sein
Leichtigkeit und Fluss	Muss vielleicht kämpfen und sich abmühen
Akzeptanz und Hingabe	Scharfsichtig; kann voreingenommen und abwehrend sein
Fokus auf kreativen Möglichkeiten	Fokussiert sich vielleicht auf Einschränkungen
Eine ruhige, sanfte Stimme	Eine Gesprächsstimme
Inspirierte Einsichten; Offenbarungen	Gedanken und Geschichten

Erörtere deine Art, Zugang zu deiner inneren Stimme zu erlangen. Wie hältst du den mentalen Körper unter Kontrolle und stimmst dich auf deine innere Weisheit ein? Wie ahmt dein logischer Verstand dein inneres Wissen nach, um seinen eigenen Zwecken zu dienen? Auf welche unterschiedlichen Arten erhältst du Führung? Bei manchen Personen kann dies durch die Emotionen geschehen; andere hören vielleicht Botschaften oder haben durch Intuition Zugang zur inneren Weisheit, während jene, die kinästhetisch sind, vielleicht Körpergefühle erleben.

Denke an Menschen, die du kennst und die aus ihrem inneren Wissen sprechen und handeln. Welches sind die Merkmale ihrer Sprache? Wie kannst du ihre Fähigkeit erkennen, Essenz zum Ausdruck zu bringen? Wie erkennst du *deine* Fähigkeit, Essenz zum Ausdruck zu bringen? Diese Praxis, das Wissen des essenziellen SELBST zu kommunizieren – entweder verbal oder schriftlich –, wird als »inspirierte Einsichten« bezeichnet.

Inspirierte Einsichten

Eine einfache Methode, die Einsichten deines essenziellen Selbst zu teilen, ist die, mit einem Partner zu arbeiten, mit dem du dich wohl fühlst. *Wähle hierzu einen ruhigen, bequemen und möglichst abgeschiedenen Raum, wo ihr einander gegenübersitzen könnt.* Ihr werdet in den Dialog treten, Essenz zu Essenz, und jede Inspiration teilen, die in dieser gemeinsam verbrachten Zeit auftaucht.

Prozess: Der Austausch inspirierter Einsichten mit einem Partner

Beginnt mit einer kurzen Unterhaltung, um festzustellen, über welche Frage oder Fragen ihr kontemplieren wollt. Einigt euch auf ein bis zwei Fragen, die für euch beide von Bedeutung sind. Entscheidet, wer von euch beiden die erste Frage stellen wird.

Nehmt euch einen Augenblick Zeit, um euch zu zentrieren und eure Wahrnehmung auf euer Herz zu lenken. Schließt die Augen und lasst sie während des gesamten Prozesses geschlossen, atmet tief durch und spürt mit jedem Atemzug, wie ihr euch entfaltet. Wenn ihr entspannt und in eurer Mitte seid, könnt ihr dem anderen signalisieren: »Ich bin bereit.« Als Nächstes wird einer von euch die Frage stellen. Da es sich dabei nicht um eine übliche Unterhaltung handelt, empfiehlt es sich, dass ihr zuerst schweigend zusammensitzt, bevor einer von euch beiden das Wort ergreift. Wenn es sich richtig anfühlt, beginnt den Dialog und führt ihn solange fort, bis ihr beide glaubt, alles gesagt zu haben. Einer von euch beiden kann eine weitere Frage stellen, um weiterhin dem Drängen eures essenziellen Selbst nachzugeben. Unterlasst es, eure Antworten zu überarbeiten oder eure Worte zu beurteilen. Lasst einfach zu, dass sie ganz von selbst fließen.

Wenn du das Gefühl hast, alles gesagt zu haben, öffne die Augen und teile deine Erfahrung mit deinem Partner. Vielleicht willst du deine Einsichten in deinem Tagebuch festhalten.

Prozess: Einstimmung auf die Weisheit deines Körpers

Der Zweck dieser Übung besteht darin, den Zugang zum Wissen deines Körpers zu üben. Der Facilitator sollte zuerst die Anleitungen für diese Übung lesen.

Dein erster Schritt ist der, dich auf eine Frage auszurichten, die relevant für alle Mitglieder deiner Gruppe ist. Zum Beispiel könntest du die Frage stellen: »Welche einfache Handlung meinerseits kann größere Harmonie in mein Leben bringen?«

Lass Musik spielen, die eine langsame bewusste Bewegung evoziert. *Erhebe dich und gib dir genug Raum, um dich zu bewegen.* Der Facilitator gibt den Gruppenmitgliedern die Anweisung, ihr Bewusstsein auf ihren Körper zu richten:

Schließe zuerst die Augen und lenke dein Bewusstsein auf deine Füße; spüre die Verbindung zu dem Boden unter dir.

(Pause)

Verschiebe jetzt dein Bewusstsein langsam zu deinen Beinen ...

(Pause)

Fokussiere dich jetzt auf die Hüften ...

(Pause)

Den Unterleib ...

(Pause)

Die Brust und die Arme ...

(Pause)

Die Schultern und den Hals ...

(Pause)

Lenke jetzt deine Aufmerksamkeit auf den Kopf und die Kopfhaut.

Der Facilitator formuliert jetzt die Frage und fordert die Gruppe auf, sich intuitiv zur Musik zu bewegen und Zugang zu dem Wissen zu finden, das der Körper bietet.

Erlaube jeder Bewegung, spontan aufzutauchen ... so wie der Körper sich bewegen möchte und nicht, wie dein Verstand die Bewegung plant. Welche Antwort erhältst du von deinem Körper?

(Pause)

Stelle fest, ob du Anspannung oder Unbehagen fühlst. Was antwortet dir dein Körper auf diese Frage? Teilt dir dein Körper irgendwelche Bedürfnisse mit?

(Pause)

Kannst du durch die Bewegung deines Körpers deinen augenblicklichen Gefühlszustand ausdrücken? Nimm dir ein paar Minuten Zeit, um deine Gefühle durch Bewegung zum Ausdruck zu bringen.

(Pause)

Wenn es angebracht ist, weist der Facilitator die Gruppe an, sich hinzulegen und stillschweigend über diese Erfahrung zu reflektieren, bevor diese ausgetauscht wird.

Die Kommunikation inspirierter Einsichten in einer Gruppe

Nachdem du den Prozess inspirierter Einsichten mit einem Partner durchgeführt hast, bist du jetzt bereit, deine Erfahrungen mit deiner Gruppe zu teilen. Dies kann sehr effektiv sein, wenn du Klarheit suchst, was das richtige Handeln in Bezug auf dich und deine Kerngruppe angeht, und ist grundlegend für das Entstehen einer co-kreativen Kultur.

Die Kommunikation inspirierter Einsichten in einer Gruppe umfasst folgende Punkte:

- Zentriert euch mit einer kurzen Ausrichtung, um das Resonanzfeld zu erzeugen
- Formuliert, klärt und stellt eine relevante Frage
- Bewegt euch zusammen in die Stille hinein
- Wartet auf eine Antwort von innen (inneres Zuhören)
- Tauscht jede Einsicht laut in der Gruppe aus

Bei dieser Übung sprichst du nur, wenn du dich inspiriert fühlst. Es ist wichtig, dass du deine Gedanken oder die Worte der anderen nicht zensierst oder beurteilst. Entspann dich und lass die Einsicht fließen. Die Worte einer Person neigen dazu, die der anderen zu inspirieren und aktivieren somit eine co-kreative Intelligenz. Einige Menschen hören tatsächlich Worte, andere sehen visuelle Bilder und wieder andere haben vielleicht ein intuitives Gefühl oder eine kinästhetische Erfahrung. Wenn dieser Prozess eine gewisse Zeit lang geübt wird, kann er das wichtigste Mittel zur Entscheidungsfindung für eine Gruppe sein, wie wir in Kreis 8 sehen werden (siehe Seite 270 ff).

Prozess: Das Praktizieren inspirierter Einsichten als Gruppe

Nimm dir einen Moment Zeit, um dich auf deine Mitte zu besinnen, führe dann eine kurze Unterhaltung, um die Fragen, die für deine Gruppe relevant sind, zu co-kreieren. Sobald du deine Fragen ausgewählt hast, bietet der Facilitator eine kurze Einstimmung an.

Für den Zweck dieser Übung könntest du eine Frage wie diese wählen:

»Was ist unser gemeinsames Anliegen?«

»Worin besteht unser nächster Schritt als Gruppe?«

Wenn du dich auf ein transpersonelles Problem fokussieren möchtest, stellst du vielleicht eine Frage wie folgt:

»Was kann getan werden, um im Mittleren Osten das Verständnis und die Empathie zwischen Arabern und Juden zu fördern?«

Der Facilitator, der deine Frage im Kopf hat, bietet folgende Einstimmung an:

Schließe die Augen. Atme ein paar Mal tief und erlaube allen Gedanken, davonzugleiten ...

(Pause)

Visualisiere oder spüre ein strahlendes Licht in deinem Herzen und verstärke dieses Licht, indem du bewusst durch dein Herz ein- und ausatmest.

(Pause)

Spüre, wie dieses Licht sich von deinem Herzen auf deinen ganzen Körper ausdehnt und als liebende Präsenz zur Mitte unseres Kreises ausstrahlt. Spüre die Ausdehnung des Lichts, das von den anderen ausgeht, die hier anwesend sind ... Visualisiere, wie diese

Lichter tanzen und miteinander verschmelzen ... Spüre das glühende Feld der Luminosität, das uns hält und verbindet, als wären wir eins.

Der Facilitator stellt jetzt die Frage, die die Gruppe ausgewählt hat, und liest dann vor:

Während du dich weiterhin ausdehnst, behalte die Frage bei dir ... Lass jegliche Gedanken über deine Antwort los ... Erlaube der Antwort, sich von selbst zu offenbaren.

Wenn sich eine Einsicht präsentiert, sprich als deine innere Stimme ... Vertrau dem, was auftaucht ... und teile es dem Kreis laut mit.

Erlaube so viel Sprechzeit, wie die Gruppe benötigt. Anfangs benötigst du vielleicht zehn Minuten oder mehr. Wenn eine lange Stille folgt, nachdem viele Mitglieder das Wort ergriffen haben, und der Prozess sich abgeschlossen fühlt, sagt der Facilitator:

Wenn du bereit bist, kehre zu dieser Zeit und diesem Ort zurück und öffne behutsam die Augen.

Vielleicht möchtest du einige Einsichten in dein Tagebuch eintragen. Tausche dann deine Gefühle und deine Erfahrung mit der Gruppe aus.

Anmerkung: Vielleicht fällt es dir bei den ersten paar Malen leichter, *nach* der Übung über das zu reden, was du gehört hast, statt in dem Moment, in dem du deine innere Stimme wahrgenommen hast. Wenn du übst, deine inspirierten Einsichten laut kund zu tun, wird es dir leichter fallen, direkt am Dialog der inneren Stimme teilzunehmen.

Zugang zum Imaginalreich

Wie viele andere höchst kreative und erfolgreiche Menschen war Einstein der Meinung, dass das Imaginalreich dort angesiedelt ist, wo sich die besten Ideen befinden, die unser Leben oder die Welt schlechthin verändern können. Aufgrund persönlicher Erfahrung wusste er, dass die Förderung der Vorstellungskraft durch den Zugang zu diesem Reich die Kreativität und echte Innovation inspiriert.

Als kreative Wesen können wir uns ebenfalls diese Quelle grenzenloser Möglichkeiten nutzbar machen, indem wir in das Imaginalreich eintauchen – die Zwischenwelt zwischen der Sinnenwelt und der rein spirituellen Welt. Wir können die Macht der Intention einsetzen, um das hervorzubringen, was in unserem Leben neu und evolutionär ist. Das ist wahre Co-Creation: Zugang zum Strom der Kreativität zu finden, der verfügbar ist, wenn wir nach innen blicken und um Antworten oder Führung bitten und uns öffnen, um einen neuen Daseinszustand zu erleben.

Geführte Meditation: Zugang zum Imaginalreich

Bevor du mit der Meditation beginnst, schaffe ein ruhiges, ungestörtes Umfeld und lade jede einzelne Person ein, eine bequeme Sitzhaltung einzunehmen.

Der Facilitator liest die nachfolgenden Zeilen laut und langsam vor und legt zwischen den Sätzen Pausen ein.

Schließe die Augen und fokussiere dich auf deinen Atem. Spüre, wenn du einatmest, wie Lebensenergie durch deinen Körper fließt. Entspanne dich und atme aus ... Erlaube deinem Körper, sich mit jedem Ein- und Ausatmen weiter zu öffnen.

(Pause)

Entspanne deine Füße in die Erde hinein, so als wolltest du sie umfassen ... Erlaube deinem Körper, weich zu werden ... Spüre, wie dein Atem in deinen Körper hinein- und wieder aus ihm herausströmt ... die Brust sich hebt und senkt ... der Körper sich völlig entspannt.

(Pause)

Erlebe mit jedem Atemzug das Wunder des Lebens ... und weite das Geschenk des Lebens auf die Bäume und die Pflanzen aus ... auf alle Königreiche der Natur ... Spüre, wie regenerierende Energie jede Zelle deines Körpers füllt.

(Pause)

Stimme dich auf das tiefe Wissen ein, das in dir ruht und sich hier in Milliarden von Jahren der Evolution angesammelt hat ... Erfahre die unfassbare Weisheit, die in deinen Genen lebt ... Bewusstsein, eingebettet in deinen physischen Körper.

(Pause)

Erkenne die erlesene Kohärenz, die im großen Lebensteppich eingewoben ist ... Richte dich nach der co-kreativen Intelligenz aus, die jedes Atom und jeden Lichtpartikel erfüllt ... Erlebe die Kraft, die Moleküle und Zellen miteinander verbindet ... Spüre, wie diese Kraft ihren Atem in dich einhaucht ... Erkenne dies als die Präsenz der Liebe.

(Pause)

Erweitere dein Bewusstsein bis zu den äußeren Grenzen des Raums ... Spüre deine Verbundenheit mit der gesamten Schöpfung ... Erlebe dich selbst inmitten dieses großartigen Schöpfungstanzes.

(Pause)

Welchen Traum hast du, ausgehend von diesem Ort erweiterten Bewusstseins, in Bezug auf dich, die Menschheit und die Erde?

(Pause)

Was willst du im Imaginalreich kreieren?

(Ein- bis zweiminütige Pause)

Welches Bild hast du von dir als »ganzes Wesen«, das vollständig ermächtigt ist? Wie fühlt es sich an, dein volles Potenzial zu entfalten?

(Ein- bis zweiminütige Pause)

Richte erneut deine Aufmerksamkeit auf dein Herz ... und atme ein Gefühl der Dankbarkeit und der Liebe aus ... Atme ein Gefühl des Friedens und des Wohlbefindens ein.

(Pause)

Öffne die Augen, wenn du bereit bist, und blick dich im Kreis um ... Blick jedem Einzelnen in die Augen und erkenne das Selbst ... die unendliche Präsenz in einmaliger Manifestation.

Nimm dir die Zeit, die Einsichten, die du während der Meditation gewonnen hast, in dein Tagebuch einzutragen, und tausche sie, wenn du willst, mit deiner Kerngruppe aus.

Das, wonach ich suche, befindet sich nicht da draußen.
Es ruht in mir.

HELEN KELLER

Vertiefende Übungen

Führe die folgenden Übungen alleine durch.

Bitte um Führung

Stillschweigende Reflektion ist vielleicht die grundlegendste Methode, Zugang zu deinem inneren Wissen zu finden. Sobald du dich zentriert hast, indem du dich auf deinen Atem konzentrierst, sei dir aller vorhandenen Gedanken, Emotionen und Körpergefühle bewusst. Erlaube es ihnen, anwesend zu sein. Stell dann eine Frage, die für dich in diesem Augenblick relevant ist. Vielleicht erhältst du eine Antwort als ein Gefühl des Wissens, ein Gefühl in deinem Körper oder auf andere Weise. Eventuell bekommst du Tage später eine Antwort. So kann z. B. eine Passage in einem Buch eine perfekte Antwort darstellen; vielleicht hat auch ein Freund dir etwas Bedeutsames mitzuteilen. Achte auf Synchronizitäten und Zeichen der Natur. Mit Übung und Intention wird deine Intuition mehr Raum in deinem Leben einnehmen.

Wenn deine innere Stimme stark wird – Bilder, Vorstellungen, Worte oder Impulse zum Ausdruck bringt –, kannst du diese in dein Tagebuch eintragen. Unterlass es, sie zu beurteilen oder zu überarbeiten. Bleib präsent und sei dir bewusst, dass wahre Inspiration frisch und neu ist – deutlich zu unterscheiden von mentalen Gedanken, die sich wiederholen und vorhersehbar sind. Offenbarung entsteht aus der Quelle deines Seins und bringt dich voran. Genau wie Träume tauchen sie oft auf und verschwinden wieder, wenn sie nicht schriftlich festgehalten werden.

Audioaufnahme

Eine Audioaufnahme kann eine sehr nützliche Methode sein, dich an deine inspirierten Einsichten zu erinnern. Dein Verstand »horcht auf und nimmt wahr«, wenn er deine eigene Stimme hört, die von einer höheren Geistesstufe spricht. Der eigenen Stimme zu lauschen, scheint tief verborgene Zellerinnerungen zu aktivieren. Du gewinnst von der endlosen Präsenz, die du darstellst, Zugang zu tieferem Wissen. Der rationale, kritische Intellekt kommt zur Ruhe und lauscht, verzaubert vom inneren Wissen. Der Intellekt lernt, dieses tiefe Wissen zu würdigen, und nutzt dessen Kräfte, um auszuführen statt zu führen.

KREIS 5
Zeremonie, Ritual und Feier

Wenn dein Leben von dem Wunsch beherrscht wird,
die Heiligkeit im Alltag zu erleben,
geschieht etwas Magisches:
Das gewöhnliche Leben wird ungewöhnlich,
und der Lebensprozess beginnt, unsere Seele zu nähren!

RABBI HAROLD KUSHNER

Durch Rituale öffnen wir uns der göttlichen Gnade.
Folglich sind Rituale eine kraftvolle Methode,
mit dem Göttlichen in der gesamten Schöpfung zu kommunizieren
und eine Verbindung zu schaffen.

TIZIANA DE ROVERE

Initiationsriten zur richtigen Zeit lösen all das,
was nicht länger von Bedeutung ist, in Nichts auf
und öffnen unseren Blick für neue Möglichkeiten
unserer eigenen Einzigartigkeit.

C. G. JUNG

Rituale und Zeremonien ermächtigen unsere
tiefsten Leidenschaften.
Sie öffnen uns für ein Muster, das evolutionären Prozessen dient
und uns mit dem weiblichen Aspekt unseres Wesens verbindet.
Übergangsriten helfen uns, dem Unbekannten zu begegnen und
mit Anmut von einer Lebensphase zur nächsten überzuwechseln.

Musik, Stille, Symbole und Mythen
werden verwendet, um heilige Zeit und heiligen Raum
zu würdigen, eine neue Bewusstseinsebene zu etablieren und
archetypische Energien wachzurufen.

Wenn wir unsere Bestrebungen durch Symbole
zum Ausdruck bringen,
beschwören wir die Schöpfungskraft herauf.
Dies ist ein Bereich des künstlerischen Schaffens,
der Imagination und des Genius.

Durch Zeremonien und Rituale können wir Ekstase und
Verbindung mit dem Göttlichen erfahren.
Wir leben unser Leben als einen Gottesdienst und
erinnern uns daran,
wer wir sind!

Durch Zeremonien und Feier bringen wir unsere Dankbarkeit
für alles, was wir mit Freuden empfangen, zum Ausdruck.

Zeremonie, Ritual und Feier

Heutzutage ist unsere Gesellschaft von einem Verlangen nach sinnvollen Ritualen und Zeremonien erfüllt. Viele Menschen erleben die Trennung von der Heiligkeit der Erde und dem zutiefst Weiblichen, das umarmt, unterstützt, fördert und heilt. Die für die Traditionen, mit denen wir aufgewachsen sind, typischen Rituale bedeuten häufig keine Bereicherung unserer Seele und unseres Lebens. Wir leiden unter dem Fehlen bedeutender Übergangsriten, um die wichtigen Übergangspunkte in unserem Leben zu kennzeichnen.

Ein wesentliches Element der Co-Creation ist der Zugang zu unserer Intuition und Imagination, um sinnvolle Rituale, Zeremonien, Übergangsriten und Feierlichkeiten zu co-kreieren. Wir schöpfen aus der Fülle unserer Vergangenheit und der Weisheit unserer Vorfahren, um diese mit dem Wissen unseres Herzens zu verweben. Durch bewusste Wahrnehmung und heilige Praktiken erfahren wir die Segnungen des Lebens und vertiefen unser Gefühl der Verbundenheit mit der gesamten Schöpfung.

Die Essenz des Core Group Process™ besteht in der Ausrichtung in Beziehungen – miteinander, mit der Natur und mit dem innewohnenden GEIST. Von unseren täglichen Aktivitäten – wie Essen, Gartenarbeit und Kindererziehung – bis zu den erhabenen Augenblicken der Ausrichtung auf die Erde entdecken wir in all unseren Beziehungen das Gute, das Wunderbare und das Heilige. Wir verbinden uns und zelebrieren als kollektive Stimme die Kostbarkeit des Lebens.

Wenn wir die Mondzyklen und die Wiederkehr der Jahreszeiten ehren, vertieft sich unsere Ausrichtung auf die Naturordnung. Zeremonien entfachen ein Gefühl der Erinnerung an alte Zeiten, verbinden uns mit unseren Wurzeln. Wir werden in die Erfahrung des weiblichen Aspekts unseres Seins hineingezogen. Eine Haltung der Dankbarkeit verwandelt jede Erfahrung in einen Segen.

Anmerkung: Im Gegensatz zu den anderen Kapiteln in diesem *Handbuch* sollen die hier beschriebenen Zeremonien durchgeführt werden, wenn sich die Gelegenheit ergibt, und nicht als eine Reihe von Übungen, die nacheinander absolviert werden. Sie können auch modifiziert werden, um sich für andere Gelegenheiten zu eignen.

Merkmale heiliger Zeremonien

HEILIGKEIT

Durch Zeremonien und Rituale erkennen wir die Heiligkeit allen Lebens an, indem wir das große Mysterium ehren und offen sind für die höhere Kraft, die uns durchströmt. Ein Ritual kann durch Wiederholung an Wirksamkeit gewinnen und dadurch größere Bedeutung in unserem Leben erlangen. Zum Beispiel bringt das Ritual, sich vor dem Essen zu bedanken oder eine tägliche Meditationsübung auszuführen, intentionale Tiefe in unser Leben.

Die Wiederholung eines Gebets vor einer Mahlzeit oder jahreszeitlich vollzogene Zeremonien können einen stabilisierenden Rhythmus sowohl für Erwachsene als auch für Kinder bedeuten. Am wichtigsten ist, dass ein sich wiederholendes Ritual relevant, lebendig und energetisch bleibt. Egal, ob Zeremonien spontan oder bis ins Einzelne geplant sind, sie lösen Erfahrungen aus, die sowohl inspirierend als auch emotional erhebend sind.

SYMBOLOGIE

Bestimmte Worte, Bewegungen und physische Symbole sind transpersonal und archetypisch. Wenn bei bewusst kreierten Zeremonien Symbole verwendet werden, verleihen diese Aktivitäten, die sich ansonsten als banal oder routinemäßig anfühlen könnten, Kraft, Mysterium und Bedeutung.

HEILIGER RAUM

Es ist wichtig, auf das physische Umfeld zu achten, in dem die Zeremonie stattfinden wird. Ein schöner, harmonischer Ort, der alle Sinne würdigt, dient dazu, ein ungewöhnliches Ambiente zu schaffen. Kerzen, Blumen, Aromen, Räucherwerke, spezielles Licht, Musik, Glocken, Gongs und sonstige schöne Gegenstände dienen dazu, die Erfahrung von Heiligkeit zu verstärken. Die richtige Temperatur und das Vermeiden möglicher Ablenkungen sind wichtige Elemente, die dazu beitragen, die Effektivität einer Zeremonie zu erhöhen oder zu mindern. Schalte dein Handy aus und bitte alle Familienmitglieder, deine Privatsphäre zu achten.

Gelegentlich mag es passend sein, einen Altar zu errichten, der an eine bestimmte Situation, einen bestimmten Menschen oder eine bestimmte Zeit des Jahres erinnert. Der Altar kann vom Gastgeber der Zusammenkunft organisiert werden oder von deiner Gruppe co-kreiert werden. Du kannst jeden Einzelnen bitten, einen Gegenstand mitzubringen, um den Altar zu schmücken. Dies könnte eine in der Natur gefundene Kostbarkeit sein, eine Statue, ein Bild oder ein zeremonieller Gegenstand.

Ein heiliger Platz kann im Inneren eines Gebäudes oder außerhalb gewählt werden. Viele Menschen finden, dass eine Zeremonie, die in einem Waldstück, in einem Garten oder an einem Gewässer stattfindet, besonders bedeutsam ist, weil sie ihre Verbundenheit zur Natur vertieft. Erdaltäre, Medizinräder, Labyrinthe und speziell angelegte Gärten können im Freien kreiert und über einen längeren Zeitraum genutzt werden.

Elemente einer Zeremonie

Damit eine Zeremonie authentisch und inspirierend ist, ist es wichtig, dass du deiner Intuition und persönlichen Führung vertraust. Die verschiedenen Prozesse lösen emotionale Reaktionen aus. Richte dich auf die Essenz jener Menschen aus, die teilnehmen, und sei empfänglich für ihre Bedürfnisse. Viele geraten durch die Teilnahme an einer Zeremonie und einem Ritual in unbekannte Gefilde. Sei rücksichtsvoll und liebenswürdig und kreiere ein einladendes gemütliches Ambiente für alle Beteiligten.

Wenn du eine Zeremonie ermöglichst, hast du es mit Alchemie und der Möglichkeit der Transformation zu tun. Es ist, als sei man ein Meisterkoch. Schau dir das Rezept an, setz deine Vorstellungskraft ein und lass es sich dann entfalten. Der Grad der erforderlichen Planung hängt von der Komplexität der Zeremonie ab – zum Beispiel eine aufwändige Hochzeit im Vergleich zu einer Neumond-Zeremonie. Es empfiehlt sich, die Details zu durchdenken, für jeden Aspekt der Zeremonie die Zeit abzuschätzen und individuelle Bedürfnisse nach physischem wie emotionalem Komfort zu berücksichtigen. Achte auf Synchronizitäten und auf die Botschaften aus der Natur.

Der Poet Rumi drückt es mit folgenden schönen Worten aus: »Betrachte die Wunder um dich herum, aber beanspruche sie nicht. Spüre das künstlerische Wirken, das alles erfüllt, und schweige.«

Die folgenden Elemente einer Zeremonie sind Vorschläge. Vergiss nicht, flexibel zu sein und eingestimmt auf die natürliche Entfaltung des Augenblicks. Am Wichtigsten ist, einen geborgenen, heiligen Raum zu schaffen und fokussiert, offen und präsent zu sein.

REINIGUNGSRITEN

Reinigungsriten sind gewöhnlich zu Beginn einer Zeremonie durchzuführen, beispielsweise dann, wenn die Menschen eintreffen. Sie sorgen für einen Übergang von der normalen Welt in die heilige Welt. Wasser, ätherische Öle, Räucherkerzen, Feuer, Licht und Klang helfen uns dabei, herunterzufahren und präsenter zu werden.

Nach der Tradition der Indianer Nordamerikas dient das Verbrennen von Salbei und Süßgras dazu, den Raum zu reinigen. Eine Reinigung mit Wasser (z. B. Händewaschen mit Duftwasser) oder die Hand- oder Fußwaschung, die an anderen vorgenommen wird, ist eine einfühlsame Art, die Teilnehmer zu würdigen. Segnungen können auch durch das Einreiben mit ätherischen Ölen erfolgen.

ANRUFUNG UND WIDMUNG

Was genau möchtest du herbeirufen? Welche Wesen bittest du um Führung und Segen? Wem widmest du diese Zeremonie? Wie können die anderen Dimensionen dir bei dem, was du manifestieren möchtest, helfen? In den Zeremonien vieler indigener Völker werden zu Beginn jeder heiligen Zeremonie die Hüter der Himmelsrichtungen, der Geist der Elemente und die Ahnen angerufen. Ein Kreis wird gebildet und heiliger Raum wird geweiht.

EINSTIMMUNG

Der Einstimmungs-Prozess sorgt für die Ausrichtung aufeinander, verankert dich im gegenwärtigen Moment, baut das Liebesfeld auf und ermöglicht deine vollständige Teilhabe am Kreis. Die Einstimmung kann in Form von Schweigen, Gesang, bewusster Bewegung, geführter oder fokussierter Meditation erfolgen.

Für dich besteht der Sinn einer Einstimmung darin, Spannung abzubauen, voll präsent zu sein, ruhig zu werden und mit den anderen in deinem Kreis und mit den Königreichen der Natur in Resonanz zu stehen. Die Einstimmung kann vielleicht mit einer einfachen Erklärung, einem Gesang oder dem sanften Läuten einer Glocke zur Vollendung gebracht werden.

KLÄRUNG DEINER INTENTION

Worin besteht die Intention der Zusammenkunft? Deine Aufmerksamkeit mit klarer Absicht zu fokussieren, wird das angestrebte Ergebnis magnetisieren. Wenn alle Teilnehmer mit der Intention einer Zeremonie im Einklang stehen, wird ihnen von den unsichtbaren Reichen Unterstützung in Hülle und Fülle zuteil. Wenn du eine klare Absicht in der Gegenwartsform kundtust, als sei das, was du anstrebst, bereits eingetreten, ist dies vergleichbar mit dem Abschießen eines Pfeils in den Himmel. Sobald er abgeschossen wurde, werden die Ergebnisse dem Universum überlassen, das die Details abwickelt.

GEBET UND SEGEN

Es besteht die Möglichkeit, das Segnen auf alltägliche Handlungen auszudehnen, wie beispielsweise auf das Autofahren, Einatmen des Dufts einer Blume, Anstehen am Bankschalter, Bezahlen an der Kasse des Lebensmittelgeschäfts, Verhandeln mit einem Partner oder Baden eines Kindes. Das Bewusstsein, einen Segen zu erteilen, impliziert, dass du ebenfalls dafür bereit bist, eine Segnung zu empfangen. Fokussiertes Gebet kreiert eine Verbindung zum Quantenfeld und wirkt sich auf das Kollektivbewusstsein aus.

GESANG, TANZ UND THEATER

Von jeher bildet die expressive Kunst den Kern eines jeden Rituals. Sie stellt eine effektive Methode dar, die Gruppe zusammenzuschweißen, Spannung abzubauen, kreative Energien freizusetzen und die Individuen für ihre innere Muse zu öffnen. Die Teilnahme an diesen Aktivitäten bringt ungenutztes Potenzial an die Oberfläche. Die Erforschung des mythischen Reichs kann einen Rahmen schaffen, um deine persönliche Geschichte besser zu verstehen. Gesang, Tanz und Theater beleben jede Zeremonie und kreieren aktives Engagement bei den Teilnehmern. Auch Musik spielt bei der Schaffung von Atmosphäre und Resonanz einer Zeremonie eine wichtige Rolle. Lass dir Zeit, um die Musik auszuwählen, die die verschiedenen Aspekte des Rituals oder der Feier untermalt.

ABSCHLUSS

So wie du jede Zeremonie mit einer Anrufung und Einstimmung beginnst, ist es wichtig, den Kreis bewusst zu schließen. Dies kann durch das zum Ausdruckbringen der Dankbarkeit für das, was gemeinsam erlebt wurde, erfolgen, oder durch ein kurzes Gebet oder einen Segen. Vielleicht haltet ihr euch an den Händen und bekräftigt eure Verbundenheit. Der Abschluss spiegelt die Vertrautheit eurer gemeinsamen Zeit wider.

Geführte Meditation: Den Segen fühlen, lebendig zu sein

Folgende geführte Meditation beinhaltet Anrufung, Einstimmung und Segnungen. Fühl dich wie bei jedem vorgeschlagenen Prozess frei, zu improvisieren. Diese Übung wird am besten durchgeführt, indem man sich an den Händen hält, während man in einem Kreis steht oder sitzt.

Der Facilitator liest nachfolgenden Text laut vor und legt zwischen den Sätzen Pausen ein. Vielleicht spielst du sanfte Hintergrundmusik ab. Der Facilitator informiert die Gruppe, dass sich während des Prozesses für alle Teilnehmer die Gelegenheit bietet, jegliches Wesen oder jegliche Energie, die wohlwollend ist und mit denen sie eine spezielle Verbundenheit fühlen, in den Kreis einzuladen. Spirituelle Lehrer, Archetypen, Geistfühler oder Aspekte der Natur werden, wenn man sie bewusst anerkennt, in den Prozess der Co-Creation eingebunden. Als Beispiele können dienen: Christus,

Buddha, ein Meister, Heiliger oder Prophet, eine mythologische Gottheit, Königreiche der Natur und dergleichen. Ermutige die Anwesenden, sich im Kreis frei zu äußern.

Fasst euch behutsam an den Händen und schließt die Augen ... Spüre, wie du sanft ein- und ausatmest ... Erlaube der Spannung in deinem Körper, sich mit jedem Ausatmen zu lösen, als würde sie aus dir herausfließen, einen Fluss entlang, bis zu einem großen Meer.

(Pause)

Erlebe, während du einatmest, die lebenspendende Kraft – das, was dich stützt, den Atem des Lebens, der zur dir in jedem Moment als Geschenk kommt.

(Pause)

Atme ein und aus ... fühle dich neu belebt ... und lass los.

(Pause)

Spüre, wie deine Füße fest auf der Erde stehen ... Während du einatmest, spüre, wie die Energie von deiner Mitte nach oben steigt ... Zieh das Feuer vom Erdinneren direkt in dein Herz hinein und erlaube, dass es deinen Körper durchglüht und jede Zelle mit Leben erfüllt.

(Pause)

Verbinde dich mit jedem Atemzug mit dem heiligen Schöpfungswerk ... der exquisiten Vielfalt von Arten und Königreichen ... Mineralien, Pflanzen, Tieren, Vögeln und jenen Lebewesen, die im Meer schwimmen ... den unzähligen Lebensformen, die alle miteinander verbunden und verflochten sind. Erlebe dich als Bestandteil dieses geheimnisvollen Lebenstanzes.

(Pause)

Erweitere jetzt dein Bewusstsein in den Raum hinaus ... Öffne dich mit jedem Atemzug der Weite des Himmels ... dem Jenseits des

Jenseits ... dem Sternenzelt und der großen Sonne in der Mitte ... dem, was jenseits unseres Universums ist ... Entspann dich mit jedem Atemzug, lass los, öffne dich und dehne dich aus.

(Pause)

Ruh dich aus in dieser Erfahrung der Verbundenheit mit allem, was ist, ehre deine Vorfahren, auf deren Schultern du stehst, jene, die die Fackel des Licht getragen und den Weg durch die Äonen der Zeit gewiesen haben ... Lass dir einen Moment Zeit, um die Gaben dessen, was vorher war, zu würdigen.

(Pause)

Rufe die Präsenz der spirituellen Wesen an, mit denen du dich am stärksten verbunden fühlst: Lehrer, Avatare, große Meister unserer Zeit ... Sprich leise ihre Namen in den Kreis.

(Lege eine Pause ein und lass genug Zeit für die Anrufung, sodass jede Person die Gelegenheit hat, zu Wort zu kommen)

Lenke jetzt behutsam deine Aufmerksamkeit zurück auf den Kreis ... Spüre die Hände auf beiden Seiten von dir. Erkenne die Milliarden von Jahren der Evolution an, die diese Hände geformt und jede Zelle deines Körpers geschaffen haben ... Erlebe den Fluss der Schöpfung ... als Vibration ... als etwas, das sich ständig verändert und wieder auftaucht.

(Pause)

Empfinde Dankbarkeit für all das, was dich bis zu diesem Augenblick gebracht hat, die Kontinuität und Vollendung deiner Lebenserfahrung, die Gnade, die dir erlaubt, hier zu sein ... jetzt.

(Pause)

Zieh von diesem Kreis einen Bogen zu deiner Familie und deinen Freunden auf der ganzen Welt ... Segne sie und lade sie in dein Herz ein ... Spüre deine Verbundenheit mit Wesen überall ... Erfahre das unglaubliche Lichtgespinst, das unsichtbar den Planeten einhüllt und uns als eine Familie verbindet ... Unser Kreis ist Teil des Netzwerks von engagierten Seelen, die bewusst eine neue Welt kreieren, die die Werte verkörpert, die uns am meisten am Herzen liegen.

(Pause)

Empfinde den Segen, in dieser verheißungsvollen Zeit unserer evolutionären Reise zu leben ... einer Zeit der Transformation und der Wiedergeburt.

Wenn du bereit bist, öffne langsam die Augen. Blicke dann in die Augen jeder einzelnen Person des Kreises und bekräftige stillschweigend deine Liebe und Verbundenheit.

Beispiele für Zeremonien

Viele Praktiken der Kerngruppe – Segnungen, Einstimmungen, Versammlungen, Gesänge – sind Aspekte von Ritualen und Zeremonien, die dazu dienen, unsere Verbindung untereinander und mit der uns innewohnenden Göttlichkeit zu vertiefen. Ein zeremonieller Raum kann jede Situation heiligen.

Die Effektivität der Kerngruppe liegt in ihrer Fähigkeit, empfänglich für die Bedürfnisse des Augenblicks zu sein und ein sicheres, aufbauendes Umfeld zu schaffen. Da viele Situationen oft spontan und unvorhergesehen auftreten, kann die Agenda für ein Meeting geändert werden, um ein bestimmtes individuelles Bedürfnis oder das einer Gruppe zu berücksichtigen. Es ist wichtig, innerhalb deiner Kerngruppe die verschiedenen Traditionen und religiösen und spirituellen Wege zu würdigen.

Heilungszeremonie

Lade die Person, die Heilung benötigt, ein, in die Mitte des Kreises zu treten. Sie kann entweder eine sitzende oder liegende Position einnehmen. Jede anwesende Person kann diesem Individuum sanft die Hand auflegen. Vielleicht möchtest du schweigend fortfahren oder einen Facilitator einschalten, der einen Gruppenprozess oder eine geführte Meditation einleitet.

Eine einfache Praktik ist die, als Kanal für den Geist zu wirken, indem du dir vorstellst, dem Körper der Person violettes Licht zu schicken. Dabei ist es wichtig, die Person in optimalen Gesundheitszustand als »ganzes Wesen« zu sehen und sich weniger auf die herausfordernde Situation zu fokussieren. Die Kraft des Gebets wurde durch Wissenschaftler und zahlreiche Menschen, die persönlich von dieser Methode profitiert haben, dokumentiert. Wenn die Person nicht anwesend ist, kann die Gruppe sie kollektiv im Bewusstsein behalten und positive Gebete für ihre Heilung sprechen.

Empowerment-Zeremonie

Nutzt diese Zeremonie, wenn sich ein Mitglied deiner Kerngruppe gemeldet hat, um woanders im Namen des Teams ein Ereignis oder eine Aktivität anzusprechen. Vielleicht handelt es sich dabei um eine lokale Veranstaltung, ein spezielles Projekt oder eine kontinuierliche Aufgabe. Diese Person benötigt eure kollektive Unterstützung, euren Zuspruch und euer Vertrauensvotum. Die Ermächtigungszeremonie erkennt an, dass die gesamte Kerngruppe dieser Person vertraut, sie respektiert und sich auf sie und das Projekt ausrichtet. Du könntest diese Zeremonie auch nutzen, wenn ein Mitglied deiner Gruppe bei der Arbeit oder als Teil einer Gemeinschaftsorganisation eine Führungsrolle übernommen hat und die Unterstützung der Gruppe erbittet, um diese neue Rolle zu übernehmen.

Beginnt die Zeremonie, indem ihr einen heiligen Raum kreierst: Schafft alle persönlichen Habseligkeiten in einen anderen Raum, dimmt das Licht und zündet Kerzen an. Stellt euch im Kreis auf. Bittet die Person mit der Führungsrolle, sich in die Mitte zu stellen. Nehmt euch ein paar Minuten Zeit zur Einstimmung und kreiert das Resonanzfeld der Liebe. Vielleicht hältst du deine Handfläche nach oben und stellst dich der Person in der Mitte des Kreises gegenüber, um ihr Liebe und Energie zu übermitteln.

Die erste Person, die sich angehalten fühlt, das Wort zu ergreifen, erkennt die Person in der Mitte an, erinnert sie an ihre Stärken und beteuert ihr, dass sie hier ist, um sie voll und ganz zu unterstützen. Während die Person ihren Segen erteilt, wendet sich die Person in der Mitte ihr zu und nimmt ihre ermutigenden Worte auf. Vielleicht willst du diese Zeremonie mit einer Feier beenden.

Zeremonie der Differenzierung

Betrachte Trennungen als genauso heilig wie Verbindungen. Wenn eine Person den Job wechselt, aus einer Kerngruppe ausscheidet oder eine Beziehung beendet, ist es angebracht, den Wert dessen anzuerkennen, was man gemeinsam erlebt hat. Eine Phase ist zu Ende, aber jede Person bewegt sich weiter zu ihrer nächsten Wachstumsstufe. Das bedeutet eine neue Beziehung und nicht keine Beziehung. Die alte Methode bestand darin, sich voller Animosität zu trennen. Die neue besteht darin, dies mit Liebe zu tun.

Schaffe einen heiligen Raum, der ein positives Symbol eurer gemeinsamen Zeit enthält, aber auch ein Symbol der bevorstehenden Zeit. Organisiere eine Zeremonie, die die Bedeutung würdigt, die die Beziehung hatte, als beide Partner ein gemeinsames Ziel anstrebten. Schätze all das, was ihr gelernt habt, die erhaltenen Gaben, die gelernten Lektionen. Erkennt eure Unterschiede an, die natürlichen Veränderungen, die zur neuen Beziehung geführt haben. Drückt eure augenblicklichen Gefühle der Liebe oder des Respekts füreinander aus. Bittet um Unterstützung bei euren nächsten Schritten ohne den anderen. Verpflichtet euch, einander auch weiterhin während eurer nächsten Schritte im Leben zu unterstützen.

Commitment-Zeremonie

Nachdem sich eure co-kreative Kerngruppe mehrere Wochen lang getroffen hat, ist es förderlich, das Commitment einer jeden Person durch ein Ritual zu verankern. Diese Art der Zeremonie kann auch begangen werden, wenn du irgendeine neue Unternehmung in Angriff nimmst – sei es ein Projekt, ein unternehmerisches Vorhaben oder ein einmaliges Ereignis. Dient einander als Zeugen, wenn ihr an einer zentralen Flamme eine Kerze anzündet und euer Commitment zum Ausdruck bringt. Wenn bei Zeremonien Feuer mit im Spiel ist, glüht die Flamme auch nach dem Ereignis weiterhin in dir. Vielleicht verspürst du bei künftigen Meetings den Wunsch, eine einzige brennende Kerze aufzustellen, die die Gruppe an das Band erinnert, das geknüpft wurde, sowie an den Geist, der euch vereint.

Die Verschenk-Zeremonie

Die Verschenk-Zeremonie stellt eine wertvolle Erfahrung der Freude des Schenkens und der Magie dar, die sich einstellen kann, wenn du das verschenkst, was für dich von Bedeutung ist.

Jedes Mitglied eurer Gruppe bringt einen Gegenstand von persönlicher Bedeutung mit und bietet ihn dem Kreis an. Geschenke können verpackt sein oder nicht und dem Kreis auf vielerlei Weise angeboten werden. Jeder von euch kann sein Geschenk in die Mitte legen und erklären, welche Bedeutung es hat. Geschenke können auch anonym erfolgen. Jede Person tritt vor, um ein Geschenk entgegenzunehmen, wenn sie den inneren Impuls verspürt, dies zu tun. Beobachte, welche Gefühle an die Oberfläche kommen, wenn du etwas verschenkst, an dem du vielleicht hängst, oder wenn jemand anderer sich für ein Geschenk entscheidet, das dir gefallen hätte. Dieser Prozess kann sehr aufschlussreich sein im Bezug darauf, wie du im Leben empfängst und gibst und inwieweit du fähig bist, dich zu lösen und loszulassen. Sei kreativ und stimme dich darauf ein, diesen Prozess auf eine Art abzuwickeln, die den größten Nutzen für deine Gruppe bedeutet. Nimm dir nach Beendigung der Zeremonie Zeit, die gewonnen Einsichten ins Tagebuch einzutragen.

Anmerkung: Die Verschenk-Zeremonie ist eine ergreifende Methode, euren Kerngruppenprozess abzuschließen. Vielleicht hat deine Gruppe ein gemeinsames Einkehrwochenende erlebt oder ihr führt die Erfahrungen dieses *Handbuchs* zu Ende.

Übergangsriten

Übergangsriten beleuchten die nächste Phase unseres Lebens und richten uns auf die heilige Natur solcher Übergänge aus. Sie erlauben uns, die Kameradschaft einer unterstützenden Gemeinschaft zu spüren, wenn wir uns ins Unbekannte begeben. Die in unserer Gesellschaft am häufigsten vollzogenen Riten umfassen: Geburt, Taufe, Bar Mitzwa oder Bat Mitzwa (Anm. d. Übers.: im Hebräischen Religionsmündigkeit von Jungen und Mädchen), Konfirmation, Abschlussprüfung, Eheschließung und Tod. Rituale helfen uns, eine Veränderung zu akzeptieren, die Vergangenheit loszulassen und uns neuen Möglichkeiten zu öffnen. In einer cokreativen Kultur werden Übergangsriten als wesentlich erachtet und erfolgen in vielen entscheidenden Momenten des Lebens, in denen ein Individuum oder eine Gruppe eine bedeutsame Schwelle überschreitet.

Wichtige Fragen

- Welche Bedeutung und welchen Zweck hat dieser Übergang?
- Was soll erkannt und losgelassen werden und was will zutage treten?
- Wie kann das Individuum Empowerment erfahren, um voller Stärke und Klarheit voranzuschreiten?
- Wie erlebt die Gemeinschaft diesen Übergang bewusst mit?
- Welche Worte, welche Musik, welche Bewegungen und physischen Objekte sind symbolisch für den Übergang und intensivieren das Ritual?

Übliche Elemente eines Übergangsritus

- Rekapitulation und Würdigung der Vergangenheit: den Kreis unseres Lebens voller Dankbarkeit für all die Lektionen beschreiten.
- Anerkennungs-Kreis: Überlegungen seitens der Gemeinschaft, die die Eigenschaften und guten Taten der Person ehren, die den Übergangsprozess erlebt.
- Überlegungen der Älteren: all jener, die den Weg bereits gegangen sind und das Wissen, das sie angesammelt haben, mit den anderen teilen.
- Absichtserklärungen, Träume und Bestrebungen, während das Individuum oder die Gruppe die nächste Lebensphase ansteuert.

Lebensveränderungen

Manch größere Lebensübergänge wie zum Beispiel ein Jobwechsel, eine Scheidung, eine Gesundheitskrise oder der Verlust eines geliebten Menschen erfolgen unerwartet und werden oft völlig isoliert erlebt. Diese schwierigen Zeiten gehen oft einher mit Verwirrung, emotionalem Leid und Angst vor dem Unbekannten. Es kann für ein Individuum sehr transformativ sein, in solchen Zeiten die Unterstützung einer liebevollen Gemeinschaft zu erfahren. Wir spüren, dass wir bei unserem Übergang Freunde an unserer Seite haben, und können uns auf Einsichten und Überlegungen unserer Kerngruppe stützen. Übergangsriten ermächtigen uns, Zugang zu unserer eigenen inneren Stärke und unserem Wissen zu erlangen und der Zukunft mit Intention und Mut zu begegnen.

Überschreiten der Schwelle

Diese Zeremonie kann kreiert werden, um einen einschneidenden Übergang im Leben eines Individuums oder eine denkwürdige Veränderung für deine gesamte Kerngruppe zu ehren. Ein Zeremonienraum wird mit Blumen und Kerzen geschmückt und ein Gegenstand wie zum Beispiel ein schöner Schal wird auf den Boden gelegt, um eine Schwelle zu markieren. Ein Kreis wird gebildet und einer nach dem anderen tritt vor, wenn er bereit ist, seine Intention kundzutun und über die Art seines Schwellenüberschreitens zu sprechen.

Dies kann eine heilige Verpflichtung mit einschließen, es könnte aber auch das Anerkennen einer neuen Lebensphase oder einer wichtigen neuen Wahrnehmung sein. Alle Anwesenden sind Zeugen dieser Intentionserklärung und halten sie in ihrem Herzen, wie man es bei einer Hochzeit tun würde, wenn das Brautpaar sein Ehegelöbnis ablegt. Beim Überschreiten der Schwelle entsteht ein Gefühl der »Neuheit«, als würde man zu einem großen Abenteuer aufbrechen. Wenn jeder, der es wünscht, teilgenommen hat, schließe den Kreis auf angemessene Weise und würdige, was geschehen ist.

Würdigung der Naturzyklen

Die tiefe Einstimmung auf die Naturzyklen – Neu- und Vollmond, Tagundnachtgleiche, Sonnenwende, planetarische Ausrichtungen, Mond- und Sonnenfinsternis – ist grundlegend für jede Stammeskultur. Wir können von unseren indigenen Brüdern und Schwestern, die eng mit der Erde verbunden sind und durch das der Natur inhärente Wissen geleitet werden, viel lernen.

Diskutiert in eurer Kerngruppe, wie ihr mit den verschiedenen unten aufgelisteten Wendepunkten sowie weiteren besonderen Zeiten im nächsten Jahr umgehen wollt. Fühlen sich irgendwelche dieser Zeiten wichtig für euch an? Wie würdet ihr die Naturzyklen gerne ehren? Wenn ihr einen Blick auf die nächsten Monate werft, fühlt ihr euch dann inspiriert, mit anderen zusammenzukommen und gemeinsam eine Zeremonie zu zelebrieren?

Vielleicht verspürt ihr Lust, euch einigen der globalen Bewegungen anzuschließen, die das Potenzial besitzen, das Bewusstsein des Kollektivs zu verändern.

- NEUMOND: Der Fokus des Neumonds liegt auf dem weiblichen Aspekt unseres Wesens. Es ist ein günstiger Zeitpunkt, um den Samen für neue Ideen zu säen, ein Projekt anzugehen oder sich für Inspiration und Führung zu öffnen.
- VOLLMOND: Der Vollmond repräsentiert die Energie der Erfüllung und Vollendung. Jeder Mondzyklus besitzt eine einmalige Energie, die von den astrologischen Konfigurationen abhängt. Nimm dir die Zeit, Vollbrachtes zu feiern, und bekräftige Intentionen mit Trommeln, Liedern und Tanz.
- TAGUNDNACHTGLEICHE und SONNENWENDE: Die Tagundnachtgleichen und Sonnenwenden leiten neue Jahreszeiten ein. Sie sind Signale, um für die Segnungen zu danken, die zuvor erfolgten, und laden uns ein, zu visionieren, was wir manifestieren wollen, wenn wir in einen neuen Zyklus eintreten.

Feierlichkeiten

Freude, Spiel und Vergnügen ruhen in uns als Teil unserer essenziellen Natur. Kulturen auf der ganzen Welt haben Formen kreiert, um Geburtstage, Festtage und besondere Gelegenheiten oder Übergänge wie Beförderungen, Hochzeiten und Abschlussprüfungen zu feiern. Das Herzstück des Feierns ist das Geben und Empfangen von Liebe – das Herz auf jede Art und Weise sprechen zu lassen, die Anlass zur Freude gibt, die Seele nährt und den physischen Körper mit Energie erfüllt. Wenn wir feiern, entlasten wir automatisch unseren Verstand, werden uns der Präsenz des Augenblicks bewusst, lassen los und berühren die Erde. Wir entdecken das Außergewöhnliche im Gewöhnlichen.

So wie du Zeremonien und Rituale in die Praktiken deiner Kerngruppe integrierst, solltest du auch die Feiern nicht vergessen! Wenn du Musiker in der Gruppe hast, werden deine Feiern durch ihre musikalische Untermalung bereichert werden. Vielleicht reservierst du einen Abend oder viele Abende für ein gemeinsames Essen, bei dem jeder eine Speise mitbringt, oder eine Party.

Kooperative Spiele

Folgende Spiele sind nützlich, um große Gruppen zu verbinden, die sich vielleicht zum ersten Mal treffen. Es wird kein besonderes Zubehör benötigt.

NAMENSSPIEL

Stellt euch im Kreis auf. Die Person, die als Erste die Initiative ergreift, nennt ihren Namen und demonstriert mit einer Geste, wie sie sich im Augenblick fühlt (zum Beispiel: fröhlich, reserviert, ausgelassen, ruhig, nachdenklich). Jede weitere Person in der Gruppe wiederholt den Namen des Individuums und ahmt die Geste nach. Dies geht so weiter, bis alle an der Reihe waren. Wenn ihr Lust dazu habt, dann wiederholt den Prozess, indem jede Person neue Gesten oder Bewegungen vollzieht. Habt Spaß und vollführt Bewegungen, die jeder nachahmen kann.

TRITT IN DEN KREIS

Diese Aktivität ist eine wirksame Methode, um zu erkennen, was ihr miteinander gemeinsam habt. Die Gruppenmitglieder versammeln sich in einem Kreis und werden angewiesen, einen Schritt in den Kreis hinein zu tun, wenn die gestellte Frage sie betrifft. Sie verweilen einen Moment lang im Inneren des Kreises und treten dann zurück in den größeren Kreis.

Vor der Versammlung legt der Facilitator mindestens zehn bis zwölf Punkte fest. Diese reichen von einfachen Anweisungen wie »Wenn du zum ersten Mal hier bist, tritt in den Kreis« oder »Wenn du mehr als 10 Kilometer angereist bist, um an dem Treffen teilzunehmen, tritt in den Kreis« bis zu persönlicheren Anweisungen wie »Wenn du einen größeren Übergang in deinem Leben durchläufst, tritt in den Kreis« oder »Wenn du das Gefühl hast, zwischen den Welten zu leben – mit einem Fuß in der alten Welt und einem in der neuen, tritt in den Kreis«.

Aussagen persönlicher Art tragen dazu bei, ein Feld größerer Intimität und Sicherheit zu schaffen. Die Teilnehmer fühlen sich stärker verbunden und entspannt, wenn sie erkennen, dass sie manche herausfordernden Situationen des Lebens nicht alleine bewältigen müssen.

ERZEUGUNG EINER WELLE VON ENERGIE

Stellt euch in einem Kreis auf. Eine Person beginnt, indem sie eine leicht nachzuahmende Geste vollzieht, und jeder im Kreis wiederholt diese fünf- bis sechsmal. Die anführende Person wendet sich dann an die Person zu seiner Linken und gibt die Geste weiter. Die Person, die die Geste empfängt, verwandelt sie in eine neue Geste, die dann vom Kreis fünf- bis sechsmal wiederholt wird. Diese Weitergabe der Energiewelle erfasst den gesamten Kreis, bis jeder an der Reihe war und eine Geste angeboten hat. Wenn die Verbindung innerhalb der Mitglieder des Kreises intensiver wird, baut sich die Energiewelle auf.

DAS ENERGIENIVEAU HEBEN

Bildet einen Kreis und haltet euch an den Händen. Eine Person beginnt, indem sie die Hand der Person zu ihrer Rechten drückt. Führt das Händedrücken so schnell wie möglich im gesamten Kreis durch. Versucht dann, zwei Energieimpulse in entgegengesetzten Richtungen aufrecht zu erhalten. Dies bedeutet, dass eine Person gleichzeitig Energie aus beiden Richtungen empfängt und mit beiden Händen zurückdrücken wird. Vollführ dies jetzt mit geschlossenen Augen. Leite dann nach ungefähr zehn Sekunden zwei weitere Energieimpulse durch den Kreis.

Vertiefende Übungen

Führe die folgenden Übungen alleine durch.

Morgenritual

Beginne jeden Tag auf heilige Weise mit deinem eigenen Morgenritual, das dich mit Energie erfüllt und dich mit der Heiligkeit des Lebens verbindet. Einige Beispiele: Kommuniziere mit der Natur, indem du einen Spaziergang unternimmst; zünde auf deinem Altar eine Kerze an und sprich Gebete; meditiere und genieße die Stille; lies ein inspirierendes Buch oder Gedicht; schreib in dein Tagebuch; vollführe Bewegungen wie Tai Chi, Qi Gong, Yoga oder ähnliches.

Blicke in den Spiegel und lächle dir zu. Danke für das schöne Wesen, das dir entgegenblickt. Erkenne an, dass das Leben ein Geschenk und dass jeder Tag einmalig ist und nicht mehr wiederkehren wird. Hör auf deine innere Führung, frage, wie du von größtem Nutzen sein könntest. Setz dir eine klare Intention, die dich mühelos mitreißen wird. Kultiviere ein Bewusstsein für die Wunder, die dich den gesamten Tag umgeben, und sei dankbar.

Abendritual

Es ist wichtig, sich abends von den Aktivitäten des Tages zu entspannen. Atme das Wunder des Lebens ein und entspann dich. Meditation, Gebet, Yoga, Gesang, langsames Tanzen, Austausch mit einer geliebten Person und Tagebucheintragungen stellen nützliche Methoden dar, vor dem Schlafengehen ins Gleichgewicht zu kommen. Eine effektive integrative Übung besteht darin, deinen

Tag Revue passieren zu lassen, indem du über deine Erfahrungen rückblickend nachdenkst, vom Ende des Tages bis zum Beginn, als würdest du einen Film von hinten nach vorn abspulen. Reflektiere über Lektionen, die du gelernt hast, und Geschenke, die du erhalten hast. Gönne dir die Zeit, um die Beiträge, die du geleistet hast, zu würdigen. Es ist sehr förderlich, sich in einem Zustand der Dankbarkeit zu befinden, bevor man ins Traumland abtaucht.

Pflege deine Beziehung zur Natur

Alle Aktivitäten oder Übungen, die unsere Beziehung zur Natur pflegen, sind sehr nützlich. Eine Möglichkeit, dies zu tun, besteht darin, in deinem Garten einen Erdaltar zu errichten. Dies kann ein besonderer Ort werden, den du häufig aufsuchst. Lass dir Zeit, in Stille zu verharren und dem der Natur inhärenten Wissen zu lauschen: der Stimme der Bäume, des Gesteins, der winzigen Insekten. Setz deine Vorstellungskraft ein und führe ein Gespräch mit den Elementen oder sing ihnen ein Lied vor. Erkenne deinen Platz in der vielfältigen und fülligen Manifestation der gesamten Schöpfung.

Eine weitere Übung, die sinnvoll ist, um deine Beziehung zu den Elementen zu vertiefen, besteht in der Herstellung eines einfachen Medizinrads, das groß genug ist, um dich zu umschließen. Platziere Steine in den vier Himmelsrichtungen und schmücke diesen Platz mit weiteren Gegenständen, die du in der Natur gefunden hast. Wenn du in der Mitte deines Medizinrads stehst, kannst du dich bewusst mit den Elementen und den Himmelsrichtungen verbinden und als Reaktion auf besondere Situationen in der Welt Gebete sprechen. Vielleicht verspürst du den Wunsch, zu fühlen, wie deine vertikale Verbindung sich in den Kosmos erstreckt, bis in die Mitte von Gaia. Wenn du dies tust, achte auf deinen Atem und spüre bewusst ein Gefühl der Ausdehnung und der Erdung. Stimme dich auf das horizontale Feld ein, wenn du Verbindung mit all deinen Verwandten aufnimmst. Weite deine Liebe zu der Stelle oder Person aus, wo sie am meisten benötigt wird, damit persönliche oder planetarische Heilung erfolgen kann.

Denk darüber nach, welches Element größere Ausgewogenheit in dein Leben bringen kann. Vielleicht ist es förderlich, ein Bad zu nehmen oder sich auf die Erde zu legen. Vielleicht muss dein Geist durch einen Tanz oder andere Bewegungsformen erbaut werden; oder vielleicht ist es am Nützlichsten, wenn du ruhig dasitzt und dich auf deinen Atem einstimmst. Achte auf die Beschaffenheit der Interaktion, wenn du deine Aufmerksamkeit jedem Element zuwendest: der Feuchtigkeit auf deinen Lippen, der Sonne, die deine Haut wärmt, der Erde, die für deine Bodenhaftung sorgt, der Brise, die sanft über dein Gesicht streicht. Lass dir Zeit, um die Geschenke zu würdigen, die jedes Element anbietet, während du verschiedene Erfahrungen in dein Leben integrierst.

Segne deine Nahrung

Nimm dir vor jeder Mahlzeit etwas Zeit, um für das dankbar zu sein, was dich nährt, und erkenne die Lebensprozesse an, die dir Nahrung bescherten. Wenn du die Mahlzeiten mit anderen zusammen einnimmst, bekundet eure Wertschätzung für das mit Liebe zubereitete Essen, für die an diesem Tag gewonnenen Einsichten und vor allem für diesen speziellen Augenblick, in dem ihr miteinander kommuniziert.

KREIS 6
Ausdruck deines Seelenplans

Die richtige Arbeit zu finden, ist so, als würde man
die eigene Seele in der Welt entdecken.

THOMAS MOORE

Jeder von uns hat eine einmalige Bestimmung, einen Plan,
der uns zur vollen Selbstentfaltung treibt,
eine Berufung des Schicksals. Dieses Verlangen,
unsere Kreativität zu manifestieren, ist genauso stark
wie der Drang nach Selbsterhaltung und Selbstreproduktion.
Es bildet die Motivation für die Selbstevolution.

BARBARA MARX HUBBARD

Nicht das, ***was*** *du tust, sondern* ***wie*** *du tust, was du tust,*
entscheidet, ob du dein Schicksal erfüllst.
Wie *du etwas tust ... wird durch deinen*
Bewusstseinszustand bestimmt.

ECKHART TOLLE

Unser Seelensinn und -plan ist die uns angeborene Berufung,
der Genius-Code, der uns ein Gefühl der Ganzheit
vermittelt und tiefe Erfüllung beschert,
wenn er vollständig zum Ausdruck gebracht wird.

Er ist das Absolute, das sich
als unsere einmalige Essenz präsentiert.
Unser Seelensinn pulsiert in uns mit der ungestümen Kraft,
die die grünen Sprösslinge im Frühling
durch den gefrorenen Boden treibt.
Durch die Kraft der Schöpfung
werden wir zum Wachsen angehalten.

In den geheimen Tiefen unseres Herzens empfinden wir den
Wunsch, mehr zu sein, haben wir den Drang,
uns voll und ganz zu verwirklichen – aber für die meisten von uns
war es nicht der richtige Zeitpunkt.
Wir wurden nicht voll und ganz erweckt.
Die sozialen Formen, unser volles kreatives Potenzial
zu ermächtigen, fehlten. Deshalb harrten wir oft
in anspruchslosen Jobs aus,
erledigten monotone Aufgaben und kämpften ums Überleben.

Jetzt sind wir in einen neuen Zyklus eingetreten.
Evolutionskrisen und Chancen aktivieren viele von uns,
über die unmittelbaren Belange des Selbsterhalts
und der Reproduktion hinaus die Evolution unserer selbst
und die Entwicklung einer bewussten,
nachhaltigen Gemeinschaft anzustreben.
Wir befinden uns an der Schwelle der größten Freisetzung
menschlicher Kreativität, die die Welt je erlebt hat.

Ausdruck deines Seelenplans

Jedes Wesen hat eine bestimmte Berufung.
Sie ist das Licht, das sein Leben erhellt.
Derjenige, der aufrichtig seinen wahren Lebenssinn sucht,
wird seinerseits von diesem gesucht.

HAZART INAYAT KHAN

Den Japanern zufolge besitzt jeder einen verborgenen Ikigai, »einen Grund, morgens aufzuwachen«. Wir bezeichnen dies als unseren »Seelenplan« oder »Seelensinn« – das, was unserem Leben Sinn gibt und ein Gefühl der Erfüllung und der Ganzheit. Die Essenz lockt uns, unserem Glück zu folgen und zu unserer wahren Natur zurückzukehren.

Unser eindeutiger Sinn manifestiert sich durch geheiligten Dienst – drängt uns zu voller und intensiver Teilnahme am Leben. Unsere wahre Berufung vertieft unsere Selbstliebe und bringt unsere Einzigartigkeit zum Ausdruck, dient der Ganzheit. Vielleicht offenbart sich der Sinn im Lauf der Zeit oder zeigt sich als unvermutete gewaltige Enthüllung, die sich vielleicht entwickelt und verändert. Auf jeden Fall ist er das, was unserem Leben Wert, tiefe Bedeutung und Authentizität verleiht. Er steht immer im Einklang mit unseren höchsten Werten und bedeutet für alle Aspekte unseres Seins Erfüllung und Integration.

In unserer Kultur stellt es oft eine Herausforderung dar, unserem Seelensinn zu folgen. Viele von uns werden dazu ermutigt, eher den Lebensunterhalt zu verdienen als der Sehnsucht des Herzens nach wahrer Selbstentfaltung zu folgen. Um unserem Ruf treu zu sein, müssen wir uns vielleicht über eine Reihe von Mahnungen hinwegsetzen und über die engen Begrenzungen unseres Komfortlevels und unserer persönlichen Konditionierung hinausgehen. Dies wird vermutlich bedeuten, dass wir bei der Klärung unseres tieferen Daseinsgrunds lernen müssen, Spannungen und Ambiguität zu erdulden. Wenn wir dem drängenden Ruf der Seele erlauben, uns zu bewegen, kann es erforderlich sein, das Bedürfnis nach Zustimmung anderer zu unterdrücken, der Erwartung zu widerstehen, sich den Normen einer anderen Person anzupassen, und die Angst vor Veränderung und dem Unbekannten zu überwinden.

Manchmal geht der Entdeckung unseres Seelensinns eine Lebenskrise und eine große Demütigung des Egos voraus.

Wenn wir uns von unserem Sinn leiten lassen, sind wir vielleicht motiviert, bei etwas zu brillieren, das wir bereits tun; oder wir suchen eine neue Aufgabe oder kreative Ausdrucksmöglichkeiten. Einige von uns mögen sich auf die Suche nach neuen gesellschaftlichen Funktionen begeben oder innovative Unternehmen kreieren.

Uns wird bewusst, dass viele von uns auf dieser Evolutionsstufe einem Job nachgehen, der Geld einbringt, während wir das, was unserem Leben wirklich einen Sinn oder eine Bedeutung gibt, am Feierabend tun. Als Pioniere auf der Schwelle zu einem neuen Paradigma warten wir vielleicht auf das richtige Timing, um unsere Gaben mit vollen Händen an die Welt zu verteilen und einen entsprechenden Ausgleich für unseren Dienst zu erhalten.

Um unseren Seelensinn deutlich zum Ausdruck zu bringen, müssen wir mit anderen zusammenarbeiten, deren Kreativität unsere eigene entzündet. Deshalb sind Kerngruppen das perfekte Umfeld für die Herausbildung und Stabilisierung unseres Lebenssinns.

Resonanz, bedingungslose Liebe und inspirierte Einsichten setzen unser Potenzial frei. Intensive Interaktionen stimulieren die Kreativität und fördern die kontinuierlichen Prozesse der Selbstfindung und Selbstverwirklichung.

Wo auch immer wir uns voll manifestieren und andere mit unseren wahren Absichten stärken, befinden wir uns an vorderster Front des evolutionären Wandels. Wir verkörpern das Wissen, dass jeder von uns eine Manifestation des Unendlichen ist, um seine Rolle in diesem göttlichen Tanz namens Leben zu spielen. Wir öffnen den Weg für andere, damit sie ihrem Herzen folgen und ihr Schicksal erfüllen.

Vor vielen Jahrzehnten stellte der Psychologe Abraham Maslow fest, dass die menschliche Motivation darauf basiert, dass die Menschen Erfüllung suchen und sich durch persönliches Wachstum verändern. Als er seine »Hierarchie der Bedürfnisse« ausarbeitete, studierte er das positive Potenzial menschlicher Wesen und entdeckte, dass ein Schlüssel zum Glück der ist, eine Arbeit zu finden, die selbstbelohnend und mindestens einer Person von Nutzen ist. Wir nennen dies »Manifestation des Seelensinns«.

Geführte Meditation: Entdecke deinen Seelenplan

Bevor du mit der Meditation beginnst, überzeuge dich, dass du dein Tagebuch sowie deinen Stift zur Hand hast, um die Einsichten, die du während dieses Prozesses gewinnst, niederschreiben zu können.

Der Facilitator liest dies laut vor und legt zwischen den Sätzen Pausen ein. Vielleicht lässt du im Hintergrund schöne, sanfte Musik spielen.

Schließe die Augen, entspann dich und lade deinen Verstand ein, still zu sein ... Wenn du durch deinen Atem mit der Erde und dem Kosmos Verbindung aufnimmst, fühle dich im Frieden ... Atme durch dein Herz ein und aus ... Spüre, wie deine Energie sich erweitert und mit allen Königreichen dieses Planeten und darüber hinaus verschmilzt ... Atme tief durch als Wesen, das mit allem eins ist.

(Pause)

Denk jetzt an eine Zeit zurück, als du dich völlig erfüllt gefühlt hast ... als dir das Leben sinnvoll erschien und du dein Bestes gegeben hast ... Was hast du getan?

(Einminütige Pause)

Wo liegen deine Interessen? ... Welches sind deine Leidenschaften?

(Ein- bis zweiminütige Pause)

Hast du dich je in völligem Einklang mit deiner wahren Natur gefühlt? ... Wie fühlte sich das für dich an? ... Was hast du getan?

(Ein- bis zweiminütige Pause)

Nimm dir nun ein paar Minuten Zeit, um über deine Gaben und Talente nachzudenken ... Was beherrscht du meisterhaft? ... Was tust du mühelos und selbstverständlich? ... Was sind deine größten Stärken?

(Ein- bis zweiminütige Pause)

Welche kreativen Ausdrucksformen erfreuen dich?

(Ein- bis zweiminütige Pause)

Wenn Geld kein Thema wäre, was würdest du dann tun?

(Einminütige Pause)

Wenn du noch ein Jahr zu leben hättest, was würdest du tun? ... Mit wem würdest du deine Zeit verbringen?

(Einminütige Pause)

Atme ein paarmal tief durch und nimm deine Umgebung wahr ... Wenn du irgendwelche Körpergefühle empfindest, achte darauf, an welchen Stellen du sie fühlst.

(Pause)

Wenn du bereit bist, öffne die Augen und halte deine Einsichten in deinem Tagebuch fest. Bleib schweigend in deiner Mitte.

Wenn du über die Erkenntnisse reflektierst, die du während dieser geführten Meditation gewonnen hast, beginne damit, deinen Seelenplan zu formulieren.

Nimm dir etwa 10 bis 15 Minuten Zeit, um deine Antworten auf folgende Punkte niederzuschreiben:

- Wenn ich über meinen Lebenssinn nachdenke, spüre ich ...
- Meine Hauptstärken, um meinen Lebenssinn zu erfüllen, sind ...
- Die selbstauferlegten, beschränkenden Vorstellungen, die mich zu blockieren scheinen, sind ...
- Die äußeren Hindernisse, die mir im Weg zu stehen scheinen, sind ...
- Ich kann damit beginnen, diese Hindernisse zu überwinden, indem ich ...
- Andere Gruppenmitglieder können mich darin unterstützen, diese Hindernisse zu überwinden, indem ...

Tausche mit deiner Gruppe aus, was du entdeckt hast. Urteile weder über dich oder über andere, solange du in den Prozess eingebunden bist, den Ruf deiner Seele zu entdecken.

Identifikation deines Seelenplans

Diskutiere folgende Punkte mit deiner Gruppe und nimm Änderungen oder Nachträge vor, die in Übereinstimmung mit deinem tieferen Wissen oder deiner Erfahrung stehen.

Wie kannst du wissen, ob du auf dem »richtigen Weg« bist – deinen wahren Lebenssinn erforschst?

Du wirst es wissen, wenn:

- deine Arbeit sich spielerisch anfühlt und auf deine innersten Wertvorstellungen ausgerichtet ist
- du nicht »nicht tun« kannst, was du gerade tust; es aus deinem Wesen herausströmt
- du das Gefühl hast, dass es »passt« und authentisch ist
- deine äußere Welt deine innere Erfahrung und dein Wissen widerspiegelt
- du dich energiegeladen, erfüllt und intuitiv dazu angeleitet fühlst, deine Kreativität zum Ausdruck zu bringen
- deine Hindernisse minimal sind
- dein Leben mit Synchronizitäten dahinfließt
- dein Anteil das Wohlbefinden des Ganzen fördert

Heranziehen des Klarheitskomitees

Gregg Levoy erwähnt in seinem hervorragenden Werk *Callings* »Klarheitskomitees« von Quäkern, die ihren Mitgliedern helfen, über wichtige Themen ihres Lebens Klarheit zu gewinnen. In der folgenden Übung übernimmt deine Kerngruppe diese Funktion. Vielleicht siehst du ein komplettes Meeting für diese Übung vor, wenn viele Mitglieder Hilfe bei der Entdeckung ihrer wahren Bestimmung benötigen.

Prozess: Entdeckung deines Seelensinns

Lies zuerst diese Anweisungen, bevor du beginnst. Vielleicht erweist es sich als hilfreich, diesen Prozess aufzuzeichnen. Jedes Mitglied deines Kreises, das über seinen Seelensinn Klarheit gewinnen möchte, kann bei dieser Übung die »Fokusperson« sein. Wenn du willst, kannst du dich in die Mitte des Kreises setzen. Beginn, indem du kurz und prägnant erklärst, was du von der Gruppe benötigst.

Übt euch ein paar Minuten lang in gemeinsamem Schweigen und baut bewusst das Resonanzfeld auf, wobei alle Mitglieder um Führung für die Person in der Mitte des Kreises bitten. Als Reaktion auf das, was die »Fokusperson« sich ihren Worten nach von der Gruppe wünscht, stellen andere Mitglieder Fragen und *unterlassen es, irgendwelche redaktionellen Kommentare abzugeben.*

Die Fragen könnten Folgendes einschließen:

- Wofür kannst du dich begeistern?
- Welche Aktivitäten oder Umstände erfüllen dich mit Freude?
- Wie dienst du gerne?
- Worin und wie tust du dich hervor?

- Wenn du an deine Kindheit zurückdenkst, welche natürlichen Talente fallen dir dann ein?

Unterlasse es, deine Fragen zu zensieren oder zu beurteilen. Alle Fragen, die sich als Reaktion auf die Bitte der »Fokusperson« ergeben, sind passend. Versuche nicht, Ratschläge zu erteilen, Probleme zu lösen oder Geschichten zu erzählen. Wisse, dass die Antwort von der Person, die Klarheit sucht, kommen wird.

Antworte als Fokusperson auf die gestellten Fragen nach Belieben. Vielleicht ist es hilfreich, über einige der Fragen nachzudenken und zu einem späteren Zeitpunkt deine Antworten in dein Tagebuch einzutragen. Sei geduldig im Hinblick auf deine eigene Entwicklung. Dein Herz muss bereit sein, und Ereignisse müssen sich vielleicht erst entfalten, bevor du fähig bist, deine eigentliche Aufgabe sowie kreative Ausdruckmöglichkeiten zu finden. Erlaube jeder Person, die es wünscht, ebenfalls Fokusperson im Kreis zu sein.

Anmerkung: Gregg Levoy sagt, dass Hinweise auf deinen Seelensinn in Folgendem zu finden sein können: in wiederkehrenden Träumen, zufällig gehörten Gesprächen, einem zufälligen Meeting, das etwas Neues in dir entfacht, in Synchronizitäten und Songtexten, die dir nicht aus dem Kopf gehen, Anweisungen, die aus der Stille entstehen, oder Problemen, die auf Lösung warten. Achte auf Zeichen, die dich »geheimnisvoll« zu deinem tieferen Lebenssinn führen.

Prozess: Ein Ruf deines künftigen S

Das Wichtige ist, dass du bei der Erforschung dieses künftigen Potenzials keine Zukunft erforschst, die jemand anderer für dich geschrieben hat. Es ist enger mit deinem sich entfaltenden authentischen SELBST *verbunden – damit, wer du wirklich bist. Es ist viel fließender, offener, mehr im Dialog mit dir. Deshalb sagte Martin Buber, dass es dich braucht, um geboren zu werden.*

OTTO SCHARMER

Bei diesem Prozess wirst du dich für die Möglichkeit öffnen, dass etwas aus der Zukunft auf dich zuströmt: ein Ruf des Schicksals – eine Energie, die dich ruft. Der Zweck dieser Übung besteht darin, Zugang zur Führung deines künftigen SELBST zu finden, intensiv dem Ruf deines Schicksals zu lauschen. Räume für diesen Prozess 15 Minuten ein und bitte jemanden, als Zeitnehmer zu fungieren.

Suche dir einen Partner und setzt euch einander gegenüber. Blickt tief in die Augen des anderen und verbindet Herz mit Herz. Praktiziert ein paar Minuten lang die Herz-Meditation miteinander.

Partner A fragt als Erstes Partner B: »Was ruft dich?« Partner B antwortet. Dann sagt Partner A: »Danke« und stellt dann erneut die Frage: »Was ruft dich?«

Dieser Ablauf dauert zwei bis drei Minuten und erlaubt Partner B mit dem zu antworten, was an die Oberfläche dringt. »Denk« nicht bewusst darüber nach, sprich einfach aus, was dir in den Sinn kommt.

Nach ein paar Minuten gibt dir der Timekeeper das Zeichen, die Rollen zu tauschen. Es ist für jede Person von Nutzen, mehrmals dranzukommen und die Übung zu vertiefen. Lass dir nach Abschluss der Übung Zeit, deine Erfahrung mit deinem Partner auszutauschen und/oder sie in dein Tagebuch einzutragen.

Geführte Meditation: Das Antreten einer mythischen Reise

Diese Übung erlaubt dir, rückblickend dein Leben als die Reise eines Helden oder einer Heldin zu betrachten. Bei dieser geführten Meditation ist der Schatz, den du suchst, dein wahrer Lebenssinn. Die Hindernisse, mit denen du konfrontiert warst, sind die Initiationen, Prüfungen und heroischen Kämpfe, die du durchgestanden hast.

Wähle einen Partner aus. Wechselt euch darin ab, euch nachfolgende Zeilen vorzulesen und die Antwort eures Partners in dessen Tagebuch einzutragen. Sorgt dafür, dass ihr von den anderen Gruppenmitgliedern weit genug entfernt seid, um eine Art Privatsphäre zu wahren. Wenn ihr euch dabei wohl fühlt, hilft es, diese Übung im Liegen zu praktizieren. Ihr benötigt mindestens 40 Minuten, von denen jeder 20 Minuten beansprucht. Entscheidet, wer anfangen wird, und kreiert einen angenehmen Raum. Partner A beginnt, indem er nachfolgende Zeilen vorliest und zwischen den Sätzen Pausen einlegt.

Schließe sanft die Augen und spüre, wie der Boden deinen Körper trägt ... Beobachte deinen Atem, wenn du dich tief entspannst, und bring deine Gedanken zur Ruhe ... Erlaube deinem Verstand und deinem Körper mehr Raum... Lass jegliche Anspannung los, die du eventuell empfindest.

(Pause)

Atme weiterhin tief ein und aus und stell dir vor, wie eine Wolke rosafarbenen Lichts deinen Körper einhüllt.

(Pause)

Lass los und spüre die Wärme und Geborgenheit deines Umfelds, während du dich als Essenz noch intensiver entspannst ...

(Pause)

Lenke jetzt deine Wahrnehmung auf deinen Körper und betrachte dich liegend in diesem Raum ... Du bist im Begriff, in deiner Vorstellung eine Reise anzutreten ... die Reise eines Helden (oder einer Heldin).

(Pause)

Stell dir vor, dass du dich anschickst, auf diesem Planeten zu inkarnieren ... Stell dir vor, dass du als Seele deine Eltern und die Lebenssituation auswählst, die im Dienste der Entwicklung deines Bewusstseins die größten Lehren für dich bereithält.

(Pause)

Erlaube jeglichen Bildern über deine Inkarnation aufzutauchen ... War deine Geburt sanft oder schwierig? Hast du dich in deinem Körper wohl gefühlt oder hast du Widerstand gespürt oder ein Gefühl der Begrenzung?

(Pause)

Verbinde dich mit deiner frühen Kindheit und ursprünglichen Unschuld ... Welche Bilder tauchen vor deinem inneren Auge auf? Hast du dich mit der Natur und dem Leben um dich herum verbunden gefühlt? Gibt es bestimmte Erinnerungen, die deine heutige Realität geformt haben?

(Pause)

Wie lautet dein mythischer Name? ... Wer sind deine Verbündeten? ... Mit welchen Hindernissen, sofern es welche gab, warst du als Kind konfrontiert?

(Ein- bis zweiminütige Pause)

Betrachte jetzt diesen Held (oder diese Heldin) als jungen Menschen, als Teenager ... Wer sind deine Lehrer und Guides? ... Was lernst du? ... Was bringt dir die größte Erfüllung und Freude?

(Ein- bis zweiminütige Pause)

Stell dir jetzt diesen Held/diese Heldin als Erwachsenen/als Erwachsene vor ... Welche Archetypen hast du in diesem Leben ausgelebt? ... den Kampf zwischen Gut und Böse? ... Tod und Auferstehung? ... Betrug und Vergebung? ... Welche Lektionen des Lebens scheinen beherrschend zu sein?

(Ein- bis zweiminütige Pause)

Wie lautet das Thema deiner augenblicklichen Suche oder Herausforderung? ... Lässt du los? ... Wachst du auf? ... Entdeckst du gerade den Ruf deines Herzens? ... Verschenkst du gerade deine einzigartigen Gaben?

(Ein- bis zweiminütige Pause)

Wer sind heute deine Verbündeten? ... Mit welchen Hindernissen bist du im Inneren und im Äußeren konfrontiert? ... Gibt es einen Schatz, auf dessen Suche du dich begeben hast?

(Ein- bis zweiminütige Pause)

Wie hast du dich im vergangenen Jahr verändert? ... Was wird gerade in dir geboren? ... Was, wenn überhaupt, möchte freigelassen werden?

(Ein- bis zweiminütige Pause)

Wirst du gebeten, bedeutende Veränderungen in deinem Leben vorzunehmen? ... Wenn ja, bist du bereit dazu?

(Pause)

Atme einige Male tief durch und nimm deinen Körper wahr, der in diesem Raum auf dem Boden liegt ... Spüre die Präsenz der anderen Personen um dich herum.

(Pause)

Wenn du bereit bist, öffne sanft die Augen und gönne dir ein paar Minuten, um über deine Einsichten und deine Erfahrung nachzudenken, bevor du mit deinem Partner die Rollen tauschst.

Gemeinsame Klärung deines Lebenssinns

Helft einander beim nächsten Meeting oder in den kommenden Wochen, durch Coaching und inspirierte Einsichten größere Klarheit über die von euch gewählte Arbeit zu gewinnen. Vielleicht stellst du die Frage: »Mit wem muss ich jetzt Kontakt herstellen?« oder »Worin besteht mein nächster Schritt?« Wird dieser Prozess durchgeführt, kann er eine ganze Sitzung in Anspruch nehmen.

Neubildung deiner Kerngruppe

Jetzt, da du ein Gefühl dafür hast, was du zum Ausdruck bringen möchtest, lautet die nächste Frage, wer deine natürlichen Partner sind? Auch wenn du von den Mitgliedern deiner anfänglichen Kerngruppe noch so angetan sein magst, sind sie vielleicht nicht alle deine beruflichen Partner. *Wahrscheinlich sind sie es nicht.*

Wenn dein Lebenssinn in einer speziellen Kerngruppe nicht erfüllt wird, ist es empfehlenswert für dich, eine neue zu kreieren, die dich mehr stärkt. Denk daran, dass wir uns im Prozess des Aufbaus eines neuen sozialen Körpers mit einer fast endlosen Zahl von Teilen befinden. Keiner wird ausgelassen werden. Jeder von uns besitzt eine einmalige Gabe, die für den Aufbau dieses neuen Körpers erforderlich ist. Es ist besser, wenn du dich jetzt trennst und eine neue Gruppe bildest, als dich selbst zu entmächtigen, indem du deine beruflichen Bedürfnisse und deine innere Führung ignorierst. Dein Mangel an Begeisterung kann die Effizienz der Gruppe beeinträchtigen.

Dieser Prozess der Neubildung wird »Differenzierung« genannt. Die Natur differenziert entsprechend spezifischer Funktionen. Jedes Atom, jede Zelle, jeder Mensch und jede Kerngruppe besitzt ihre speziellen Eigenschaften und Gaben, um diese dem Planetenkörper zu geben. Dysfunktion erfolgt, wenn die Zellen sich nicht an ihrem vorgesehenen Platz befinden. Genauso wird die Differenzierung dir helfen, die richtigen Teampartner zu finden, die deinen Lebenssinn teilen, sodass du voll unterstützt werden, dich verwirklichen und erfolgreich in deinen korrekten und frei gewählten Funktionen sein kannst.

Anmerkung: Wenn jede Person in deinem Kreis ein Gefühl für den einzigartigen Sinn hat, ist wohl der Augenblick gekommen, von der resonanten Kerngruppe in neue co-kreative Kerngruppen zu wechseln, damit jeder von euch sein ganzes Potenzial mit den anderen, die den gleichen Seelenruf teilen, zum Ausdruck bringen kann. Auch wenn du dieses gesamte *Handbuch* mit deiner ursprünglichen Kerngruppe beenden kannst, ist es vermutlich befriedigender und produktiver, zu differenzieren und mit Individuen, die deinen tiefgründigeren Lebenssinn teilen, einen neuen Kreis zu bilden. Prüfe und diskutiere die folgenden Tipps für die Differenzierung, bevor du neue co-kreative Kerngruppen bildest.

Tipps für die Differenzierung

- Während du die Verbindung mit anderen, die deine Vision und Mission teilen, untersuchst, kreiere eine »Verlobungszeit«, um zu experimentieren, bevor du dich für ein spezielles Projekt verpflichtest. Wenn du Ausschau nach anderen hältst, um eine neue Kerngruppe zu bilden, achte auf Resonanz und gleichgerichteten Sinn. Dies ist vergleichbar mit dem Dating: Vielleicht musst du verschiedene Beziehungen ausprobieren, bis du die findest, die perfekt zu sein scheint.
- Sei während dieses Prozesses geduldig und mitfühlend und beurteile nicht. Vertraue darauf, dass du und alle anderen Mitglieder deiner Kerngruppe euren idealen Platz im größeren Muster finden werdet.
- Sorge dafür, dass du und alle Mitglieder der neuen Kerngruppe sich völlig sicher fühlen, wenn sie die Wahrheit kundtun – wenn Menschen, die Situation oder Handlungen nicht funktionieren.

Finde Lösungen, die für alle funktionieren, einschließlich der Neubildung von Gruppen, wenn erforderlich.

- Respektiere den Bereich und die Funktion jeder Person und Gruppe. Alle Gaben werden benötigt, um eine neue, liebevollere Welt zu erschaffen.
- Du musst eine Affinität zu jedem Mitglied deiner Kerngruppe haben und Respekt vor euren Unterschieden. Wenn persönliche Konflikte auftreten und auch nach der Klärung anhalten, mag es angemessen sein, die Gruppe(n) zu trennen und neu zu bilden.
- Wenn du viel Zeit darauf verwendest, »zu verarbeiten«, ist dies ein Hinweis, dass du deine perfekten Partner nicht gefunden hast. Eine passende Beziehung fördert das Wohlbehagen, die Anmut, Verspieltheit und den Humor. Dauerhafter Mangel an Resonanz ist ein deutlicher Hinweis, dass Differenzierung erwogen werden sollte.
- Übermäßige Einbindung, sodass sich niemand »übergangen« fühlt, kann die Resonanz und Effektivität deiner Gruppe schmälern.
- Vergewissere dich, dass jeder von euch auf euer gemeinsames Ziel ausgerichtet ist und dieses dadurch Verwirklichung erfährt und dass die Größe deiner Gruppe die Funktionen derselben unterstützt. Eine zu große Gruppe kann schwerfällig sein und die individuelle Manifestation von Kreativität ersticken.

Neubewertung und Neuentscheidung

Wenn du differenzierst, verspürst du vielleicht den Wunsch, das Meeting-Format deiner neuen Gruppe neu zu bewerten. Vielleicht würde eine Struktur, die sich von der bisherigen unterscheidet, besser funktionieren, wenn du ein co-kreatives Unternehmen oder

Projekt in Angriff nimmst. Wenn ihr euch zum Beispiel bisher einmal pro Woche getroffen habt, findet es deine co-kreative Kerngruppe vielleicht effektiver, euch jede zweite Woche einen vollen Tag lang zu treffen.

Wenn du dich entwickelst, entwickelt sich auch dein Ziel. Was dich bis jetzt angezogen hat, mag diesen Monat noch völlig zufriedenstellend sein, sich aber nächstes Jahr nicht mehr richtig anfühlen. Doch das, was du heute tust, kann wesentlich sein, um die Fertigkeiten und die persönliche Stärke für die Arbeit von morgen zu erwerben. Dieses Entscheiden und Neu-Entscheiden ist ein fortlaufender Prozess, der sich ganz natürlich und organisch entwickelt.

Wenn du eine neue Gruppe kreierst, sorg dafür, dass du während deiner »Werbe«-Phase zumindest einige der Übungen von jedem der ersten vier Kreise dieses Buchs absolvierst. Bleib lange genug »verlobt«, um herauszufinden, ob deine neue Gruppe die richtige Kerngruppe für jeden von euch ist, um sein Schicksal zu erfüllen. Tiefe Verbundenheit schafft eine wesentliche Grundlage für effektive, nachhaltige Arbeit in der Welt.

Greif auf die Zeremonie der Differenzierung in Kreis 5 (siehe Seite 203) zurück, wenn du glaubst, dass es an der Zeit für die Neubildung verschiedener Gruppen ist. Erkennt eure tiefe Seelenverbindung miteinander an, wenn ihr aus dieser Gruppe ausscheidet, um mit einem anderen Team zu arbeiten. Differenzierung impliziert nicht zwangsläufig Trennung. Sie ist lediglich eine Bewegung in die richtige Beziehung, die auf eurem gemeinsamen Schicksal basiert. Wenn sie bewusst mit uneingeschränkter Kommunikation erfolgt, ist sie natürlich und für alle Gruppenmitglieder erfüllend.

Besprich mit deinem Kreis, wie ihr von hier aus weitermachen möchtet. Vielleicht wollt ihr eine inspirierte Einsichten-Übung absolvieren und um Führung bitten, wenn ihr diese Entscheidung trefft.

Zeremonie des Göttlichen Schicksals

Es wird empfohlen, diese Zeremonie nach Abschluss von Kreis 6 durchzuführen. Obwohl diese Zeremonie sehr dem Prozess in Kreis 5, dem Überschreiten der Schwelle, ähnelt, liegt der Fokus dieses Mal auf der Anerkennung der einzigartigen Bestimmung jeder Person.

Kreiere einen heiligen Raum mit sanfter Musik im Hintergrund. Bitte jedes Mitglied deiner Gruppe, vorzutreten, eines nach dem anderen, um seine Einsichten, die es beim Entdecken seines Seelensinns gewonnen hat, kundzutun. Für einige Personen ist das Ziel vielleicht ein allgemeines – wie das »Ausdehnen des Bewusstseins durch regelmäßige Gebete und durch das Erteilen von Segen«. Für andere mag das Ziel sehr spezifisch sein – z. B. das »Entwickeln von Technologien, um behinderten Kindern in den Entwicklungsländern zu helfen«.

Die Zeremonie des Göttlichen Schicksals schließt vielleicht einen spezifischen nächsten Schritt mit ein oder ist vielleicht eine deutliche Erklärung des Seelensinns. Die Anwesenden sind heilige Zeugen, stellen eine liebevolle Präsenz für den Einzelnen dar, während jede Person sich über den Ruf ihrer Seele äußert.

Erwecktes Tun ist die Übereinstimmung
des äußeren Sinns – was du tust – mit dem
inneren Sinn – zu erwachen und wach zu bleiben.
Durch erwecktes Tun wirst du eins mit dem Sinn des Universums.
Bewusstsein strömt durch dich in diese Welt.

ECKHART TOLLE

Vertiefende Übungen

Führe die folgenden Übungen alleine durch.

Umarme deine Seelenreise.

Wenn du dir über die Berufung deiner Seele immer noch nicht im Klaren bist, dann schreib oder zeichne deine Lebensgeschichte auf. Achte auf wiederkehrende Themen, die vielleicht auf dein Ziel hindeuten: Highlights, erfüllende Momente, Erfahrungen, die sich umfassend und belebend anfühlten. Schätze dich selbst ein und beschreibe deine persönlichen Eigenschaften. Welche Eigenschaften möchtest du verstärken? Erkenne die Vollkommenheit aller Aspekte deiner Seelenreise an, darin eingeschlossen Kämpfe, Schwierigkeiten und Herausforderungen.

Führe als Nächstes einen inneren Dialog über dein wahres Ziel. Nutze die nachfolgenden Fragen, um deine Seele wachzurütteln. Diese Übung gleicht der mythischen Reise, die du mit einem Partner unternommen hast, doch hier fokussierst du dich auf deine spirituelle/psychologische/physische Reise und nicht auf deine mythische.

Stell dir folgende Fragen und schreib oder zeichne deine Antworten auf:

- Welches sind meine Gaben?
- Worin und wie zeichne ich mich aus?
- Was verschafft mir große Zufriedenheit?
- Was kann mich wirklich in Begeisterung versetzen?

- Was sind meine bevorzugten Betätigungen?
- In welchem »Geschäft« bin ich tätig? Worin besteht meine Arbeit?
- Habe ich je etwas getan, das sich wie ein Beitrag anfühlte? Was war es?
- Was habe ich getan, als ich mich völlig erfolgreich und heiter fühlte?
- Welche Überlegungen, die meine Einmaligkeit widerspiegeln, habe ich von anderen aufgenommen?
- Wann war ich fähig, einen hohen Leistungsgrad mit einem hohen Grad an Energie aufrecht zu erhalten? Was sind die Merkmale dieser Zeiten: die Arbeit, die Menschen, das physische Umfeld oder die Ergebnisse?
- Wenn ich einen Zauberstab schwingen könnte und alle Bedingungen gut wären (Familie, Ausbildung, Zeit und Geld), was würde ich dann mit meinem Leben anstellen?
- Welche beschränkenden Vorstellungen oder Ängste halten mich davon ab, meinen wahren Lebenssinn zu entdecken und zu erfüllen?

Entspanne dich und erzwinge die Antworten nicht, aber bitte um Klarheit und Führung in Bezug auf deinen Seelensinn. Wiederhole diese Übung; stelle weiterhin Fragen und zeichne die Antworten auf. Achte auf Signale und Synchronizitäten. Lies in deinem Tagebuch oder hör dir deine Aufzeichnungen an, und du wirst den roten Faden deiner Geschichte verstehen – dein wahres Schicksal.

Achte bewusst auf deine Gedanken, Gefühle und Emotionen. Bemühst du dich »zu angestrengt«? Handelst du, weil du etwas »solltest« oder weil jemand anderes will, dass du es tust? Dies ist ein Hinweis darauf, dass du vielleicht nach Belohnungen von außen Ausschau hältst. Folgst du deinem Glück? Würdigst du dein SELBST?

Visions-Suche/Vision Quest

Jahrtausende lang haben die indigenen Völker ihren Seelenplan entdeckt, indem sie sich auf die Suche nach einer Vision machten und um Führung baten. Wenn du deine wahre Mission suchen willst, indem du ein paar Tage allein in der Natur verbringst, beachte folgende wesentlichen Punkte dieses Übergangsrituals:

- Bereite dich vor, indem du deine Intention festlegst und um Klarheit und Schutz bittest.
- Trenne dich von deiner Gemeinschaft und deiner gewohnten Rolle.
- Versetze dich in eine Situation der Unsicherheit und der körperlichen Entbehrung.
- Höre auf deine innere Stimme und folge ihrer Führung.

Vielleicht begibst du dich mit einem erfahrenen Führer auf eine organisierte Visions-Suche, oder du ziehst es vor, dich allein zurückzuziehen. Vielleicht gehst du campen oder wohnst mehrere Tage in einer Hütte in der Natur. Du wirst allein sein wollen. Nimm ein Tagebuch mit, um deine Träume, Einsichten und Offenbarungen niederzuschreiben, doch verbring deine Zeit hauptsächlich in Stille, Meditation und Kontemplation. Nimm leichte Speisen zu dir oder faste und trink viel reines Wasser. Wenn du in dich hineinhorchst, erhältst du die Antworten. »Bitte und dir wird gegeben.« »Klopfe an und die Tür wird dir aufgetan.«

Wenn du eine Ahnung von dem wahren Sinn hast, könntest du diese Zeit nutzen, um darüber nachzudenken, wer deine co-kreativen Partner sein könnten. Mit wem würdest du gerne zusammenarbeiten? Wer besitzt Gaben und Talente, die deine ergänzen? Ist es an der Zeit, dich auf eine neue co-kreative Kerngruppe zuzubewegen, damit du die ganze Fülle deines Potenzials zum Ausdruck bringen kannst?

Kreiere ein Wunschtraum-Board

Wie würde dein Leben aussehen, wenn du dein Schicksal voll ausleben würdest? Kreiere aus einem Stück Plakatkarton eine »Schatzkarte« oder ein »Wunschtraum-Board«. Schneide aus Zeitschriften Bilder und inspirierende Worte aus, klebe sie auf deinen Karton und kreiere das Bild und den Entwurf des Lebens, das du gerne führen würdest. Häng dies so auf, dass du es immer sehen kannst, und füge, wenn dir danach zumute ist, etwas hinzu.

Kreiere Raum für deinen wahren Lebenssinn

Zieh Bilanz in Bezug auf dein Leben. Was musst du loslassen, um Raum zu schaffen, damit sich dein Lebenssinn entfalten kann? Welche nicht authentischen Aktivitäten musst du fallen lassen? Welche verinnerlichten Lehren, Vorstellungen und Erwartungen müssen freigelassen werden, um den Weg für deine individuelle Bestimmung zu ebnen? Denk über diese Fragen nach und arbeite an deinen Antworten.

Im Folgenden findest du ein nützliches Ritual, um das loszulassen, was dir nicht mehr von Nutzen ist. Dies kann sehr wirksam sein, wenn es in der Gruppe durchgeführt wird. Vielleicht willst du es auch ganz privat zu Hause oder an einem besonderen Platz in der Natur durchführen: *Schaffe einen heiligen Platz, indem du eine Kerze anzündest oder Weihrauch verbrennst. Schreib auf ein Blatt Papier, was du loslassen möchtest. Verbrenne das Papier oder zerreiß es in kleine Stücke und vergrab sie in der Erde. Klarheit, Fokus und Intention werden dich dabei unterstützen, das loszulassen, was du zu diesem Zeitpunkt entlassen möchtest.*

Entfaltung deiner Arbeitssituation

Häufig ist es angebracht, da zu bleiben, wo du bist, und deine augenblickliche Beziehung oder Organisation zu verändern. Neben der Erforschung von Alternativen außerhalb deines derzeitigen Jobs kannst du vielleicht auch dort, wo du im Augenblick arbeitest, kreativ sein. Du kannst an deinem Arbeitsplatz Kontakt mit denen aufnehmen, die vielleicht ähnliche Wünsche haben. Wenn du zum Beispiel Manager bist, kannst du mit deinen Mitarbeitern über co-kreative Prinzipien sprechen, die sich letztlich auf all ihre Beziehungen positiv auswirken würden.

Wo auch immer du dich verwirklichst und andere ermächtigst, befindest du dich an vorderster Front der Evolution. Bitte deine Kerngruppenmitglieder, dir dabei zu helfen, deine augenblickliche Arbeitssituation zu entfalten und zu transformieren. Kläre, dass du deinen derzeitigen Job aus freiem Willen und weil er dir gefällt, behalten willst, und nicht aus Angst.

Coaches, Familie, Freunde und Mentoren

Wenn du deinen Lebenssinn erforschst, berate dich mit denen, die dich lieben und gut kennen. Wähle Personen aus, die dir liebevolle Aufmunterung zuteil werden lassen statt negativem Rat. Wähle Menschen aus, die unterstützend und gleichgesinnt sind. Nähre und schütze deine neuen »Babyideen«, bis sie so weit entwickelt sind, auf eigenen Füßen zu stehen. Emergierende Ideen und Inspirationen sind heikel und erfordern behutsame Fürsorge.

Wenn du eine klare Vorstellung von deinem wahren Sinn hast, halte Ausschau nach Vorbildern, von denen du lernen kannst. Bitte sie um ihren Rat und ihr Coaching. Geh bei ihnen in die Lehre, wenn es angebracht ist. Vertiefe dein Wissen. Werde erneut zum Schüler.

Womit auch immer du geboren bist, ist Gottes Geschenk an dich.
Was du wirst, ist dein Geschenk an Gott.

ANONYM

KREIS 7
Erfüllung eures gemeinsamen Schicksals

Wenn wir zusammenkommen und unsere Talente in co-kreativer Zusammenarbeit vereinigen, entsteht eine neue Form der Heiligkeit, eine, die unsere Welt wirklich segnen und heilen kann.

DAVID SPANGLER

Die wahre Führerschaft, die von Bedeutung ist, ist in Wirklichkeit die Führerschaft von Gruppen.
Die Zeit des »individuellen« Helden/Führers ist Vergangenheit ...
Wir brauchen jetzt keine besseren Helden, wir benötigen Gruppen von Menschen, die Führungsqualitäten besitzen – Gruppen von Menschen, die voranschreiten können.

PETER SENGE

Teamwork lässt den Traum Wirklichkeit werden!

SOZIALER AKTIVIST AUF TWITTER

Wenn Menschen aus echtem Selbstinteresse zusammenkommen,
bereit, ihre Stärken zu teilen und
eine gemeinsame Vision zu kreieren,
verbreitet sich Magie,
häufen sich Synchronizitäten und öffnen sich Türen.
Das Leben entwickelt sich auf natürliche Weise aus dem Chaos
und dem Wirrwarr
zu einer höheren Stufe von Organisation.

JAMES REDFIELD

Die magnetische Energie des Universums, die seit Milliarden von
Jahren ganze Systeme erzeugt hat – und dafür sorgt,
dass das Atom vom Atom, das Molekül vom Molekül und
die Zelle von der Zelle angezogen wird –, verbindet
den Menschen mit dem Menschen und
kreiert die Keimzelle einer neuen Gesellschaft.

Der Samen des individuellen Potenzials wächst
im Resonanzfeld zu voller Größe heran.
Wir erfüllen unseren Seelensinn, indem wir
unsere Genialität mit der
der anderen verbinden.
Diese »Fusion der Genialität« setzt eine Kraft frei,
die so stark wie die Kernfusion ist:
die menschliche Kreativität.

Wir erleben, dass die Bindungskraft der universalen Evolution
unsere Systeme aktiviert.
Die Schöpfung, die daraus entsteht, kann so unvorhersehbar und
so verschieden von ihrer Quelle sein
wie ein Kind von seinen Eltern.

Wir machen einen Quantensprung über die Fähigkeiten
der Individuen hinaus.
Soziale Synergie kreiert ein Ganzes,
das größer als die Summe seiner Teile ist.
Wir erleben eine Erweiterung des Bewusstseins,
größere Freiheit und Kreativität.

Der Pfad zur Selbstverwirklichung in diesem neuen Lebenszyklus
ist die Co-Creation.
Mit klarer Führung und Synergie können wir
das kreieren, was über alles hinausgeht,
was wir allein tun könnten.
Wir werden befreit, um uns zum Wohle aller
mit anderen zusammen zu tun.

Erfüllung eures gemeinsamen Schicksals

Von der Resonanzkerngruppe zur co-kreativen Kerngruppe

Wenn wir einmal unseren einzigartigen Lebenssinn identifiziert haben, kommt unser natürlicher Impuls auf, uns mit anderen zu verbinden, um unser gemeinsames Schicksal zu erfüllen. Mittels eines Unterscheidungsprozesses knüpfen wir neue Verbindungen und erleben, wie unsere einmaligen Gaben und Talente in das größere Ganze passen. Wir entdecken, dass alle unsere Beiträge gebraucht werden und dass das Empowerment einer Person das Empowerment aller unterstützt.

Wir spüren, dass jeder von uns eine Zelle im Planetenkörper darstellt. Wir bewegen uns auf die Schnittkante sozialer Veränderung zu, co-kreieren neue Strukturen, die die Synergie und die Kooperation verstärken. Wir wechseln vom Dominator-Modell der Hierarchie und Bürokratie zur machtfreien Ausrichtung im Partnerschaftsmodell. Wir verbinden uns mit unseresgleichen, um ein voll funktionierendes Ganzheitssystem zu kreieren. Eine neue Bewusstheit entsteht, wenn wir uns vom egozentrischen zum ganzheitlichen Bewusstsein bewegen.

Wenn wir damit beginnen, unser gemeinsames Schicksal zu erforschen, trennen wir uns normalerweise von unserer ursprünglichen Resonanz-Kerngruppe.

Wir suchen unsere idealen Teamkameraden, halten Ausschau danach und locken jene an, deren Ziel sich mit unserem deckt. Bei diesem Schritt von der Resonanz-Kerngruppe zur co-kreativen Kerngruppe wird unser persönliches Wachstum intensiviert, da sich unser Fokus dahingehend verändert, soziales Handeln oder kollektive Manifestation mit einzuschließen. Wenn wir größere spirituell-psychologische Reife als das essenzielle SELBST erlangt haben, lassen wir allmählich das vermeintliche Bedürfnis des getrennten Selbst los, sich speziell zu fühlen und im Mittelpunkt zu stehen, wenn wir uns gemeinsam auf ausgeprägtere Ausdrucksmöglichkeiten zubewegen. Wir lernen, mit unseren neuen Teamkameraden in Resonanz zu bleiben und lenken unsere Aufmerksamkeit darauf, unsere kollektive Genialität in der Welt zum Ausdruck zu bringen.

So wie ein ganzer Mensch spirituell, emotional, mental und physisch ausgeglichen ist, müssen diese Eigenschaften in unserer co-kreativen Kerngruppe präsent sein, weil wir sonst zu einer Dominator-Struktur zurückkehren oder darin versagen, wahre Partnerschaft und gegenseitiges Empowerment zu ermöglichen.

In einem Raum gemeinsamer Selbstverwirklichung können alle Mitglieder einer Kerngruppe ihre einmaligen Talente zum Ausdruck bringen. Wenn jemand das Gefühl hat, dies nicht getan zu haben, spüren wir dies sehr schnell, da die Dissonanz die Effektivität des Teams mindert. Dieser entscheidende Übergangspunkt von innerer zu äußerer Arbeit kann ein heikler Augenblick im Leben der Kerngruppe sein. Wenn sich die Mitglieder des Kreises in neue Kerngruppen aufspalten, ist es wichtig, weiterhin Resonanz zu halten und den einzigartigen Beitrag jeder Person zu würdigen, sodass das neue Team funktionsfähig und effektiv in der Welt werden kann. Vielleicht ist Geduld erforderlich. Es ist ratsam, sich miteinander zu verbinden und aufeinander auszurichten, bevor man in Aktion tritt.

Die co-kreativen Übungen, die in Kreis 2 angeboten werden – Erzeugen und Aufrechterhalten von Resonanz – können sehr hilfreich dabei sein, Vertrauen aufzubauen und Herz-Verbindungen in der neu gebildeten co-kreativen Kerngruppe zu vertiefen (siehe Seite 107) .

Die erfolgreiche Gruppe formt jeden Teil eines liebevollen Körpers – und tut mühelos und freudig das, was sie am besten kann, mit weniger oder überhaupt keiner Überwachung oder Führung von außen. Jeder, der Erfahrung in der Praxis des inneren Lauschens gewinnt, weiß, was er in jedem Augenblick tun muss. Führung entsteht aus dem Inneren des Individuums oder aus der kollektiven Intelligenz der Gruppe. Wenn Management und Koordination erforderlich sind, erfolgt dies behutsam und ermächtigend. Bedürfnisse werden erfüllt und Konflikte schnell geklärt. Der Prozess der Entscheidungsfindung verschiebt sich, wenn die Individuen ihr egozentrisches Bedürfnis, zu leiten oder zu kontrollieren, überwinden und lernen, sich in das kohärente Feld der Gruppengenialität einzustimmen und zu erkennen, »was geschehen will«. In einem idealen Umfeld der Kreativität und der Liebe entsteht Synergie. Projekte werden harmonisch durchgeführt und jeder Teilnehmer fühlt sich von Energie durchströmt und erfüllt. *Das ist die Essenz der Co-Creation und das Beste, was sie anbietet.*

Der erste Schritt bei der Entdeckung des gemeinsamen Schicksals besteht in der Identifizierung der Vision und des Sinns, der die tiefere Bestimmung und die von jedem Gruppenmitglied gewählten Funktionen verkörpert. Wenn du der Gruppe in dem Bestreben beitrittst, dein höchstes Potenzial zum Ausdruck zu bringen – durchströmt dich die Kraft der Schöpfung, richtet deine Vorstellungen und deine Vision auf die Realität aus. Deine Leidenschaft ist der Treibstoff, der die Aufgabe erfüllt.

In diesem Kreis wirst du eine Vielfalt von Ideen vom Herzen her prüfen müssen, um die gemeinsamen Aktionen zu identifizieren, die euer gemeinsames Ziel zum Ausdruck bringen und dich ermächtigen werden, dein einzigartiges Potenzial auszuschöpfen. Ihr werdet ein Erfolgs-Statement co-kreieren, in dem ihr kurz und bündig eure gemeinsame Vision, eure Mission, euer Anliegen und euren Aktionsplan darlegt. Dieses wird euch dabei unterstützen, euren Teil zur Entwicklung eurer selbst sowie der Gesellschaft beizutragen. Sich zum Handeln zu verpflichten, ist das, was es deinem Herzen erlaubt, endlich »Ja« zu deinem Lebenssinn zu sagen. Es ist auch der Klebstoff, der dich an deine Teamkameraden und an die Erfüllung eures gemeinsamen Schicksals bindet.

Wenn die entscheidenden Elemente der Co-Creation gemeinsam praktiziert werden, bieten sie ein Modell dafür, soziales Handeln umzusetzen.

Gewöhnlich ist die Arbeit spiritueller Gruppen nach innen gerichtet, während Aktivisten sich um die sozialen Probleme der Welt bemühen. Diese Erschließung sozialen Handelns von innen heraus, bringt sie zusammen und ist entscheidend für die friedliche persönliche und planetarische Transformation. Das Bündeln von Essenz und Handlung definiert die einzigartige Kraft der Co-Creation.

Die dominierende Kultur, die momentan die natürliche Synergie verhindert, indem sie soziale Strukturen nutzt, welche die Trennung betonen, eine Rangordnung kreieren und Empathie und Kreativität unterdrücken, weicht allmählich dem neuen Modell der Co-Creation: Selbstführung durch Einstimmung auf das universelle Muster innerhalb jeder Person und durch Ausrichtung auf andere und die natürliche Welt.

Geführte Meditation: Ausrichtung auf das gemeinsame Ziel

Der Zweck dieser Meditation besteht darin, es dir zu ermöglichen, zu erleben, wie es sich wohl anfühlt, dein Ziel und deine Genialität mit den Zielen und der Genialität deiner idealen co-kreativen Partner zu verbinden. Der Facilitator liest dies langsam laut vor und legt zwischen den Sätzen Pausen ein.

Schließe die Augen, atme ein paarmal tief ein und aus und lade deinen Körper ein, sich zu entspannen ... Spüre, wie sich dein Herz mehr und mehr öffnet.

(Pause)

Rufe ein Gefühl der Dankbarkeit hervor für die Umstände deines Lebens und die Gaben des inneren Friedens und der kreativen Ausdruckskraft ... Spüre, wie sich deine Energie ausdehnt und mit den Energien aller anderen Personen in diesem Kreis und dem Leben überhaupt verschmilzt.

(Einminütige Pause)

Stell dir jetzt vor, du befändest dich in der Natur, vor einem Teich ... Er ist tief und klar ... Wenn du dir einen Moment Zeit nimmst, um die Anblicke, die Gerüche und die Laute, die den hübschen Teich umgeben, zu genießen, dann setze all deine Sinne ein.

(Pause)

Wenn du dich auf die Oberfläche des Teichs fokussierst, nehmen gewisse Formen langsam Gestalt an ... Zuerst siehst du Kanadagänse im Flug – in einer vollendeten V-Formation ... Beachte, wie vollkommen sie aufeinander ausgerichtet sind ... mühelos über dem Wasser dahinschweben ...

(Einminütige Pause)

Visualisiere jetzt einen Bienenschwarm ... Bemerke, wie die Bienen als Team funktionieren, wie sie Blütenstaub sammeln und gemeinsam Honig herstellen.

(Einminütige Pause)

Nimm als Nächstes eine hinreißende rote Rose wahr .... jedes Blütenblatt umarmt die umliegenden Blütenblätter ... jedes Blütenblatt trägt mit seiner Schönheit zur Vollkommenheit und Großartigkeit des Ganzen bei.

(Einminütige Pause)

Erlaube dir, die natürliche Ordnung, die Harmonie und die Einheit, die um dich herum existieren, zu würdigen.

(Pause)

Blicke im Geiste erneut in das Wasser des Teichs ... Stell dir in der Tiefe des Wassers Menschen auf der ganzen Welt vor, die mit der Natur und miteinander kooperieren ... Spüre, wie du so gut wie möglich, deine einzigartigen Gaben und Talente auf deine idealen Teampartner ausrichtest, mit anderen in völliger Harmonie cokreierst ... Wie fühlt sich das an?

(Einminütige Pause)

Fokussiere deine Aufmerksamkeit auf alle Personen, die im Augenblick in diesem Kreis versammelt sind, und erkenne ihr Licht, ihre Liebe und ihre einzigartigen Gaben an ... Beobachte, wie dein Licht mit ihrem verschmilzt und eine große leuchtende Lichtkugel bildet.

(Einminütige Pause)

Dehne jetzt dieses Licht aus, und stell dir vor, dass alle Mitglieder der menschlichen Familie ihr volles Potenzial ausschöpfen ... Stell dir die Gesellschaft als einen koordinierten Körper vor ... bei dem sich jede Funktion als ein Teil des Ganzen entwickelt.

(Einminütige Pause)

Nimm jetzt langsam wieder deine Umgebung wahr ... Spüre deine Präsenz in diesem Raum ... Bewege langsam Hände und Füße ... Wenn du bereit bist, öffne die Augen und nimm die Schönheit jeder Person in diesem Kreis in dich auf.

Wenn du zu Beginn dieses Meetings ein »Check-in« durchführst, teile die Erfahrung dieser Meditation mit den anderen Mitgliedern deiner Gruppe.

Essenzielle Elemente einer co-kreativen Kerngruppe

Ein co-kreatives Team sorgt für Ausgewogenheit, Kohärenz und Ganzheit. Die Gruppe kann aus zwei Personen oder aus zwölf oder mehr bestehen. Doch um Co-Creation zu schaffen, müssen mindestens ein Teammitglied oder mehrere fähig sein, die Vision und die Resonanz aufrechtzuerhalten, Systeme und Strukturen aufzubauen und die erforderliche Aktion auszuführen.

Die Vision ist die spirituelle Komponente des Projekts oder der Aktivität; die Resonanz stellt den emotionalen Bestandteil dar; die Systeme und die Strukturen sind Ausdruck von Scharfsinnigkeit; die Durchführung stellt den physischen Aspekt eines Projekts dar.

Wenn irgendwelche dieser Elemente fehlen, wird es dem Team nicht gelingen, Co-Creation zu schaffen. Ein Team mag wohl fähig sein, sein Projekt oder sein Programm zu Ende zu führen, doch der hierzu erforderliche Prozess wird nicht co-kreativ gewesen sein und sein größeres Potenzial nicht erreicht haben.

Es ist wichtig, daran zu denken, wenn du deine idealen Teampartner anlockst. Bevor ein Mitglied sich zur Zusammenarbeit bereit erklärt, kann es sich folgende Fragen stellen:

»Welche sind meine persönlichen Stärken?«

»Bin ich ein Visionär?«

»Besitze ich die Fähigkeit, Systeme aufzubauen, um effektives Handeln zu unterstützen?«

»Ströme ich ganz natürlich Liebe und Empathie aus?«

»Bin ich das, was Eckhart Tolle als *Frequenzhalter* bezeichnet?«

»Bereitet es mir Genugtuung, Projekte abzuschließen und Ergebnisse zu erbringen?«

Teilt eure Erkenntnisse miteinander. Nachdem ihr diese Beschlüsse gefasst habt, vergewissert euch, dass alle vier Fähigkeiten in deiner Gruppe präsent sind, selbst wenn nur zwei von euch in eurem Team sind. Wenn eine dieser Fähigkeiten in deiner Gruppe fehlt, werde proaktiv, um mindestens eine zusätzliche Resonanzperson, die die fehlende Funktion verkörpert, zu gewinnen und zu verpflichten.

Definition des gemeinsamen Ziels

Diskutiert die folgenden Ideen und Prinzipien. Wenn du möchtest, co-kreiere alle möglichen anderen Prinzipien, die dein Verständnis und deine Erfahrung der bewussten Zusammenarbeit mit anderen widerspiegelt.

- Ein gemeinsames Ziel wird niemals hergestellt oder künstlich angeordnet; es entsteht eher aus dem Lebenssinn und den kollektiven Visionen der Mitglieder. Bemerkt einfach, was für jeden von euch real ist. Stellt euch die Frage: »Womit fühle ich mich im Einklang auf der Ebene meiner Seele?« »Was ist lohnenswert?« »Welches Projekt oder soziale Thema hat wirklich einen Wert für mich?«
- Damit die Mitglieder ein Ziel unterstützen, muss das Ziel sie unterstützen. Um Interesse und Engagement aufrechtzuerhalten, muss das gemeinsame Ziel für jedes Gruppenmitglied mit persönlichen Belohnungen verbunden sein: neue Menschen kennenlernen, persönliches Wachstum, Selbstverwirklichung, Zufriedenheit durch Mitwirken, Erwerb neuer Fertigkeiten, Kompensation usw.
- Vergewissere dich, dass das gemeinsame Projekt oder der Gruppenfokus die Kreativität ALLER Mitglieder weckt. Jede Person muss authentisch zu ihrem Seelensinn stehen.
- Der Wert von Partnerschaft und Teamwork ohne Konkurrenz muss verstanden werden. Die Gaben aller Mitglieder sind nötig, um das gemeinsame Schicksal zu erfüllen.

- Manifestation erfolgt durch Kräfte, die völlig aufeinander ausgerichtet und integriert sind. Deshalb muss der Gruppenfokus nachhaltig sein, es muss Resonanz herrschen und die Vision muss von allen unterstützt werden.
- Ein gemeinsames Ziel ist eine ernsthafte Verpflichtung zu handeln und erfordert die Loyalität eines jeden Gruppenmitglieds, seine Vereinbarungen in Bezug auf das Projekt oder die Vision zu erfüllen. Die Co-Creation beinhaltet die moralische Forderung, sich um das Projekt zu kümmern und es zu fördern. Ein Versprechen zu geben, Projekte mit Menschen abzuwickeln, und dieses dann nicht einzuhalten, funktioniert nicht. Dies kann das Vertrauen in eine Gruppe zerstören und euer gemeinsames Projekt sabotieren.
- Bedenke, dass der Prozess, ein gemeinsames Ziel zu kreieren, ein Transformationsziel an sich sein kann. Es ist nicht nötig, ein angestrebtes Ergebnis zu erzwingen. Folge deiner Führung und lass zu, dass das Projekt sich organisch entfaltet.

Tipps für die Verwirklichung des gemeinsamen Ziels

Lies folgende Tipps durch. Diskutiere dann darüber und modifiziere sie so, dass sie dein Wissen und deine Erfahrung widerspiegeln. Vieles von dem, was hier präsentiert wird, ist eine Rekapitulation der Arbeit, die du bereits in deinem Kreis verrichtet hast. Bei deiner nächsten Übung, dem Kreieren deines Erfolg-Statements, wirst du diese Prinzipien umsetzen.

- Wenn die Gruppe die Kraft der Synergie nutzt, gewinnt sie Zugang zu innerem Wissen und wandelt die Lebensbestimmung jedes Mitglieds und das gemeinsame Ziel der Gruppe in einen kollektiven Aktionsplan um.
- Jede Person verfolgt den Plan oder das Projekt bis zur Quelle zurück, fördert ihn aus der Tiefe seines co-kreativen Wesens zutage. Die Menschen springen nicht einem Key-Leader bei, sondern realisieren ihre einmaligen Ziele gemeinsam. Partnerschaft und Kooperation dominieren und es wird das allumfassende Gruppen-Empowerment angestrebt.
- Jedes Mitglied übernimmt die volle Verantwortung für seinen Teil sowie für das Ganze. Es ist wichtig, die Eigenständigkeit der Gruppenmitglieder zu erkennen, statt von abhängigen, unabhängigen oder befähigenden Verhaltensweisen aus zu handeln.

- Jeder lebt entsprechend seiner Versprechungen, tut diese deutlich kund und hält sich an seine Vereinbarungen. Wenn du dein Wort brichst oder einen Fehler begehst, korrigierst du dich selbst. Wenn eine andere Person einen Fehler macht, bietest du behutsam Feedback an, voller Einsicht und ohne Verurteilung. Positives und negatives Feedback erfolgen mühelos, wobei niemand davor sicher ist, die Wahrheit zu erfahren. Selbstführung entwickelt sich ganz natürlich innerhalb einer reifen Gruppe.
- Die Autorität des Wissens herrscht vor. Die »Weisheit der Autorität« bedeutet, dass derjenige, der am erfahrensten ist, durch die Aktivität führt, wenn sein Wissen von wesentlicher Bedeutung ist. Dies erfordert das Vertrauen der Gruppe und Empowerment. In Situationen, in denen keine besondere Autorität erforderlich ist, dominiert kollektive Führung.
- Ausrichtung ersetzt Reglementierung. Wenn alle in ihrer Mitte sind und ihren Seelensinn verwirklichen, richten sie sich ganz selbstverständlich auf andere aus, die dasselbe tun. Die Ausrichtung wird erlebt als tiefe, spontane Vereinbarung, Verstärkung, Vertrauen, Ermutigung und Liebe. Dies löst Freude aus und wandelt den Arbeitsplatz von einer Arena der Anstrengung in eine Oase der Kreativität und Kooperation um.
- Die natürliche Führung wird jenen überlassen, die intuitiv wissen, wie man andere zum Wohle des Ganzen ermächtigt. Menschen, die natürliche synergistische Führungspersonen sind, ist es in manipulativen oder auf Wettbewerb beruhenden Umgebungen vielleicht nicht gelungen, erfolgreich zu sein. Jede Gruppe sollte auf jene achten, die die Gabe besitzen, sich zu fokussieren, andere zu unterstützen und das Beste aus ihnen herauszuholen.
- Jeder strebt nach Win-Win-Lösungen. Wenn jemand verloren hat, kann es sich nicht um einen richtigen Gewinn handeln. In

co-kreativen Kerngruppen ist jedes Mitglied von den Erfahrungen der anderen berührt. Die Gruppe funktioniert als Einheit.

- Durch ein gemeinsames Ziel wird jede Rivalität in Gemeinschaft umgewandelt. Alle Funktionen sind gleich wichtig, um die Gruppenvision vollständig zu manifestieren.
- Sobald die Gruppe damit begonnen hat, zu agieren, benötigt sie Ordnungssinn. Es erweist sich als hilfreich, einen Koordinator oder Koordinatoren auszuwählen, um den Fokus aufrecht zu erhalten, Ergebnisse zu verfolgen und zwischen den Gruppenmitgliedern als Verbindungsglied zu dienen. Dieses Management wird geleitet durch das angestrebte Gesamtziel, ist jedoch mit der Autorität ausgestattet, bei Bedarf Teilbereiche zu leiten
- Kommunikation ist wichtig, um ein Resonanzfeld des Vertrauens und der Kooperation aufrecht zu halten. Es ist wichtig, dass die Mitglieder der Gruppe über jeglichen Fortschritt sowie über Rückschläge informiert werden. Re-kreiere, wenn erforderlich, Resonanz und Ausrichtung.
- Vertreibe jegliche Ängste, Widerstände und beschränkende Vorstellungen, die euer Ziel möglicherweise vereiteln und eure Ergebnisse sabotieren
- Die Gruppenmitglieder sind verpflichtet, alle Kreise der Co-Creation zu üben, während sie sich mit ihrer Aufgabe in der Welt beschäftigen – insbesondere die Übungen zu Resonanz, inspirierten Einsichten und Klärung. In einer co-kreativen Kultur verschmelzen der Prozess und die Endergebnisse. Wenn wir diese Veränderung selbst gestalten, verändern wir in der Tat die Welt.

Co-kreiere dein Erfolgs-Statement

In einem funktionsfähigen Team sind die Teilnehmer mit Energie und Empowerment erfüllt. Es setzt sich aus den richtigen Menschen am richtigen Platz zusammen, die zur rechten Zeit das tun, was ihnen Freude bereitet, und die ihre einzigartige Bestimmung erfüllen.

Die richtigen Personen für ein Team sind diejenigen, die auf das Ziel ausgerichtet sind, eine natürliche Affinität füreinander haben, den Intentionen, der Integrität und der Kompetenz der anderen vertrauen, die erforderlichen Fertigkeiten besitzen, teilnehmen wollen und bereit sind, zu agieren. Mit anderen Worten: Sie sind fähig, die Vision zu sehen, sind sich im Klaren über die Mission, interessieren sich leidenschaftlich für das Projekt und fühlen sich verpflichtet, die angestrebten Ergebnisse zu erzielen. Wenn Menschen das tun, was ihnen Freude bereitet, sind sie begeistert und inspiriert und in der Lage, mühelos bemerkenswerte Ergebnisse zu erzielen.

Ob man ein einmaliges Gemeinschaftsprojekt ins Auge fasst, die aktuelle Arbeitsplatzsituation verbessern möchte oder ein neues Unternehmen ins Leben ruft – man wird die gemeinsame Vision, Mission und Aktion identifizieren müssen, um das Anliegen zu erreichen. Diese Komponenten oder Schritte beinhalten ein sogenanntes Erfolgs-Statement und gehören zu den wesentlichen Übungen, die in diesem Kapitel beschrieben werden. Wenn ein

Team bereit ist, bewusst diesen Prozess gemeinsam zu durchlaufen, hast du das Fundament für ein erfolgreiches Programm oder Unternehmen gelegt.

Achte darauf, dass genügend Zeit zur Verfügung steht. Es kann sein, dass du, abhängig von der Komplexität deines Projekts, mehrere halbtägige Meetings oder Ganztags-Sitzungen benötigst, um mit deinen voraussichtlichen Co-Creatoren alle in diesem Kapitel aufgeführten Prozesse zu vollenden. Überstürze diese Schritte nicht. Bevor du beginnst, achte darauf, dass du Materialien hast, um deine Einsichten und das Vorgehen zu erfassen. Vielleicht willst du die Sitzungen auf Band aufnehmen, um sie später zu transkribieren, oder du beauftragst jemanden, alles mitzuschreiben. Du wirst möglicherweise den Wunsch verspüren, deinen eigenen Computer nutzen zu können oder Tagebuch und Stift zur Hand zu haben, um persönliche Einsichten niederzuschreiben. Benutze einen Computer, ein Flipchart oder große Blätter Papier und Markierstifte, um Ideen aufzuschreiben, die du mit der Gruppe teilst. *Lies den kompletten Vorgang durch, bevor du deine Meetings planst, und wähle das passende Meeting-Format für deine Situation.*

In dieser Phase sind Klarheit und Ehrlichkeit wichtig. Ein Erfolgs-Statement soll sich aus dem Lebenssinn und den kollektiven Visionen eines *jeden* Mitglieds deiner Gruppe entwickeln.

Schritt 1. Definition deiner Vision

Eine Vision ist die Manifestation von GEIST auf der materiellen Ebene. Es ist die umfassende, idealistische Wahrnehmung dessen, was sich nach menschlicher Erfahrung kreieren lässt. Es ist eine leidenschaftliche Manifestation deines Traums. Ein echtes Visions-Statement inspiriert und erbaut; es berührt dein Herz und erweitert dein Bewusstsein.

DER PROZESS

- Bevor ihr beginnt, sorgt dafür, dass ihr Zugang zu eurem Computer oder einen Stift und Papier zur Hand habt.
- Zentriert euch, indem ihr euch ein paar Augenblicke der Stille gönnt. Spürt eure Verbindung untereinander, fühlt euch wie ein Körper in tiefer Resonanz.
- Wenn ihr euch miteinander in Einklang fühlt, stellt der Facilitator folgende Fragen: »Welche Vision hast du für dich selbst und welche für diese Gruppe?«
- Verweile ein paar Minuten in Stille, lausche deiner inneren Stimme und achte auf jegliche Bilder, die vor dir auftauchen. »Greif nach den Sternen« und ändere oder beschränke das, was vor dir auftaucht, in keiner Weise.
- Wenn du Einsichten gewinnst oder Bilder siehst, schreib sie nieder und beginne deine Eintragungen mit den Worten:

  Meine Vision für mich ist ...

  Meine Vision für diese Gruppe ist ...
- Wenn ihr alle diesen Prozess abgeschlossen habt, tauscht euch über eure Vision aus.
- Wenn du es vorziehst, kannst du einen inspirierten Einsichten-Prozess nutzen, um die Vision der Gruppe zu entdecken. In diesem Fall würdest du, wenn der Facilitator fragt: »Welche Vision hast du für diese Gruppe?«, laut antworten, da du das Verlangen verspürst, zu reagieren. Denk daran, diesen Prozess aufzuzeichnen oder lass ein Gruppenmitglied die Einsichten schriftlich festhalten.
- Ungeachtet der Methode, die du benutzt hast, um Zugang zu deiner Gruppen-Vision zu erhalten, stell dir die Frage: »Fühle ich durch diese Worte eine Bewusstseinserweiterung?« »Berührt diese Vision mein Herz und erbaut meinen Geist?« »Bin ich in voller Resonanz mit diesen Worten und diesem Gefühl?«

- Nachdem ihr euere gemeinsame Vision aufeinander ausgerichtet habt, *kreiert ein kurzes schriftliches Statement, das deutlich deinen Traum von dem, was möglich ist, zum Ausdruck bringt.*

Schritt 2: Kläre deine Mission

Deine Mission definiert sich nach dem, was du im Hinblick auf die Vision erreichen möchtest. Sie beschreibt das Ziel und das Anliegen, das du mit deiner Dienstleistung, deinem Projekt oder deinem Unternehmen anstrebst. Sie aktiviert und richtet das Ziel jeden Mitglieds deiner Gruppe aus und realisiert eure jeweilige Berufung. Häufig können wenige Worte die Essenz deines Projekts oder Unternehmens beschreiben. Der Slogan von FedEx lautet zum Beispiel: »The World on Time«, »Weltweit rechtzeitig liefern.« So wie dein Visions-Statement die spirituelle Komponente deines Plans ausmacht, ist dein Missions-Statement die mentale Komponente. *Der Grundsatz ist Klarheit.* Versuche, dein Missions-Statement knapp und aussagekräftig zu halten.

Deine Ziele und dein detaillierter Aktionsplan leiten sich von deiner Mission ab. Ein Missions-Statement kombiniert rationales Denken und intuitives Wissen und bietet fokussierte, spezifische und klare Information darüber, wie du deine Vision erreichen wirst. Es deutet daraufhin, warum dein Projekt oder dein Unternehmen besteht.

DER PROZESS

Lest vor Beginn die Anweisungen durch.

- Vergewissert euch, dass ihr in eurer Mitte seid, friedlich und entspannt, indem ihr euch ein paar Minuten Zeit gönnt, um euch aufeinander einzustimmen und miteinander zu verbinden. Vielleicht lauscht ihr schöner Musik, kreiert eine geführte

Visualisierung oder verbringt gemeinsam ein paar Minuten in Schweigen.

- Der Facilitator bittet euch, die Augen zu schließen und stellt nachfolgende Fragen. Lasst euch Zeit, jede einzelne zu beantworten und eure Antworten aufzuzeichnen:

  Worin besteht unsere Mission?

  Welches Projekt spricht uns als Gruppe an?

  Warum ist es wichtig?

  Welcher Zusammenhang besteht zwischen unserer Gruppenmission und eurer persönlichen Leidenschaft, euren Gaben und eurem Lebenssinn?

- Der Facilitator sagt jetzt: *Erlaubt allen Fragen, die ihr zur Gruppenmission habt, aufzutauchen. Stellt diese Fragen laut, wenn sie an die Oberfläche treten. Antwortet verbal von einem Ort tiefer Zentrierung auf die Fragen der anderen.*
- Wenn jeder die Gelegenheit gehabt hat, sich zu äußern, lädt der Facilitator die Gruppe ein, sanft die Augen zu öffnen und den anderen mitzuteilen, was sie bei diesem Prozess erlebt haben.

Schritt 3: Entwickle dein Missions-Statement weiter

DER PROZESS

- Euer nächster Schritt besteht darin, euer Missions-Statement *weiterzuentwickeln* und euch auf die genauen Worte auszurichten, die die Essenz eurer gemeinsamen Arbeit widerspiegeln. Einer von euch kann als Schriftführer fungieren und all die vorgeschlagenen Missions-Statements auf ein Flipchart oder auf große Papierbogen schreiben. Co-kreiert von all den vorgeschlagenen Sätzen das eine Statement, das am präzisesten euer gemeinsames Ziel wiedergibt. Es ist wichtig, dass jedes Mitglied eurer Kerngruppe sich im Einklang mit dem Statement fühlt.

- Es ist nicht die Zeit für Kompromisse! Überzeugt euch davon, dass euer schriftliches Statement deutlich euer gemeinsames Ziel zum Ausdruck bringt. Jedes Nomen sollte für jeden von euch bedeutungsvoll sein! Denkt daran: Die Vision inspiriert und die Mission informiert. Eure individuelle und gemeinsame Leidenschaft bringt die Mission und die Vision vorwärts.
- Wenn ihr diesen Teil eures Erfolgs-Statements abgeschlossen habt, denkt über diese Fragen nach: Gefällt euch diese Aussage? Gibt euch euer Visions-Statement Auftrieb? Ist euer Missions-Statement eindeutig und informativ? Wenn ihr eine Website einrichten wollt, werden eure Visions- und Missions-Statements auf dieser Seite für alle sichtbar erscheinen.
- Wenn ihr das nächste Mal zusammenkommt, führt einen Zentrierungsprozess durch und lest euer Statement als Möglichkeit, eure Gruppe auszurichten, laut vor. Lasst die Essenz der Worte tief in eure Herzen und Köpfe fließen. Teilt eure Leidenschaft und jegliche Einsichten, die ihr darüber gewinnt, miteinander und nehmt Änderungen vor, wenn ihr alle einverstanden seid. Beginnt eure künftigen Meetings mit diesem Prozess. Ihr werdet euer Erfolgs-Statement während der nächsten Sitzung zu Ende führen, wenn ihr eure Aktionen klärt.

Der Weg zum ausgerichteten Handeln

Schritt 4. Identifizierung jener Aktionen, mit deren Hilfe ihr eure Mission erfüllt

An diesem Punkt haben die meisten von euch vermutlich bereits die eine oder andere Vorstellung und Strategie, wie sich eure Mission realisieren lässt. Nutzt diese Ideen, um eine kreative »Heartstorming« Sitzung anzustoßen. Heartstorming – Einstimmung auf die Intelligenz deines Herzens – erlaubt euch zusätzlich zum Brainstorming, wertvolle Ideen freizusetzen, die vom Verstand möglicherweise als wertlos, ineffizient, unmöglich oder extravagant beurteilt werden. Letztlich sollte euer Plan handlungsorientiert sein und spezielle Aufgaben und »Fälligkeitsdaten« miteinschließen. Er wird auch herausfiltern, wer für die Ausführung der unterschiedlichen Funktionen verantwortlich ist.

Eure Handlungsschritte sind die physische Komponente eures Plans, und eure Leidenschaft ist der emotionale Faktor, der euch zur erfolgreichen Erfüllung eures Projekts treiben wird.

Für diesen Prozess benötigt ihr mehr als zwei Personen. Wenn eure Gruppe klein ist, bittet Freunde oder Kollegen, die Interesse an eurem Projekt haben, sich euch anzuschließen. Manchmal ist es wertvoll, jemanden, der in Resonanz ist, aber nicht vertraut mit dem, was ihr tut, darum zu bitten, an eurer Heartstorming-Sitzung teilzunehmen. Es kann sein, dass er interessante Perspektiven anbietet, die ihr vielleicht nicht erwogen habt.

Bereitet euch auf die Sitzung vor, indem ihr einen Computer, ein Flipchart oder große Papierbogen sowie Marker bereithaltet. Lasst einen Schriftführer all eure Ideen aufschreiben. Vielleicht wollt ihr die Sitzung auch auf Band aufnehmen, damit ihr euch später darauf beziehen könnt. Dies ist die Zeit für kreative Manifestationen und nicht für Diskussion oder Analyse.

DER PROZESS

- Beginnt mit einem Zentrierungsprozess oder einer Visualisierung.
- Der Facilitator stellt nachfolgende Fragen und legt zwischen jeder eine Pause ein, damit Einsichten an die Oberfläche treten können.

  Welche vielfältigen Möglichkeiten gibt es, um unsere Mission zu erfüllen?

  Welche Ideen haben wir in Bezug auf unsere möglichen Aktionen?

  Welche Strategien sind am geeignetsten?
- Teilt einander in ruhiger, zentrierter Verfassung eure inspirierten Einsichten mit, sobald sie auftauchen.
- Lasst die Ideen fließen. Der Schriftführer hält alle Ideen schriftlich fest, damit jeder sie lesen kann. Das Tempo kann schnell sein – die Ideen sprudeln nur so hervor.
- Wenn keine Ideen mehr fließen, wisst ihr, dass die Sitzung zu Ende ist. Dies kann ein guter Zeitpunkt für eine Pause sein. Falls ihr eine solche einlegt, zentriert euch erneut, sobald ihr euch wieder versammelt. Dann setzt den Prozess fort.
- Betrachtet eure Liste möglicher Aktionen und Strategien.

- Stellt eine Liste der wichtigsten Kriterien für die gemeinsamen Handlungen auf, die ihr durchführen wollt. Beispiele für Kriterien sind: kann vermutlich in einem vernünftigen Zeitrahmen abgewickelt werden; bringt große Freude; mit den geringsten Anstrengungen zu den besten Ergebnissen; dient der größten Zielgruppe (Kunden und/oder Auftraggeber); ist von höchstem Wert; besitzt das größte Potenzial, um Einnahmen zu erwirtschaften; dieses Team verfügt über die erforderliche Erfahrung.
- Denkt daran, euch auf das Feld kollektiver Intelligenz einzustimmen und eure rationale Analyse mit eurem intuitiven Wissen auszubalancieren.
- Betrachtet sowohl die Aktionsideen und Strategien als auch die wichtigsten Kriterien für Aktionslisten. Schreibt dann an den Rand jedes Kriteriums auf der Liste die Zahl der Aktionsideen, die eurer Meinung nach am besten das Kriterium erfüllen.
- Diskutiert eure Antworten. Identifiziert die Ideen, die am besten euren Kriterien für eine erfolgreiche gemeinsame Aktion entsprechen. Stellt folgende Frage: *Kann diese Aktionsidee unsere Mission erfüllen und ist sie auf unsere Werte und unsere Vision ausgerichtet?*

Wenn ihr diese Runde beendet habt, stellt für jeden Aktionspunkt folgende Frage: *Welches Hindernis/welche Hindernisse könnten uns daran hindern, diese Aktion auszuführen?*

Stellt sicher, dass der Schriftführer alle vermeintlichen Hindernisse oder Herausforderungen notiert. Besprecht dann, wie ihr diese Hindernisse überwinden könntet. Legt wieder eine Pause ein, um die Ergebnisse dieses Prozesses zu reflektieren. Richtet euch bei eurem nächsten Meeting oder nach einer Pause auf eure Top-Aktionen aus.

Anmerkung: Neben dem Heartstorming gibt es viele Methoden, um kreative Ideen an den Tag zu bringen. Eine davon ist das »Mind-Mapping«, bei dem Ideen, die von der Gruppe kreiert wurden, mit anderen Ideen verknüpft werden. Es ist Software verfügbar, die diesen nichtlinearen Prozess unterstützt.

Verfasst schließlich ein Statement, das eure gewählten Aktionen ganz genau reflektiert. Prüft für jeden Punkt die Kosten und den Zeitrahmen. Geht genauso vor wie beim Notieren eures Missions-Statements. Ein Aktions-Statement ist konkret und klar. Es spiegelt die spezifischen Schritte wider, die ihr unternehmen werdet, um eure Mission zu erfüllen.

Lest schließlich euer gesamtes Erfolgs-Statement: Vision, Mission und Aktion und feiert eure Ausrichtung. Würdigt die Leidenschaft, die Passion, die ihr dafür empfindet. Ihr habt gerade einen Prozess abgeschlossen, der eine stabile Grundlage für den Erfolg eures Projekts oder Unternehmens bedeuten kann.

Zeremonie: Ausrichten auf ein gemeinsames Ziel

Nachdem ihr euer Erfolgs-Statement kreiert habt, würdigt diesen Erfolg, indem ihr euch durch eine Zeremonie auf euer gemeinsames Ziel ausrichtet.

Stellt euch in einem Kreis auf. Eine Person tritt in die Mitte des Kreises und bringt deutlich ihren Lebenssinn zum Ausdruck. Dann teilt sie mit, was zu diesem Zeitpunkt am meisten benötigt wird, um ihren Sinn zu erfüllen (Menschen, Ressourcen, Gebete, logistische Hilfe usw.). Eine weitere Person, die das Gefühl hat, Unterstützung geben zu können, tritt ebenfalls in den Kreis und ergreift die Hand der anderen Person. Dann gibt sie ein Statement über ihren Lebenssinn ab und bietet ihre spezielle Hilfe an. Der Prozess geht weiter, wenn jede Person, eine nach der anderen, die anderen bei der Hand fasst, ihr einmaliges Ziel zum Ausdruck bringt und Hilfe anbietet.

Nachdem jede Person in den Kreis getreten ist, gönnt euch ein paar Augenblicke, um das Gespinst von Verbindungen zu betrachten, die ganz natürlich entstehen, wenn ihr eure einmaligen Gaben in den Dienst des Ganzen stellt. Nehmt wieder Platz und tauscht alle zusätzlichen Einsichten miteinander aus. Erkennt die Verbindungen und das Empowerment an, das erfolgt, wenn der selbst organisierende Prozess eure Bedürfnisse unterstützt, eure Gruppe in Kohärenz bringt und euer gemeinsames Ziel betont.

Überprüft die »Vereinbarungen für Co-Creatoren«

Wenn eure Gruppe es in letzter Zeit versäumt hat, die »Vereinbarungen für Co-Creatoren« zu überprüfen, holt dies jetzt nach. Wollt ihr im Augenblick irgendwelche Änderungen vornehmen? Diese Richtlinien spiegeln eure Werte wider und sind von zentraler Bedeutung für die Aktionen, die ihr durchführen werdet, um euer gemeinsames Schicksal zu erfüllen.

Erkennt eure Verpflichtung an

Wenn ihr euch über euer gemeinsames Ziel und eure Absicht einig und mit den Funktionen zufrieden seid, die jeder von euch bei den gemeinsamen Aktionen übernehmen wird, steht ihr *automatisch* in der Pflicht. Stellt also einfach fest, ob ihr wirklich engagiert seid, statt es als Notwendigkeit zu empfinden, eine Verpflichtung »einzugehen«. Euer Engagement gegenüber dem Team und euer Aktionsplan sind verbindlich, solange das Team weiterhin an der Verwirklichung eures gemeinsamen Ziels und eurer persönlichen Bestimmung arbeitet.

»Anziehung« heißt das Zauberwort und ist der Schlüssel. Stellt fest, ob ihr Leidenschaft für die Mission empfindet und in Resonanz mit euren co-kreativen Partnern seid. Wenn ihr nicht völlig engagiert seid, klärt, was für euch nicht stimmig ist. Wenn ihr zu diesem Zeitpunkt eine Verpflichtung eingeht, wird dies lediglich das überschatten, was angesprochen werden sollte, damit ihr euch wirklich engagieren könnt.

Sofern ihr es wünscht, könnte dies ein guter Zeitpunkt sein, eure Verpflichtung gegenüber der Erfüllung eures gemeinsamen Ziels zu zelebrieren, siehe die Verpflichtungs/Commitment-Zeremonie in Kreis 5 (siehe Seite 204).

Bis man sich verpflichtet hat, zögert man, hat die Chance,
sich zurückzuziehen, was immer ineffektiv ist.
Für jede Art der Initiative (und der Schöpfung) gibt es nur eine
grundlegende Wahrheit. Wird sie ignoriert, werden unzählige
Ideen und großartigen Pläne zunichte gemacht:
In dem Augenblick, in dem man sich definitiv verpflichtet,
gerät auch die Vorsehung in Bewegung.

Alle möglichen Dinge geschehen, um einem zu helfen,
die ansonsten nicht geschehen wären.
Eine regelrechte Flut von Ereignissen sowie unvorhergesehene
Vorfälle, Meetings und materielle Unterstützung folgen dieser
Entscheidung, wie man sie sich nicht hätte erträumen können.

Ich habe großen Respekt vor einem von Goethes Versen:
»Was immer du tun kannst oder wovon du träumst –
fang damit an. Mut hat Genie, Kraft und Zauber in sich.«

W. N. MURRAY

Vertiefende Übung

Führe die folgende Übung alleine durch.

Überprüfe dein Erfolgs-Statement

Sobald deine Gruppe ihr Erfolgs-Statement beendet hat, nimm dir die Zeit, über jedes Element nachzudenken. Fühlst du dich zutiefst auf die Vision und die Mission ausgerichtet? Bist du in Resonanz mit den Handlungsschritten? Ahnst du, wie dieses Projekt dich ermächtigt und in Harmonie mit deiner einzigartigen Bestimmung steht? Welches Gefühl hinterlässt dieses Erfolgs-Statement in deinem Körper? Gibt es Änderungen, die du vornehmen würdest?

Trage jegliche Einsichten in dein Tagebuch ein und teile sie beim nächsten Meeting mit deinem Team. Seid bereit, Änderungen an eurem Erfolgs-Statement vorzunehmen, sofern sich seit eurem letzten Treffen Änderungen ergeben haben. Genauso wie ihr euch als Team entwickelt, entwickelt sich euer Statement.

KREIS 8
Einstimmung auf den Schöpfungs-Entwurf

*Es gibt eine neue Art des Agierens und es geht nicht wirklich
darum, diese oder jene Entscheidung zu treffen,
die richtige oder die falsche Entscheidung.
Es gleicht mehr dem Navigieren eines Flows.
Du spürst, wo Ereignisse in Bewegung geraten, und du spürst,
was zu tun das Richtige ist.
Es ist wie ein Fluss, der weiß, wie er sich um einen Felsen
schlängeln muss – zur Linken oder zur Rechten.
Es ist ein intuitives und angeborenes Gefühl des Wissens.*

ADYASHANTI

*Wir müssen Neuland betreten und mit unserem ganzen Sein,
unserem ganzen Verstand und Geist
in ein ganz anderes Paradigma und Wahrnehmungserleben
eintauchen.
Wir müssen die Fertigkeit entwickeln,
bewusst unsere Wahrnehmung und unser Denken zu ändern,
um die Probleme, die ältere Denkweisen verursacht haben,
zu lösen.
Es ist eine evolutionäre Notwendigkeit.*

STEPHEN HARROD BUHNER

Es gibt keine logische Methode der Entdeckung
von Elementargesetzen.
Es gibt lediglich die Intuition, die unterstützt wird von einem
Gefühl für die Ordnung hinter dem äußeren Erscheinungsbild.

ALBERT EINSTEIN

Michelangelo ließ die prachtvollen Figuren, die er in Stein
gehauen sah, frei, er erschuf sie jedoch nicht. So verhält es sich
mit der gesamten Co-Creation – auch mit den Entscheidungen.
Entscheidungen machen sich den universellen Entwurf nutzbar,
um festzustellen, wie die Muster
sich im großen Lebensteppich entfalten.
Man gelangt zu ihnen, indem man sich einstimmt auf das,
»was geschehen will« sowie auf die richtigen Beziehungen.
Sie werden von Liebe geleitet und nicht von Angst.
Somit wird die Entscheidungsfindung zum
»Loslassen der Entscheidung« durch Entdecken
des natürlichen Entwurfs: dem Tao des rechten Handelns.
Wir verbinden uns und ermöglichen, dass sich ein
größeres Verständnis des größeren Bildes entwickelt.
Wir werden eher durch Inspiration als durch Pflicht angetrieben
und entdecken, was in aller Natürlichkeit mühelos
und anmutig geschehen will.
Wenn wir als Kollektiv Zugang zum inhärenten Entwurf erhalten
und diesen gemeinsam entwickeln, werden wir alle ermächtigt.
Echte Selbstführung entsteht, wenn wir uns mit anderen
verbinden und uns auf das universelle Muster einstimmen,
das in jedem von uns ruht. Dieses kommt als unser einmaliges
Ziel zum Ausdruck und wird durch co-kreative
Entscheidungsfindung freigesetzt.

Einstimmung auf den Schöpfungs-Entwurf

Es ist eindeutig, dass die derzeitigen Institutionen nicht mehr länger den Bedürfnissen unserer sich entwickelnden Menschheit gerecht werden. Ein Top-Down-Ansatz funktioniert nicht für einen lebenden Organismus wie ein Team von Menschen. Hierarchische Strukturen ersticken Kreativität und unterdrücken die Seele. Individuen und Gruppen suchen die Freiheit, basierend auf ihrer eigenen Intuition und der Fähigkeit, sich auf eine höhere Ordnung einzustimmen, auf Probleme reagieren zu können. Wenn wir uns entwickeln, stabilisieren wir uns als unser essenzielles SELBST und lernen, uns zum Wohle aller zu regieren.

Unsere innere Führung leitet uns an, Gesamtsysteme und neue Strukturen hervorzubringen, die unsere Werte zum Ausdruck bringen und die Erfüllung unseres individuellen und gemeinsamen Schicksals fördern. Wenn wir neue Möglichkeiten erforschen und innovative Regierungsformen kreieren, die unseren Grundcharakter als integralen Ausdruck des universellen Schöpfungsmusters reflektieren, erkennen wir das selbstorganisierende Naturprinzip an.

In diesem Kreis erforschen wir, was es bedeutet, aus der Perspektive eines Ganzheitssytems zu agieren und Selbstführung zu üben. Wenn wir uns auf den Schöpfungs-Entwurf einstimmen, sehnen wir uns selbstverständlich danach, optimale Entscheidungen zu treffen, die unsere Verbundenheit mit allem Leben würdigen. Wir entwickeln uns über das lineare Denken, die Mehrheitsregel und die Konsensus-Entscheidungsfindung hinaus und gewöhnen uns an, uns bewusst auf »das Muster, das verbindet« auszurichten, um zu bestimmen, was Augenblick um Augenblick geschehen will. Wir bestätigen, dass das, was uns chaotisch erscheint, Ordnung veranschaulicht – wenn man es aus einer größeren Perspektive betrachtet.

Wenn ein Wandel unseres Bewusstseins vom egozentrischen zum gesamtzentrierten stattfindet, treffen wir Entscheidungen, die sowohl die männlichen als auch die weiblichen Aspekte unseres Seins und unserer Gemeinschaft würdigen. Wir finden die richtige Balance zwischen Struktur und Flow. Wir kommen als gleichgestellte Personen zum Kreis und jede Stimme wird gehört und respektiert. Wir bewegen uns über die Kontrolle und Manipulation hinaus und öffnen uns, um dem zu vertrauen, was ganz selbstverständlich in einem selbstverwalteten Prozess auftauchen möchte. Nachdem wir das Gesamtbild berücksichtigt haben, lassen wir uns durch die Übung inspirierter Einsichten führen.

Wir durchlaufen eine noch nie dagewesene planetarische Transformation, in der es keine Autoritäten gibt, die uns die Antworten geben können. Zu lernen, in diesem Moment evolutionärer Veränderung auf unsere innere Weisheit zu hören, ist genauso wichtig wie Lesen und Schreiben zu lernen. Wir finden die Antworten nicht dort draußen, sondern müssen die inneren Tools entwickeln, um innovative Lösungen für die riesigen Herausforderungen, die sich vor uns auftun, zu finden. Wir »entscheiden« nicht nur, was das rechte Handeln ist, sondern verschmelzen mit der Situation und handeln nach einem natürlichen Impuls. Unser höchstes Ziel besteht darin, dass die Autorität im Inneren vorherrscht und uns durch die Transformation von getrennten Individuen zu vereinten Mitgliedern einer globalen Familie führt.

Geführte Meditation: Einstimmung auf den Schöpfungs-Entwurf

Der Facilitator liest dies laut vor und achtet auf die Pausen zwischen den Sätzen. Vielleicht untermalst du das Ganze mit sanfter Musik im Hintergrund.

Schließe sanft die Augen, atme mehrmals tief ein und aus und lade deinen Körper ein, zu entspannen ... Lass jegliche Gefühle der Anspannung oder des physischen Unbehagens los.

(Pause)

Atme tief in dein Herz und spüre die Präsenz der anderen in diesem Kreis ... Gönne dir einen Moment, um jeder Person, die an dieser Meditation teilnimmt, Liebe zu senden und von ihr zu empfangen.

(Pause)

Sei dir der Erde unter deinen Füßen bewusst ... dieses schönen Planeten, der unsere Heimat ist. Stimm dich auf die Energien der Felsen und Mineralien, der Bäume und Pflanzen, der Tiere und Insekten ein ... auf die Überfülle an Lebensformen, die in einem komplizierten und großartigen Netz aus Energie und Vitalität verbunden sind.

(Pause)

Richte jetzt deine Aufmerksamkeit nach innen ... Denk an eine Zeit zurück, als du dich an einem wichtigen Scheideweg in deinem Leben befandest und eine Entscheidung treffen musstest, die dir niemand abnehmen konnte ... an eine Zeit, als du hin- und hergerissen warst zwischen zwei Wegen ... als du dir nicht sicher warst, welchen Weg du einschlagen solltest ... Nimm dir einen Moment, um allen Bildern oder Gefühlen zu erlauben, aufzutauchen ... Stell fest, wie sich diese Erinnerung in deinem Körper anfühlt.

(Ein- bis zweiminütige Pause)

Ist irgendeine Emotion mit dieser Erinnerung verbunden? ... Wenn ja, welche Emotion ist es? Ging die Entscheidung, die du getroffen hast, von deinem Kopf aus? Oder von deinem Herzen? Oder von deinem Bauch? ... Warst du dir selber gegenüber ehrlich?

(Ein- bis zweiminütige Pause)

Lässt sich hieraus eine Lehre ziehen? ... Enthüllt diese Entscheidung ein Verhaltensmuster? ... Spiegelt sie deine Fähigkeit wider, dich auf das einzustimmen, was im Augenblick geschehen möchte?

(Pause)

Lass jetzt, so gut du kannst, diese Gedanken los und fokussiere dich erneut auf dein strahlendes Herz. Bekräftige, dass die Quelle größten Wissens in dir liegt ... nicht in deinem Kopf, sondern in deinem Herzen ... in deinem Körper. Wisse, dass du durch diese Reise vom Kopf zum Herzen die Antwort auf jedes Problem, das dich quält, erhalten kannst ... Du kannst dich auf das größere Schöpfungs-Muster einstimmen und auf das rechte Handeln in jedem Augenblick.

(Pause)

Lege eine Hand auf dein Herz und verankere dieses Wissen dort ... Bekräftige stillschweigend, dass du ein einzigartiger Ausdruck göttlicher Intelligenz bist ... und dass dir alle Antworten zur Verfügung stehen, wenn du fragst und nach innen schaust.

(Pause)

Stimme dich auf eine Entscheidung ein, die zu diesem Zeitpunkt in deinem Leben präsent ist ... Vielleicht ist es eine einfache oder eine größere Entscheidung, was die mögliche Auswirkung auf dein Leben angeht. Achte weiterhin auf dein Herz und deine Körperweisheit ... Spüre die Wahlmöglichkeiten, die du hast. Fokussiere dich auf eine Möglichkeit und stell dir vor, dass du diese Entscheidung triffst ... Wie fühlt sich das in deinem Körper an? Ist da ein Gefühl von Weiträumigkeit und Freiheit? ... Oder spürst du vielleicht eine Anspannung und hast ein Gefühl der Beschränkung?

(Einminütige Pause)

Stell dir vor, du triffst eine weitere Entscheidung, und verfahre wieder so, dass du sie in deinem Herzen und in deinem Körper fühlst ... Ist da ein Gefühl der Angst, oder empfindest du Freude, wenn du diese Möglichkeit erwägst? .... Nimm dir ein paar Augenblicke Zeit, um diese beiden Entscheidungen abzuwägen. Treten bei einer von beiden Gefühle der Pflicht oder der Schuld auf? ... Stell fest, welche Entscheidung Vitalität und ein Gefühl der Lebendigkeit erzeugt.

(Einminütige Pause)

Nimm einen tiefen Atemzug und lass jegliche mentale Aktivität so gut wie möglich los. Spür dann in deinen Körper hinein, ob du ehrlich zu dir selbst bist ... Würdigst du dein ganzes Sein: Körper, Herz, Verstand und Geist? Erlaube der Entscheidung, langsam aufzutauchen, während du dich angesichts deines inhärenten Wissens entspannst.

(Pause)

Nimm erneut einen tiefen Atemzug und versetze dich in diesen Kreis zurück ... Sei dir bewusst, dass die Lebenskraft jede Zelle deines Körpers mit Vitalität erfüllt ...

Das ist der GEIST, der sich in physischer Form kundtut. Wenn du bereit bist, öffne die Augen und verbinde dich visuell mit den anderen in deinem Kreis.

Bevor du mit deinem Kreis zum Check-in übergehst, bilde eine Zweier- oder Dreiergruppe und teile deine Erfahrung mit dieser Meditation mit den anderen. Welche Einsichten hast du gewonnen? Schreib diese Einsichten, sofern du Lust dazu hast, in dein Tagebuch.

Check-in

Lest zusammen noch einmal die Einführung zu diesem Kreis. Stellt dabei fest, was ihr empfindet, während ihr den Wandel von einer alten zu einer neuen Seinsweise vollzieht. Was lasst ihr in eurem Leben los? Was entsteht in euch? Worin besteht euer »evolutionärer Vorteil?« Überlegt, wie ihr einander zu diesem Zeitpunkt unterstützen könntet.

Co-kreative Entscheidungsfindung

Präsenz ist ein Zustand innerer Weiträumigkeit.
Wenn du präsent bist, stellst du die Frage:
Wie reagiere ich auf die Bedürfnisse der Situation,
dieses Augenblicks?
Schau und hör zu – werde eins mit der Situation.
Wenn du mit einer Situation verschmilzt,
statt dich gegen sie aufzulehnen,
ergibt sich die Lösung aus der Situation selbst.
Wachsame Stille lauscht.
Wenn dann Handeln möglich oder erforderlich ist,
handelst du, oder besser gesagt:
rechtes Handeln geschieht durch dich.
Rechtes Handeln ist Handeln, das dem Ganzen gerecht wird.

ECKHART TOLLE

Von allen Praktiken, die ein co-kreatives Team verwendet, ist die Entscheidungsfindung häufig die herausforderndste. Wenn wir in einem hierarchischen Modell agieren, erfolgt die Entscheidungsfindung ohne Umschweife: Der Chef entscheidet. Die Personen an der Spitze besitzen die Macht und bestimmen, welche Richtung ein Projekt oder ein Unternehmen einschlagen wird. Beim Partnerschaftsmodell müssen alle von Entscheidungen Betroffenen entweder ihre Vollmacht erteilen oder in irgendeiner Weise konsultiert oder berücksichtigt werden. Ihre Interessen müssen vertreten und gewürdigt werden.

Wenn das Team größer wird, können neue Herausforderungen entstehen. Es kann für eine Handvoll Personen leicht sein, häufig miteinander zu kommunizieren und ihre Aktionen aufeinander abzustimmen. Aber was tust du, wenn du es mit einer ganzen Gemeinde oder einem Unternehmen zu tun hast und eine Entscheidung sich vielleicht auf alle Mitglieder dieses vergrößerten Teams auswirkt? Ist es erforderlich, jede Person zu befragen und ihre Zustimmung zu erhalten, bevor man fortfährt? Können kleine Teams ermächtigt werden, Entscheidungen für die größere Gruppe zu fällen?

Die folgende Tabelle zeigt die Unterschiede zwischen den Entscheidungsfindungs-Strategien einer hierarchischen Organisation und dem Prozess co-kreativer Organisationen auf, sich kollektiv auf das auszurichten, was auftauchen möchte. Besprich diese Unterschiede mit deiner Kerngruppe und füge eventuell wichtige Punkte hinzu.

HIERARCHISCHE ENTSCHEIDUNGSFINDUNG	**CO-KREATIVE ENTSCHEIDUNGSFINDUNG**
Identifiziert ein Problem oder eine Gelegenheit	Identifiziert ein Problem oder eine Gelegenheit
Logisch	Intuitiv
Analytisch	Greift auf tiefes Wissen zu
Fragt: Wer hat die Macht, dies geschehen zu lassen?	Fragt: Wer wäre betroffen?
Fragt: Welche Optionen gibt es?	Fragt: Was ist im Flow?
Fragt: Was ist die logische Entscheidung?	Fragt: Was will auftauchen?
Fragt: Welche Risiken bestehen?	Fragt: Welche Gelegenheiten bieten sich?
Fragt: Was nützt uns?	Fragt: Was würdigt das Ganze?

Ergibt sich aus einem persönlichen Blickwinkel	Transpersonell: erahnt den Entwurf
Kann zu einer Win-Lose-Entscheidung führen	Fokussiert sich auf ein Win-Win für alle
Fordert den Verstand	Beteiligt Körper, Verstand, Herz und Geist
Blickt zurück	Richtet sich auf die Zukunft aus
Agiert von üblichen Mustern aus	Sieht aus einem frischen Blickwinkel heraus

Übungen, die die co-kreative Entscheidungsfindung fördern

Wir lernen, loszulassen und auf das Leben zu hören, das durch uns gelebt werden will ...
Wir vollziehen bei unserer Entscheidungsfindung einen Wandel von äußeren zu inneren Maßstäben.
Wir beschäftigen uns jetzt mit der Frage der inneren Richtigkeit:
Scheint diese Entscheidung richtig zu sein?
Bin ich mir selbst gegenüber ehrlich?
Stimmt dies mit meinem Gefühl überein,
wozu ich meines Empfindens nach berufen bin?
Bin ich der Welt von Nutzen?

FREDERIC LALOUX

Indem Co-Creatoren das richtige Handeln ermitteln, bewegen sie sich weg vom linearen Denken und von traditionellen Entscheidungsfindungs-Praktiken. Wir stimmen uns auf das Feld ein, auf den Raum zwischen uns, und machen uns das eine Bewusstsein zunutze, das sich durch viele Ausdrucksmöglichkeiten zeigt. Unsere Entscheidungen tauchen in diesem Feld auf. Es ist, als würden unser Verstand und unsere Stimmen durch das Zusammensein in diesem Raum orchestriert werden. Wir benutzen unser non-kinästhetisches Gefühl und die Weisheit unseres Herzens, um uns in ein größeres Muster einzustimmen. Wir werden kollektiv zu einer höheren Ordnung emporgetragen und dazu gebracht, eine transzendente Wahrheit hervorzubringen.

Mit Übung lernen wir, einen gesamten informationellen Inflow in eine holistische »gestalt«[4] zu integrieren, eine Antwort zu erzeugen, die einem einmaligen Daseinszustand entspringt. Wir erwerben die Fähigkeit, durch Resonanz, Ausrichtung und Intention Zugang zu dieser kollektiven Intelligenz zu gewinnen. Ein neuer Bewusstseinszustand lässt eine Praktik entstehen, die das Ganze würdigt und uns von dem Gefühl befreit, ein getrenntes Selbst zu sein. Wir bewegen uns über den denkenden Verstand und Konsensus hinaus, um Zugang zu dem zu finden, was im Augenblick auftauchen möchte. Wir erleben, was es bedeutet, eine Lösung intuitiv oder durch Empathie zu »verstehen« (grok[4]) . Wir erahnen den Entwurf des Lebensflusses, der das gerade anstehende Thema mit Kohärenz und Entschlossenheit erfüllt.

---

[4] Der Begriff »grok« wurde von Robert A. Heinlein in seinem 1961 erschienenen Science-Fiction Roman Fremder in einer fremden Welt geprägt. »Grok« bedeutet »durch Intuition oder Empathie zu verstehen, eine enge Beziehung durch Einstimmung in ein Muster oder eine ‚gestalt´ aufzubauen.«

Diskussion

Entscheidungsfindung kann zu einer spirituellen Übung tiefer Kommunion werden, wenn wir über den persönlichen Willen hinausgehen und uns auf unser individuelles und gemeinsames Anliegen ausrichten, uns auf das höhere Schöpfungs-Muster einstimmen und uns verpflichten, zum Wohle aller zu agieren. Besprich diese Ideen mit deiner Kerngruppe und füge alle Eigenschaften hinzu, die dir relevant erscheinen. An einer späteren Stelle dieses Kapitels wirst du deine eigenen Kriterien für die Entscheidungsfindung aufstellen. Vielleicht sind einige der nachfolgenden Eigenschaften zu dem Zeitpunkt für dein Team von Bedeutung.

Die inhärenten Merkmale, die das unterstützen, was oft als ganzheitliche oder co-kreative Entscheidungsfindung bezeichnet wird, können vielleicht »abgestimmte Ausrichtungspraktiken« genannt werden. Sie schließen Folgendes mit ein:

- Das Sich-Verbinden um eine gemeinsame Intention, um das Problem mühelos zu lösen.
- Die Bekräftigung, dass es für jede Herausforderung eine Vielzahl von Lösungen gibt.
- Das Kreieren eines kollektiven Agreement-Felds gemeinsamer Resonanz.
- Die Würdigung aller Perspektiven durch intensives Lauschen.
- Das Loslassen vorgefasster Vorstellungen, Bindungen, Beurteilungen und persönlicher Standpunkte.
- Das Anerkennen, dass es einen göttlichen Entwurf gibt, zu dem wir Zugang erhalten können, wenn wir uns einstimmen.
- Die Erkenntnis, dass kein Bedarf besteht, jemanden zu bekehren, zu manipulieren oder zu verändern.
- Das Richten unserer Aufmerksamkeit auf das Ganze und nicht

auf das Einzelne.

- Gegebenenfalls die Ermächtigung eines kleineren Teams, für die Gruppe zu entscheiden.
- Das Ausbalancieren von Effizienz, das Rationalisieren des Prozesses und die Würdigung der Gruppenprinzipien.
- Die Herausbildung von Entscheidungen, die mit den Werten und dem inneren Wissen der Gruppe übereinstimmen.
- Volles Engagement für den Prozess und Übernahme der vollen Verantwortung für die Entscheidung.

Prinzipien der ganzheitlichen bzw. co-kreativen Entscheidungsfindung

Die ganzheitliche Entscheidungsfindung ist eine Methode, mittels derer wir unser Bewusstsein im Rahmen einer Gruppe zum Aspekt des Göttlichen, das den Tanz des Lebens choreografiert, in die Lehre schicken. Es handelt sich hier um eine fortgeschrittene spirituelle Methode der Einstimmung auf die göttliche Aktivität. Unter anderem vervollständigen wir unsere Kenntnis davon, wie Entscheidung und Wirkung operieren, indem wir die Konsequenzen unserer Entscheidungen erkennen, während sie in beide Richtungen wirken –
in unsere innere und äußere Welt.
Wenn wir diesen Zustand der Einstimmung mit dem selbstorganisierenden Tanz erlangen,
treffen wir uns an einem Ort, wo Entscheidung und Nicht-Entscheidung zusammenlaufen.
Es ist ein Ort synthetisierter Einheit, wo die Wahrnehmung des richtigen Verhältnisses und
des richtigen Timings so klar ist, dass wir keine andere Entscheidung in Betracht ziehen würden,
als in einem optimalen Verhältnis zu allem zu stehen.

RICH RUSTER

Nimm dir in deiner Gruppe Zeit, über die folgenden Prinzipien der ganzheitlichen Entscheidungsfindung zu sprechen. Führt Beispiele an, wie ihr diese Prinzipien bei Entscheidungen oder der Bewältigung von Problemen bereits genutzt habt oder nutzen könntet. Bekräftigt für euch selbst, dass diese Prinzipien auf euer Wissen und eure Erfahrung abgestimmt sind. Denkt daran, dass die co-kreative Entscheidungsfindung genau wie andere Evolutionsprozesse kein linearer Prozess ist, sondern Prinzipien mit einschließt, die zusammen mit anderen praktiziert werden sollten.

Individuen, die beim Spiral-Dynamik-Modell nachrangig agieren, werden ganz natürlich von der ganzheitlichen Entscheidungsfindung angezogen. Es handelt sich um den Bewusstseinszustand, aus dem diese Praktiken hervorgehen.

1. EHRE KÖRPER, VERSTAND UND GEIST

Der Wert dessen, was häufig als lineare, linke Gehirnhälfte oder als männliche Art der Informationsverarbeitung bezeichnet wird, wird erheblich verstärkt, wenn diese Gehirnhälfte zusammen mit deiner künstlerischen, intuitiven, weiblicheren Art des Wissens genutzt wird. Wenn du lernst, beide Aspekte deines Verstands zu ehren und zu stützen, wird ein »Gesamthirn-Ansatz« kreiert, um Klarheit zu erlangen. Dies bedeutet eine Erweiterung von linearem zu holografischem Denken.

Dein kognitiver Verstand hilft dir, Daten zu sammeln, zu kategorisieren, zu klassifizieren, zu analysieren und zu synthetisieren. Deine Intuition erlaubt dir, Zugang zu deinem höheren Bewusstsein, zur Herzensweisheit und somatischen Intelligenz zu erhalten.

Achte auf die Botschaften, die dir dein Körper vermittelt. Diese können manchmal durch Anspannung, Schmerz oder Unbehagen zum Ausdruck kommen. Körper sind von Natur aus klug und besitzen oft die erforderliche Information, um eine ganzheitliche Entscheidung fällen zu können.

2. BEOBACHTE, WAS GANZ NATÜRLICH GESCHIEHT

In einem selbstorganisierenden System werden Entscheidungen offengelegt, indem man beobachtet, was sich natürlich abspielt. Verschmelze mit der Situation, achte besonders darauf, wohin die Energie fließt, und bring dann den Prozess zur Sprache. Lass das Bedürfnis zu kontrollieren und zu prognostizieren los, indem du der Fähigkeit des Lebens zur Selbstorganisation vertraust. Aufgrund dieser Erkenntnis kannst du neue Formen und Strukturen identifizieren, die in Ausrichtung mit einem höheren Bewusstsein sind. Häufig ist eine Entscheidung bereits aufgetaucht und die Antwort völlig offensichtlich.

3. RICHTE DICH NACH DER NATUR UND DEM NATURGESETZ AUS

Richte dich kraftvoll nach deiner Intention aus; die Natur wird dir die Energie verleihen, um dich bei deinen Aktionen zu führen. Du wirst die Ausrichtung als tiefes, spontanes Agreement, als Synchronizität, Verstärkung, Vertrauen, Ermutigung und Liebe erleben. Geh in die Stille und bitte darum, dass das größere Muster aufgedeckt wird.

4. FOKUSSIERE INNERE WERTE

Der innere Prozess und der Weg, den du einschlägst, um deine Ziele zu erreichen, sollten übereinstimmen. Bist du im Augenblick dabei, das gewünschte Ergebnis zu gestalten? Verkörpert dein Handeln deine Wertvorstellungen? Pflanze zu diesem Zeitpunkt Samen, die voll und ganz auf deine Intention, deinen Sinn und deine Ziele ausgerichtet sind. Fühle dich deinem inneren Prozess gegenüber verantwortlich. Lerne, von innen nach außen zu steuern und dem Drängen des GEISTES zu folgen.

5. ENTSPANNE DICH UND HAB SPASS; LADE ENTSCHEIDUNGEN EIN, SICH MÜHELOS ZU ZEIGEN

Hast du schon einmal erlebt, dass dir ein Wort auf der Zunge lag? Und hast du bemerkt, dass es dir umso weniger gelingt, dich zu erinnern, je krampfhafter du dich bemühst? Schließlich lässt du davon ab und wendest dich etwas anderem zu. Und plötzlich siehst du das Wort vor dir! Wenn du einen Spaziergang machst, dich unter die Dusche stellst oder mitten in der Nacht aufwachst, taucht so viel Großartiges auf. Der Zustand der Resonanz ist ein entspannter. Von ihm ausgehend kannst du freisetzen, was du bereits weißt. Wenn du denkst, dass es an der Zeit ist, dich ins Zeug zu legen und an die Arbeit zu machen, ist es oft besonders nötig, dich zu entspannen. Du wirst feststellen, dass sich viele Entscheidungen von selbst ergeben, wenn du dir eine Pause gönnst.

6. JENE, DIE ÜBER WISSEN VERFÜGEN, FÜHREN

Führung ist ein Spiegelbild des Bewusstseins und der Verbindung der Gruppe und reflektiert das höchste Ziel, das die Gruppe anstrebt. Die Führerschaft geht ganz selbstverständlich von einem Mitglied aufs nächste über, wenn sich der Fokus der Gruppe verändert. Damit echtes Wachstum erfolgen kann, muss die Führerschaft offen und flexibel sein. Jedes Individuum bietet durch seine innere Führung seine einmaligen Talente und Einsichten als Reaktion auf die augenblicklichen Bedürfnisse an. Deshalb sollte die Führung rotieren, sobald das Individuum mit dem größten Wissen vortritt, um diese zu übernehmen.

7. ERMÄCHTIGT EINANDER

Bei Dominator-Modellen sozialer Organisation wird Macht als die Übernahme und Beibehaltung von Kontrolle verstanden. Manche Menschen glauben, dass sie Dinge tun müssen, die nicht ihren angeborenen Gaben entsprechen, um ihren Status behalten zu können oder um zu verhindern, ausgeschlossen zu werden.

Demgegenüber entdeckt ihr bei der ganzheitlichen oder co-kreativen Entscheidungsfindung, wer für die eine oder andere Aktivität das fundierteste Wissen besitzt, und ermächtigt einander dann, das zu tun, was jeder am besten kann. In einer co-kreativen Gesellschaft zeigt jeder Einzelne seine Macht, wenn er in seinem Element ist, d. h. genau weiß, was er zu tun hat. Du »gibst deine Macht aus der Hand«, wenn du dich nicht mit deinen einzigartigen Gaben präsentierst und dein Wissen nicht im geeigneten Augenblick mit anderen teilst.

8. BAUT NEUE STRUKTUREN AUF, DIE EMPOWERMENT UND GLEICHHEIT FÖRDERN

Die alten Formen von Dominanz und Unterwerfung waren gekennzeichnet durch Gewalt, Zwang, Kontrolle und Angst. Deshalb verwundert es nicht, dass die alte Form der Entscheidung in Organisationen durchgeführt wurde, die »Abteilungen« (abgeschnitten von den anderen) und »Bereiche« (eingeengt) hatten. Diese Strukturen verhinderten durch das Betonen der Trennung und die Unterdrückung von Empathie und Kreativität die natürliche Synergie.

Bei der co-kreativen Entscheidungsfindung trägt jeder Teil ungehindert seine genaue Funktion als Zelle in einem lebendigen Körper bei. Jede Person wird wegen ihrer einmaligen Gaben gewürdigt und respektiert. Co-Creatoren, die über die Wahrnehmung von Mangel und Rivalität hinausgehen, kreieren neue Strukturen und Pläne, die auf Fülle und Kooperation basieren. Der Kreis gehört zu den Strukturen, die kreativen Ausdruck fördern und alle Mitglieder eines Teams ermächtigen. Ein gemeinsames Ziel und die Wertschätzung der einzigartigen Beiträge jeden Individuums führen zu positiver Veränderung und Expansion.

9. UNTERLASSE BEURTEILUNGEN UND HÜTE DICH VOR GEWOHNHEITSMÄSSIGEN DENKWEISEN

Um das anzuzapfen, »was eintreten will«, ist es notwendig, Beurteilungen zu unterlassen, die Gewissheit aufzugeben, das Bedürfnis, das Ergebnis zu erfahren oder zu kontrollieren, zu ignorieren und jede Entscheidung aus der Perspektive des Neulings anzugehen. Achte auf ungeprüfte Vermutungen, jene unbewussten Gewohnheiten oder Gedankenbilder, die in die Irre führen können oder eine Entscheidung nicht zutage treten lassen. Am besten funktioniert es, wenn die am Einstimmungsprozess Beteiligten sich nicht am Ergebnis festklammern und sich immer ihrer persönlichen Vorstellungen und Denkmuster bewusst sind, ohne diese der Gruppe aufzudrängen.

10. WÜRDIGE DAS SELBST, WÄHREND DU DICH AUF DAS GANZE FOKUSSIERST

Entscheidend für das Freisetzen der besten Entscheidungen ist es, anzuerkennen, dass jeder Mensch für seine eigenen Bedürfnisse verantwortlich ist. Jedes Mitglied der co-kreativen Kerngruppe ist dafür verantwortlich, abzuschätzen, was richtig für sie oder ihn ist, und dies deutlich kundzutun.

In co-kreativen Organisationen werden die Bedürfnisse jedes Einzelnen berücksichtigt, und es gibt immer eine Entscheidung, die das Ganze unterstützt. Erlaube dir genug Zeit zum Reflektieren, wenn du vor einer Entscheidungsfindung stehst, und vergewissere dich, dass alle Stimmen gehört oder repräsentiert wurden. Unternimm mit der Gruppe ein Check-in, um sicherzugehen, dass kollektive Inhaberschaft der Entscheidung besteht, sobald sich diese herauskristallisiert hat.

11. KOMMUNIZIERE MIT INTEGRITÄT

Während du diese Übung durchführst, stell fest, ob das, was du im Begriff bist zu sagen, den Prozess vorantreibt oder den Flow aufhält. Wenn es den Flow aufhalten würde, formuliere es um, bevor du es laut sagst. Teile deine Wahrheit mit, klar und undramatisch. Betrachte alles, so gut du kannst, mit unvoreingenommenem Blick und übernimm die Verantwortung für deine Emotionen, indem du bei deiner Ausdrucksform authentisch und angemessen bist.

12. GEH MIT DEM FLOW

Wenn du auf dem Weg zur Entscheidung übermäßigen Kampf, Anstrengung oder Drama feststellst, lass dir Zeit, deine Beziehungen mit den anderen neu anzugehen und dich auf deine Aufgabe auszurichten. Vielleicht gibt es unterschwellige Emotionen, fehlende Resonanz, nicht hinterfragte Vorstellungen oder Kontrollthemen. Es könnte sein, dass es sinnvoll ist, auf die Prozesse der Überwindung von Gefühlen des Getrenntseins in Kreis 3 zurückkommen.

Geh erst dann weiter voran, wenn du dich wieder völlig eingestimmt fühlst. Vielleicht erfordert dies eine Pause und eine Neuversammlung zu einem späteren Zeitpunkt oder das Ignorieren des Themas für eine Weile. Manchmal ist es nicht das richtige Timing für eine Entscheidungsfindung. Möglicherweise sind noch weitere Einsichten oder zusätzliche Informationen erforderlich. Vertrau dem Prozess. Wenn der richtige Zeitpunkt gekommen ist, werden die angemessenen nächsten Schritte überraschend leicht auftauchen.

13. EINE LETZTE FRAGE

Bevor du deine letzte Entscheidung triffst, stell dir die Frage:

»Was würde die Liebe tun?«

Praktizieren der co-kreativen Entscheidungsfindung

Wo es keine Hierarchie von Chefs über Untergebene gibt, tut sich Raum auf für andere natürliche und spontane Hierarchien – fließende Hierarchien des Erkennens, des Einflusses und der Fertigkeit (manchmal als »Aktualisierungshierarchie« bezeichnet, im Gegensatz zu den traditionellen »Dominator-Hierarchien«).

FREDERIC LALOUX

In gewisser Weise gibt es keine Entscheidungsfindung.
Es wird einfach erkennbar, was zu tun ist.
Du darfst es nicht überstürzen. Du musst »erfühlen«,
was zu tun ist. Du hältst dich zurück und beobachtest.
Du handelst nicht aus Deduktion,
sondern aus einem inneren Gefühl heraus,
das Sinn ergibt, wenn du weitergehst.
Du schaltest sogar das Denken aus.
Du bist im Einklang mit der Situation.

BRIAN ARTHUR

Wie du vermutlich erlebt hast, gewinnen wir in einem Resonanzgruppen-Setting nicht nur Zugang zu unserer eigenen Stimme, sondern auch zum kollektiven Wissen des gesamten Kreises. Diese kollektive Intelligenz hat Zugang zu einer »Vorlage« oder einem Aktionsmuster, damit die Kerngruppe ihre Funktion innerhalb des größeren Gesellschaftskörpers entdecken kann. In einem Resonanzfeld der Liebe magnetisiert die Synergie der Gruppenenergie höheres Bewusstsein und Weisheit für alle. Jeder von uns wird oft durch die Offenbarungen oder inspirierten Einsichten ermutigt, die aus der Gruppe kommen und unser tieferes Wissen katalysieren.

Die Meditation »Einstimmen auf den Schöpfungs-Entwurf« (siehe Seite 274) setzt in ihrer derzeitigen höchst evolutionären Form die normalen Informationsverarbeitungsmethoden außer Kraft und verändert das Wesen des Denkens selbst.

Entwicklung von Kriterien für die co-kreative Entscheidungsfindung

Bevor du den eigentlichen Prozess der Entscheidungsfindung angehst, ist es angebracht, eine Reihe von Kriterien aufzustellen, um Entscheidungen zu treffen, auf die ihr euch als Team ausgerichtet fühlt. Ihr werdet während dieses Prozesses auf inspirierte Einsichten zugreifen können.

Beginnt damit, einen Facilitator und einen Schriftführer auszuwählen.

Der Facilitator sorgt für die passende Einstimmung der Gruppe – die Teilnehmer lassen ihre Augen geschlossen – und stellt dann die Frage: »Was ist für jeden von uns als Kriterium für eine Entscheidungsfindung am wichtigsten?«

Der Schriftführer notiert die Einsichten so, wie sie im Kreis gesprochen werden. Wenn sich der Prozess abgeschlossen anfühlt (nach einer längeren Phase der Stille), lädt der Facilitator alle ein, die Augen zu öffnen und visuell mit den anderen im Kreis wieder Verbindung aufzunehmen.

Der Schriftführer liest vor, was sich offenbart hat. Auf der Basis dieser Einsichten werden eine Reihe wichtiger Entscheidungsfindungskriterien für die Gruppe aufgelistet. Vielleicht willst du auf die »Ausrichtungspraktiken«, die früher in diesem Kapitel behandelt wurden, zurückgreifen, um festzustellen, ob du noch weitere Kriterien auf deine Liste aufnehmen möchtest.

Prozess-Richtlinien

Der nachfolgende Prozess ist eine Ausweitung des Gruppendialogs inspirierter Einsichten, dem du in Kreis 4, Zugang zum inneren Wissen, begegnet bist (siehe Seite 166). Diese Übung ist besonders nützlich, wenn du es mit herausfordernden Themen und schwierigen Entscheidungen zu tun hast. Lies nachfolgende Richtlinien durch, bevor du die experimentelle Übung angehst.

- Wähle einen Facilitator aus und ein Mitglied des Kreises, das Notizen macht oder die Sitzung aufzeichnet.
- Beginne mit einem kurzen Augenblick der Stille, um in Resonanz zu gelangen, und lies dann die Kriterien, die ihr aufgestellt und über die ihr euch für die Entscheidungsfindung geeinigt habt.
- Bitte jedes Individuum zum Check-in und kläre etwaige emotionale Themen oder versteckte Punkte, die der Klarheit im Wege stehen könnten.
- Bevor du den Prozess inspirierter Einsichten beginnst, formuliere deine Frage. Das Thema oder die Frage mit Klarheit anzusprechen, bewirkt tiefere Einsichten.
- Lege zuerst alle Fakten auf den Tisch und besprich sie mit so viel mentaler Klarheit wie möglich. Würdige den rationalen Verstand und den Beitrag, den er leistet.

- Geh in dich, entspanne dich, lausche und klammere dich nicht an das Ergebnis. Lass den denkenden Verstand los und bereite dich darauf vor, Führung vom Feld zu erhalten.
- Der Facilitator kann die geführte Meditation für co-kreative Entscheidungsfindung (direkt darunter) vorlesen, um die Frage zu stellen, die die Gruppe co-kreiert hat.
- Jedes Gruppenmitglied teilt den anderen mit, was es empfängt, sobald etwas wie von selbst auftaucht. Häufig erfolgen Einsichten durch einige Mitglieder der Gruppe, während die anderen die Resonanz halten. Es ist wichtig, nur dann zu sprechen, wenn man dazu inspiriert ist. Wenn jeder auf den anderen eingestimmt ist, dann klingt das, was mitgeteilt wird, für jedes Mitglied des Kreises authentisch. Wenn sich Einsichten zeigen, die widersprüchlich zu sein scheinen, ist es wichtig, weiterhin das Resonanzfeld zu halten und dem Prozess zu erlauben, sich organisch zu entfalten.
- Hüte dich vor Tendenzen, ein inneres Drängen oder Körpergefühl zu ignorieren, wenn der Prozess auf eine bestimmte Lösung zustrebt. Es kann herausfordernd, aber bedeutsam für das Wohl aller sein, wenn man sagt »dies erscheint mir nicht ganz richtig«.
- Wenn es so scheint, als sei alles gesagt worden, bringt der Facilitator den Prozess behutsam zu Ende. Bekräftige Bereiche, in denen Übereinstimmungen erzielt wurden, und identifiziere verschiedene Perspektiven, wenn sie zutage treten. Synthetisiere, was vorgebracht wurde.
- Nimm dir einen Augenblick Zeit, um einen Check-in mit deinem Körper vorzunehmen, und spüre, wie sich die Entscheidung anfühlt.
- Wenn keine Ausrichtung erfolgte, stimm dich erneut ein und verbring etwas ruhige Zeit allein. Oft ist es förderlich, eine

Pause einzulegen, einen Spaziergang in der Natur zu machen und zu schweigen.

- Wenn alle der Meinung sind, dass Klarheit erreicht wurde, dann trefft die angemessene Auswahl zur Umsetzung der Entscheidungen. *Denk daran, dass dies keine Abstimmung, sondern eine Einstimmung ist.*
- Strebe immer danach, einen hohen Level der Ausrichtung zu erlangen. Versuche, ein kollektives »Aha«, zu erreichen, hinter dem jeder stehen kann.
- Sobald eine Entscheidung getroffen wurde, stellt euch folgende Fragen:
  - Besitzen wir die menschlichen und finanziellen Ressourcen, diese Entscheidung auszuführen?
  - Würdigt diese Entscheidung das richtige Timing?
  - Fördert diese Entscheidung die Gesundheit, die Nachhaltigkeit und die Regeneration jeglichen Lebens?
  - Würdigt diese Entscheidung sieben Generationen?
  - Verkörpert diese Entscheidung die Wertvorstellungen, die uns heilig sind?

Geführte Meditation: Co-kreative Entscheidungsfindung

Sobald du Klarheit in Bezug auf die Themen hast, die angesprochen werden müssen, und die Frage, mit der du konfrontiert bist, liest der Facilitator langsam Folgendes vor und legt zwischen den Sätzen Pausen ein.

Schließe sanft die Augen und lade deinen Körper ein, zu entspannen ... Nimm ein paar tiefe Atemzüge und beobachte die Aktivität deines Verstands und den Flow deiner Gefühle ... Es besteht keine Notwendigkeit, deine Gedanken oder Gefühle zu ändern ... beobachte sie lediglich.

(Pause)

Wir rufen jene Einsichten auf, die uns zu einer Entscheidung bringen, die dem höchsten Wohl aller dient ... Wir bitten darum, Herz zu Herz verbunden zu werden ... um mentale Klarheit und teilnahmsvolles Verständnis zu bekommen ... Wir bitten darum, dass Wahrheit, Liebe und Weisheit uns den Weg zeigen.

Der Facilitator stellt dann die Frage, die die Gruppe ausgewählt hat. Dann fährt er fort:

Jetzt, da ihr euch euer tieferes Wissen und dieses Feld kollektiver Intelligenz nutzbar macht, sprecht, wenn ihr euch dazu berufen fühlt.

Mitglieder der Gruppe sprechen zu dieser Zeit. Wenn Stille eintritt und es den Anschein hat, dass jeder, der sich dazu berufen fühlte, zu Wort gekommen ist, sagt der Facilitator:

Wir danken für die Einsichten, die wir gewonnen haben, und die Inspiration, die uns beflügelt ... Wir erkennen an, dass jegliche Weisheit im Inneren liegt und verfügbar ist, wenn wir unseren Geist beruhigt haben und uns der liebevollen Präsenz hingeben.

(Pause)

Atme noch ein paar Mal tief durch und bewege behutsam Hände und Füße. Wenn du bereit bist, öffne die Augen.

Kehre zu den obigen Richtlinien zurück, um deinen Entscheidungsfindungs-Prozess zu Ende zu führen.

Von der Inspiration zur Aktion

BESCHLEUNIGEN

Es mag Gelegenheiten geben, bei denen ein Team anscheinend eine kritische Zeit durchmacht und Handeln unerlässlich zu sein scheint. In diesem Fall treiben ein paar nachrangige Unternehmen die Aktion voran, indem sie vorschlagen, dass jeder im Team eine Entscheidung treffen kann – *solange er Rat bei allen betroffenen Parteien sowie bei Personen sucht, die in diesem speziellen Bereich Erfahrung haben.* Sie müssen diesen Rat nicht integrieren und ihm folgen, aber sie müssen ihn suchen und ernsthaft in Betracht ziehen, bevor sie agieren.

VERLANGSAMUNG

Häufig taucht eine Inspiration, die sich als klarer Führungsimpuls anfühlt, in einer co-kreativen Kerngruppe auf. Dies mag den Wunsch erwecken, sich in die Aktion hineinzustürzen und mit vollem Tempo loszulegen.

Gewöhnlich ist es nützlich, Prioritäten neu einzuschätzen und die Inspiration zu überprüfen, indem man sie körperlich überprüft. Dies bedeutet zum einen, dass der Einzelne über die Entscheidung reflektiert und sich bewusst ist, wie sie sich in seinem physischen Körper anfühlt, zum anderen aber auch, sich auf die größere Konfiguration von Individuen, die von der Entscheidung betroffen sein werden, einzustimmen und festzustellen, ob sie stimmig für diesen »Gesamtkörper« ist.

Das richtige Timing schreibt vielleicht vor, dass sofortiges Handeln nicht angebracht ist. Möglicherweise muss erst ein etwas stabileres Fundament vorhanden sein, damit sich die Vision erfolgreich manifestieren kann. Die Inspiration kann vielleicht überprüft werden, sofern es für die Entwicklungsphasen wichtig ist. Wenn man nicht an einer Inspiration klebt, wird der Einstimmungs-Prozess das richtige Timing und das richtige Handeln aufzeigen.

Selbstführung

Jede Lebensform ist intelligent, selbstorganisierend und selbstregulierend: von Viren und Bakterien zu Pflanzen, Tieren und Menschen.

STEPHEN HARROD BUHNER

Das Leben aus der Perspektive von ganzheitlichen Systemen erfordert einen Wandel von der Persönlichkeit zur Präsenz, von erstrangigem zu zweitrangigem Denken. Echter Frieden in einer co-kreativen Gesellschaft ist möglich, wenn die Individuen von einem Gefühl der Wahl, der persönlichen Verantwortung, der Souveränität und der unbegrenzten Möglichkeiten aus agieren. Während jede Person Verpflichtungen und Agreements würdigt, kann sie frei ihrer inneren Führung folgen, statt aus einem Gefühl der Pflicht oder Verpflichtung zu reagieren.

John Hagelin erwähnt in seinem Werk *A Manual for a Perfect Government* die Eigenschaften der Naturabläufe und erklärt, dass die Ideale der Selbstführung auf den Prinzipien des Naturgesetzes basieren. Indem er die Natur mit der höchsten Stufe der Selbstführung vergleicht, legt er nahe, dass beide

- maximal effizient
- zutiefst geordnet (wie Schneeflocken und Atome) und
- inhärent evolutionär und lebensunterstützend sind.

Selbstführung entsteht, wenn das SELBST in unserem Leben die Herrschaft und jeder von uns volle Verantwortung für seine Gedanken, Gefühle und Aktionen übernimmt. Es erfordert einen hohen Grad an Reife und Bereitschaft, tief in unser authentisches Wesen einzutauchen. Als SELBST stimmen wir uns auf den Schöpfungs-Entwurf ein und erlauben es dem Leben, mühelos durch uns zu leben. Wir ergeben uns einer wohlwollenden Weisheit und werden geführt, um mit perfektem Timing die richtigen Beziehungen zu finden.

Wenn wir zu unserer wahren Natur erwachen, geben wir unsere ichbezogenen Wünsche auf und kooperieren mit den anderen, um integrierte Teams aufzubauen, die ihren Teil dazu beitragen, eine neue, liebevollere Welt zu kreieren.

Diskussion

Tausche deine Gedanken über die Entstehung der Selbstführung in deinem persönlichen Leben mit den Mitgliedern deiner Kerngruppe sowie in der Gesellschaft aus. Stell dir eine Welt vor, in der jeder volle Verantwortung für seine Gedanken, Gefühle und Aktionen übernimmt und sich um das Wohlergehen aller Lebensformen sorgt. Wie kannst du sowie dein Team als Vorbild für die Selbstführung in der Welt dienen? Einigt euch, wie ihr die Prinzipien der Selbstführung anwenden wollt, wenn ihr euer gemeinsames Schicksal verfolgt.

... mein Vorschlag beinhaltet nicht noch mehr Studien
oder Regierungszuschüsse,
auch nicht die Hinzuziehung von Experten,
um die Probleme zu lösen,
mit denen wir konfrontiert sind.
Es liegt an dir, deinem eigenen Genie zu folgen,
in dir selbst den immer noch kleinen Funken
von Begeisterung zu finden,
der sich mit gebotener Vorsicht zu wirklich
neuen Lösungen für das entwickelt,
was du selbst als Probleme ansiehst.

STEPHEN HARROD BUHNER

Jenseits der Vorstellungen von Fehlverhalten und
richtigem Verhalten erstreckt sich ein Feld.
Ich werde dich dort treffen.
Wenn die Seele sich auf dem Gras ausstreckt,
ist die Welt zu voll, um darüber zu reden.
Ideen, Sprache, ja sogar der Ausdruck »einander« ergeben
keinerlei Sinn.

RUMI – 13. JAHRHUNDERT

Vertiefende Übungen

Führe die folgenden Übungen alleine durch.

Tagebuch/Journal

Beobachte, wie Synchronizität in deinem Leben zum Vorschein kommt. Mache Notizen in dein Tagebuch/Journal und teile dies beim nächsten Meeting deiner Kerngruppe mit.

Übe, in dich zu gehen, um Entscheidungen zu fällen. Achte darauf, wie sich dein Körper anfühlt. Stimme dich auf die Weisheit deines Herzens ein. Vertraue dem SELBST und handle entsprechend der Führung, die du erhältst. Verfolge, wie sich dein Prozess der Entscheidungsfindung entwickelt.

Notier alle Einsichten, die du gewinnst, in deinem Tagebuch oder Journal.

Selbstführung und konfliktfreies Verhalten

Joseph Chilton Pearce spricht von konfliktfreiem Verhalten: ein Zustand, in dem unsere Gedanken, Worte, Emotionen und Aktionen sich in perfekter Ausrichtung befinden, »bei dem Herz und Geist und Gehirn in Synchronizität harmonisieren, uns für Möglichkeiten öffnen, die über das Normale hinausgehen«. Konfliktfreies Verhalten ist »die Zone«, der Zustand totaler innerer Kongruenz und Friedens, von dem aus sich stets eine mühelose Manifestation ergibt.

Johan Amaral präsentiert folgende fünf wichtige Prinzipien, um konfliktfreies Verhalten zu kreieren:

1. Entscheide, was du willst
2. Räume Zweifel aus
3. Bleib in Aktion
4. Bleib flexibel
5. Bleib dankbar

Behalte diese Prinzipien im Auge und beobachte, ob du auf dem richtigen Weg bist, um in deinem Inneren konfliktfrei zu sein. Dies kann im Lauf der Zeit, wenn du deine Gedanken, Gefühle und Aktionen beobachtest, sehr tiefgründig werden. Sei mitfühlend und nicht beurteilend, während du dich auf größere Kohärenz und Selbstführung zu bewegst.

KREIS 9
Gebären einer neuen Welt

Wir befinden uns in einer sehr speziellen Situation,
einer äußerst speziellen, einmaligen.
Wir erleben die Entstehung einer neuen Welt:
Sie ist sehr jung, sehr schwach – nicht in ihrer Essenz,
sondern in ihren äußeren Manifestationen – noch nicht
anerkannt, noch nicht einmal gefühlt,
von der Mehrheit geleugnet.
Aber sie ist da, bemüht, zu wachsen,
des Ergebnisses völlig sicher.
Es ist ein Anfang, ein universeller Anfang.
Es ist ein absolut unerwartetes und unvorhersehbares Abenteuer.

DIE MUTTER, MIRRA ALFASSA,
GESPROCHEN IN DEN 1960ERN

Die innere Ausrichtung auf den gegenwärtigen Augenblick öffnet dein Bewusstsein und bringt es in Ausrichtung mit dem Ganzen. Das Ganze, die Gesamtheit des Lebens, agiert dann durch dich.

ECKHART TOLLE

Wir haben begonnen, uns der Tatsache bewusst zu werden,
dass unser lebendiger Planet die Quelle allen echten Reichtums
und das Fundament unserer eigenen Existenz ist.
Wir müssen nun Ausschau halten nach lebendigen Systemen,
an denen wir uns orientieren können,
denn unser Überleben hängt davon ab, dass wir Lebensweisen
– und Arten, unseren Lebensunterhalt zu verdienen – entdecken,
die die Lebensweisheit verkörpern.

DAVID C. KORTEN

Als lebende Zellen im Planetenkörper sind wir dazu aufgerufen,
unsere einmalige Großartigkeit durch sinnvolle,
ausgewählte Arbeit im Dienste des größeren Ganzen
zum Ausdruck zu bringen.
Sobald wir unseren Seelensinn entdeckt und uns auf der Basis
eines gemeinsamen Schicksals auf unser Team ausgerichtet
haben, wollen wir unser volles Potenzial entfalten
und unsere Rolle bei der Transformation der Gesellschaft
spielen. Wir werden auf unsere eigene Weise
soziale Architekten, die zur Erschaffung
einer neuen Welt beitragen.

Überall auf der Welt verschmelzen Kerngruppen ganz natürlich
miteinander, verbinden sich Co-Creatoren in jedem Bereich
der Gesellschaft, erforschen neue Formen,
die ein ganzheitliches Verständnis widerspiegeln.

Diese Konvergenz erzeugt die Synergie, um alle Beteiligten intensiver mit einzubinden und jedem von uns zu erlauben, sich die Macht und die Ressourcen des Kollektivs nutzbar zu machen. Diese Interaktion innovativer Elemente führt einen Bewusstseinswandel herbei und sorgt für eine Neuordnung des gesamten Systems.

Die Essenz der Co-Creation – von innen nach außen zu arbeiten und die spirituellen Praktiken von Resonanz, Liebe und innerer Weisheit mit äußeren Aktionen in der Welt zu kombinieren – manifestiert sich als kollektive positive Veränderung.

Unser »Zurückgeben« kann in einer Vielfalt von Formen zum Ausdruck kommen: als unternehmerisches Wagnis, gemeinnützige Organisation, spirituell motivierte, soziale Aktivität, Umweltprojekt oder politisches Projekt. All diese Manifestationen enthalten den Samen für eine neue soziale Form, die die Prinzipien der Co-Creation mit neuen Formen der Führerschaft und den selbstorganisierenden Naturgesetzen kombiniert.

Die Unterscheidung zwischen Arbeit und Spiel löst sich auf, da alle Aktionen Ausdrucksformen des Schöpfungs-Impulses sind und als Dienstleistung und Segen angeboten werden. Unsere Liebe manifestiert sich als die Transformation der Gesellschaft und der Erschaffung einer neuen, liebevolleren Welt.

Gebären einer neuen Welt

Es ist schwierig, ein ausgewogenes System, das gut funktioniert,
zu ändern, aber wenn ein System in Unordnung gerät, wird eine
Veränderung immer plausibler und schließlich unvermeidlich.
An diesem unvermeidbaren Punkt kann schon ein geringes Maß
an Kohärenz in dem gesamten Chaos Ordnung schaffen.
In welche Richtung die Veränderung gehen wird, hängt von der
Beschaffenheit des chaotischen Attraktors ab,
der aus dem Chaos eine neue Ordnung entstehen lässt.
Wenn dieser chaotische Attraktor dämonisch ist,
wiederholt sich lediglich der alte Zyklus,
was historisch gesehen wohl der Fall bei unserer Spezies
gewesen ist.
Aber wenn der chaotische Attraktor wohlwollend
oder »göttlich« wäre, müsste die neue Ordnung
dieselbe Wesensart besitzen.

JOSEPH CHILTON PEARCE

Kerngruppen sind formende Einheiten der entstehenden Kultur.
Selbst jetzt noch bilden Netzwerke von menschlichen
Gemeinschaften, die sich aus derartigen
kleinen Resonanzgruppen zusammensetzen, die Basis für die
kulturelle Reformation der Welt.

BARBARA MARX HUBBARD

Wir leben in einer Zeit enormer globaler Veränderung – in einer Zeit, in der sich die gesamte Gesellschaftsordnung verschiebt. Noch vor einem Jahrhundert blickte man nicht über den eigenen Gartenzaun. Heutzutage haben Globalisierung und technologische Innovationen unsere Weltsicht erweitert und jeden Bereich unseres Lebens berührt und beeinflusst. In diesem Kommunikationszeitalter gibt es mehr Mobilgeräte als Menschen in der Welt und sie vermehren sich fünfmal schneller als wir. Weltweit gibt es mehr Handys als Toiletten, Zahnbürsten oder Kühlschränke! Normale Bürger besitzen heutzutage größere Vernetzungsmöglichkeiten als der US-Präsident während der 1990er-Jahre. Und da immer mehr Menschen Internetanschluss haben, ist eine Explosion an Kreativität, Vernetzung und weltweiten Möglichkeiten die Folge.

Viele von uns befinden sich in der prekären Situation, sich in zwei Welten zu bewegen, d. h. durch die existierenden sozialen Strukturen zu navigieren und gleichzeitig eine neue Kultur zu kreieren. Unsere Träume in der Welt deutlich zum Ausdruck bringen, erfordert, dass wir unser Unterscheidungsvermögen benutzen. Wie sollen wir angesichts sozialer Ungerechtigkeit, Intoleranz und wirtschaftlichen Ungleichgewichts unser Herz offenhalten? Wie kann unser Beitrag zur Verbesserung der Gesellschaft sinnvoll und effektiv sein? Wie können wir Führungsfertigkeiten entwickeln, die dieses neue Bewusstsein widerspiegeln? Wie bleiben wir unseren Werten treu und richten unser *Tun* auf unser *Sein* aus, Augenblick um Augenblick?

Jeder von uns hat seine eigene einmalige Berufung als Antwort auf diese große Woge des Wandels. Da sich sowohl unsere innere als auch unsere äußere Welt verändert, ist es erforderlich, uns darauf zu fokussieren, was kreativ und möglich ist, statt zu versuchen, das in Ordnung zu bringen, was von Grund auf dysfunktional und veraltert ist. Dieser Wandel verlangt nach einer grundlegenden Veränderung des Bewusstseins und erfordert eine intensive Überprüfung unseres Weltbilds, unserer Prinzipien und Werte.

Die Transformation unserer derzeitigen Institutionen – Regierung, Bildung, Gesundheitsfürsorge, Energiemanagement, Unternehmen usw. – ist unerlässlich, um die Lebensqualität für künftige Generationen zu sichern. Es ist ein evolutionäres Gebot, zu lernen, miteinander zu kooperieren und Gandhis Richtlinie zu befolgen: »Sei du selbst die Veränderung, die du dir für diese Welt wünschst.«

Basierend auf der inhärenten Weisheit der Natur verbinden wir unsere co-kreative Kerngruppe mit anderen Kerngruppen und richten unsere Gaben aufeinander aus, um Projekte, Organisationen und Institutionen zu co-kreieren, die lebenden Organismen sind: dynamisch, ganzheitlich, flexibel und verbunden. Durch diese gegenseitige Unterstützung können wir uns die Macht und die Ressourcen des größeren Ganzen nutzbar machen. Wir erleben, dass selbstorganisierende Systeme die Kreativität sowie die Effizienz aller Beteiligten erhöhen.

Wenn wir unsere Herzen aufeinander ausrichten, sammeln wir uns als Gemeinschaft und lassen uns voneinander inspirieren, während wir die Erfahrung und Intelligenz des Kollektivs nutzen. Wenn wir uns mit anderen in spirituell motiviertem und sozialem Handeln zusammentun, fördern wir die Entstehung einer liebevollen Gesellschaft, in der sich jeder von uns ermächtigt und frei fühlt, all das zu sein, was er sein kann – unsere Gaben zu verteilen, unsere Liebe zum Ausdruck zu bringen und unseren Familien, Gemeinschaften und dem Planeten zu dienen.

Während wir uns persönlich entwickeln und als echte Co-Creatoren stabilisieren, wechseln wir von einer Erfahrung als Gemeinschaft zu einer tiefen Verbundenheit mit anderen. Wir werden die »neue Person«, ein »ganzes Wesen«, das die »neue Geschichte« von Liebe, Vertrauen, Empowerment und Verbindung lebt. Wir verbinden uns mit anderen, um die »neue Gesellschaft« zu erschaffen, von der die Menschheit seit langer Zeit geträumt hat.

Geführte Meditation und inspirierter Erkenntnis-Prozess: Vergegenwärtigen einer neuen Welt

Der Facilitator liest diese Meditation langsam laut vor und legt zwischen den Sätzen Pausen ein. In dieser Übung wirst du auf inspirierte Erkenntnisse zugreifen, um dir, zusammen mit den anderen, eine gerechte, zukunftsfähige und liebevolle Welt auszumalen. Vielleicht legst du sanfte Hintergrundsmusik auf. Nimm dir zehn bis fünfzehn Minuten Zeit, um mit den anderen Bilder zu teilen, die auftauchen, wenn du Zugang zu eurer kollektiven Weisheit findest und dir eine fiktive künftige Welt vergegenwärtigst, die die Wertvorstellungen verkörpert, die dir heilig sind. Die Worte einer Person inspirieren gewöhnlich die anderen, zu sprechen, und aktivieren co-kreative Intelligenz.

Schließe sanft die Augen und atme ein paar Mal tief durch ... Spüre, wie sich dein Körper entspannt, wenn du Zukunftspläne schmiedest und Erinnerungen an die Vergangenheit loslässt. Verweile im Augenblick.

(Pause)

Atme langsam und tief durch ... spüre, wie die Lebensenergie durch jede Zelle deines Körpers strömt ... und ein Gefühl des Lebendigseins, tiefen Friedens und Wohlbefindens erzeugt.

(Pause)

Fang an, dir im Geiste eine neue Welt vorzustellen ... eine Welt der Gerechtigkeit, der Schönheit und der Erfüllung für alle ... eine co-kreative Kultur ... eine empathische Gesellschaft. Nimm dir einen Moment Zeit, um dich umzublicken ... Sieh und spüre die Schönheit dieser neuen Welt.

(Pause)

Versetze dich jetzt in diese Umwelt. Fühle, wie dein Sein in perfekte Resonanz mit deiner gesamten Umgebung kommt ... strahlend, vibrierend, zentriert, ganz.

(Pause)

Beobachte jetzt, wie du deinen Seelensinn erfüllst ... dein herausragendes Können zum Ausdruck bringst ... deine Gaben und Talente mit den anderen teilst ... Stell fest, was du tust ... Stell fest, wie es sich in deinem Körper anfühlt.

(Einminütige Pause)

Spüre, wie du dich mit deinen perfekten Partnern verbindest ... jenen, die dein Schicksal teilen ... deinen idealen Teampartnern ... Nimm wahr, dass dein Team perfekt ausgewogen, resonant und vollkommen ist ... Alle Gaben und Ressourcen, die für die Erfüllung deiner Aufgabe erforderlich sind, sind verfügbar ... Nimm wahr, wie du dich fühlst.

(Einminütige Pause)

In dieser neuen Welt hat sich jedes Bestreben auf eine höhere Frequenz verschoben ... Die gesamte Menschheit wird ermächtigt und gefördert ... jedes echte Bedürfnis wird gestillt ... Es ist genug für alle da ... Kreativität ist im Überfluss vorhanden ... Die Teilung zwischen Arbeit und Spiel ist aufgelöst.

(Pause)

Was weißt du über diese neue co-kreative Kultur – diese mitfühlende Gesellschaft? Mal dir das Bild von der Welt aus, die du erschaffen möchtest. Teile die Bilder und Inspirationen, die aus der kollektiven Weisheit in diesem Resonanzfeld auftauchen.

(Rechne mindestens fünf bis zehn Minuten ein, damit viele Antworten zum Vorschein kommen. Wenn sich die Sache abgeschlossen anfühlt und eine größere Pause eintritt, fahr mit der geführten Meditation fort.)

Atme erneut tief durch und entspanne dich in dieses Gefühl der Zufriedenheit und des tiefen Friedens ... Denk daran, dass du durch deine Vorstellungskraft diese neue Kultur Wirklichkeit werden lässt ... Spüre, wie das Strahlen deines Herzens sich ausbreitet und alles Lebendige in Liebe einhüllt ... jedes Dorf und jede Stadt

... jedes Mitglied unserer menschlichen Familie .... Bekräftige, dass das, was du gesehen, gefühlt und ausgesprochen hast, im Augenblick geschieht. Spüre, wie liebevolle Präsenz dich und diese Gruppe durchströmt und Hoffnung, Glauben und Vertrauen in der gesamten Menschheit wiederaufleben lässt.

(Pause)

Atme nochmals tief durch, nimm wahr, wie du in diesem Raum sitzt, öffne die Augen, wenn du bereit bist, und verbinde dich schweigend mit jeder Person im Kreis.

Mache ein paar Eintragungen in dein Tagebuch und teile deine Erkenntnisse im größeren Kreis.

Check-in

Wenn ihr das Check-in vornehmt, sprecht über die Verschiebungen, die sich in euch vollzogen haben, seit ihr euch das erste Mal getroffen und angefangen habt, mit den Materialien dieses *Handbuchs* zu arbeiten. Welche co-kreativen Übungen sind die wichtigsten in eurem heutigen Leben? Wie spiegeln sich diese Veränderungen in eurem Heim, eurer Arbeit, euren Beziehungen und anderswo in eurer Welt wider? Welche sind die wichtigsten Lektionen, die ihr über euch selbst gelernt habt?

Das Leben zwischen den Welten

Es gibt überwältigende Anzeichen, dass sich das menschliche Bewusstsein entwickelt, und zwar vom kollektiven Stammesleben, wo das Individuum völlig in die Lebensmuster des Kollektivs eingebettet war, über einen graduellen, häufig schmerzhaften Prozess der Individuation, mit der Betonung auf dem Willen und der Herrschaft des Individuums hin zu dem, was in unserer Zeit entsteht: eine bewusste Rückkehr zum Kollektivismus, wo unverwechselbare oder selbstverwirklichte Individuen freiwillig – manchmal vorübergehend – ihr Bewusstsein bündeln auf der Suche nach der schwer fassbaren kollektiven Intelligenz, die uns helfen kann, die enormen Herausforderungen zu bewältigen, denen sich unsere Spezies jetzt als Folge unserer bisherigen Entwicklung auf physischer Ebene gegenübersieht.

RIA BAECK UND HELEN TITCHEN BEETH

Wir erkennen, dass wir uns in einer Übergangsphase befinden, einer Zeit, in der äußere Formen und Strukturen oft nicht unser inneres Wissen widerspiegeln. Die Institutionen und Systeme, mit denen wir täglich interagieren, unterstützen oft nicht die Werte und Ideale, die wir hochhalten. Dieses Paradox erfordert ein geschicktes Navigieren zwischen den Welten; wir werden gebeten, »Spiral-Zauberer« zu werden. Es wird nötig, den zunehmenden Anforderungen unserer modernen Gesellschaft nachzukommen und uns gleichzeitig für radikal neue Daseinsformen zu öffnen. Wir lernen, die Gaben jeder Phase unserer persönlichen und kollektiven Evolution zu würdigen, wenn wir die ganzheitliche Transformation anerkennen, die sich gerade vollzieht.

Eine neue Welt strebt danach, durch uns erschaffen zu werden – eine, die eine Synthese des Wissens der Vergangenheit und der unbegrenzten Möglichkeiten der Zukunft widerspiegelt. Sie wächst unsichtbar, während gleichzeitig die uns bekannte Welt zusammenbricht. Simultan erschaffen wir und lassen los – erbauen wir und lösen auf. Wir sind zu mitfühlendem Verständnis für unsere persönliche Reise und das Leben anderer aufgerufen, sobald wir unseren perfekten Platz im Ganzen finden. Wir lernen, dass wir nicht abzuwarten brauchen, bis ein System zusammenbricht, bevor wir die

Veränderungen vornehmen, die erforderlich sind, um das Leben zu fördern und zu verbessern. Jeder von uns kann auf seine eigene Art und Weise die Erschaffung der neuen Kultur sanft in die Wege leiten. Wenn wir zu unserem vollen Potenzial als Co-Creatoren erwachen, erfolgt eine Rekonfiguration unseres individuellen Verhaltens. Einige von uns bringen ihre Gaben und ihre Wahrnehmung in den Mainstream ein – um Praktiken und Systeme weiter zu entwickeln, die für die menschliche Kreativität stagnierend und erstickend sind. Andere von uns sind Brückenbauer, die sich darauf fokussieren, Verbindungen zwischen dem alten Paradigma und der entstehenden Zukunft zu kreieren. Wieder andere sind kodiert mit den Mustern der neuen Welt und bereiten den Weg für innovative Prozesse und soziale Strukturen. Es ist wichtig, die Bedürfnisse auf allen Transformationsebenen anzusprechen, während wir mitfühlend das Alte zu Grabe tragen und freudig dem Neuen zur Geburt verhelfen.

Diskussion

Diskutiere alle Herausforderungen, mit denen du eventuell konfrontiert bist, wenn du das Alte loslässt und das Neue willkommen heißt.

- Hast du das Gefühl, zwischen den Welten zu leben? Wenn ja, wie fühlt sich das für dich an?
- Was stellt für dich die größte Herausforderung dar, wenn du dich durch diese Veränderungen navigierst?
- Was brauchst du von deiner Kerngruppe, um in dieser Übergangszeit unterstützt zu werden?
- Was ist deiner Meinung nach die größte Gabe, die du anbieten kannst, um andere zu unterstützen, wenn sie versuchen, die Herausforderungen von heute zu meistern?

Trage deine Erkenntnisse in dein Tagebuch ein.

Die Konvergenz der Kerngruppen

Jede Gruppe besitzt natürliche vielfache Verbindungen. Als Teil eines lebenden Systems wird jede Kerngruppe anfangen, sich auf die Suche nach anderen Kerngruppen zu begeben, die ihre Funktion ergänzen. Oft erfolgt diese Verbindung aufgrund einer Gemeinsamkeit wie einem gemeinsamen Ziel oder durch ein Bindeglied, das Mitglied in mehreren Gruppen gleichzeitig ist. Egal wie es geschieht, feststeht, dass sich die Kerngruppen während der frühen, heiklen Phasen der Konvergenz vorsichtig verschmelzen müssen, damit sie durch diese Fusion nicht entmachtet oder dysfunktional werden. Das richtige Timing und die richtige Beziehung müssen beachtet werden, damit sich diese Synthese entwickeln und Bestand haben kann.

So wie sich Zellen in einem Fötus verbinden, um spezielle Organe zu bilden – Herzzellen scharen sich um Herzzellen, Nierenzellen um Nierenzellen, Gehirnzellen um Gehirnzellen –, ist es für cokreative Kerngruppen natürlich, sich auf die Suche zu begeben und mit anderen Teams zusammenzutun, um bei der Erlangung ihres Ziels Unterstützung zu erhalten. Wie die Zellen in unserem Körper, erfüllt jedes Team und jede Organisation eine einmalige und wichtige Funktion innerhalb des Körpers der Menschheit.

Kerngruppen verbinden sich mittels eines organischen selbstorganisierenden Prozesses. Wenn jede Gruppe andere Teams oder Organisationen findet, die ähnliche Funktionen erfüllen, bilden sich Allianzen. Künstler, Pädagogen, Wissenschaftler und andere in jedem Bereich der Gesellschaft verbinden sich, um den Organismus der entstehenden Kultur zu bilden. Und in diesem Prozess, in dem das Ganze aus seinen Teilen gebildet wird, *ist es das Ganze, das die Teile informiert,* damit sie wissen, wie und was sie aufbauen sollen. Schließlich findet ein Ausgleich statt und alle konvergierenden Kerngruppen finden ihren richtigen Platz im Muster.

Wenn jede Gruppe lernt, unternehmerisch und autark zu sein, besteht die natürliche Tendenz, die Ressourcen miteinander zu teilen, um sich gegenseitig zu unterstützen und zu ermächtigen. Diese Clusterbildung und Ausrichtung von co-kreativen Teams erfolgt auf der ganzen Welt spontan, wenn wir uns selbst neu organisieren und den Übergang von einer egozentrischen Wettbewerbsgesellschaft zu einer Gesellschaft vollziehen, die kooperativer, liebevoll und von gegenseitigem Nutzen ist. *Im Folgenden findest du zwei Beispiele dafür, wie dein Team diesen natürlichen Prozess der Konvergenz von Kerngruppen in deiner lokalen Gemeinschaft unterstützen könnte.*

Führe den organischen Prozess der Konvergenz durch

Du kannst den Prozess der Konvergenz beginnen, indem du für eine Vernetzung auf lokaler Ebene sorgst, um repräsentative Mitglieder bestehender Teams oder Unternehmen um ein gemeinsames Ziel zu scharen. Du kannst auch das Internet nutzen, um jene Gruppen und Individuen ausfindig zu machen, die in Ausrichtung mit deiner Aufgabe und deinen Werten zu sein scheinen. Eine Reihe neuer Firmen, sozialer Netzwerke und Apps sind verfügbar, um diesen Prozess zu ermöglichen. *Denk daran, dass nur Teams, die sich auf gemeinsame Werte, Visionen und Aufgaben ausgerichtet haben, fähig sein werden, erfolgreich mit anderen Teams zu konvergieren.*

Im Folgenden findest du Grundschritte, die dir nützlich sein können, um Gruppen in deinem Gebiet zusammenzubringen:

- Stelle fest, wer die natürlichen Networker in deiner Gemeinschaft sind, und bitte sie um ihre Hilfe, die Gruppen und Organisationen ausfindig zu machen, die in Resonanz mit deinen Werten sind.
- Lade diese Gruppen ein, zusammenzukommen, um zu erfahren, wie ihr einander unterstützen könntet.
- Lade jedes Individuum oder Team ein, seine Vision, sein Ziel und seine Funktion als Teil eines ganzheitlichen Systems mit anderen zu teilen.
- Konzipiere einfache co-kreative Übungen, um Harmonie und Effizienz in diesen Prozess des Verbindens von Gruppengenialität zu bringen: kreiere Gruppenresonanz und halte sie aufrecht; benutze den Council-Prozess; praktiziere inneres Lauschen usw.
- Halte Ausschau nach Konvergenzpunkten wie zum Beispiel komplementäre Berufe und Funktionen. Gruppiere Mitglieder um diese Punkte.
- Schließlich werdet ihr Bedürfnisse und Ressourcen aufeinander abstimmen wollen, indem ihr kundtut, was ihr braucht, um die Aufgabe eures Teams zu erfüllen und mitteilt, was ihr anderen Kerngruppen anzubieten habt.
- Überstürze den Prozess nicht. Er kann vielleicht Wochen oder sogar Monate dauern. Genieße es, neue Menschen kennenzulernen, dich dem zu fügen, was geschehen will, und versuche nicht, das Ergebnis zu erzwingen oder zu kontrollieren.
- Kreiere Strukturformen für anhaltende Kommunikation, und nutze den Prozess inspirierter Einsichten, um Entscheidungen zu treffen und dein Handeln zu leiten.

- Halte an der Absicht fest, Ergebnisse zu präsentieren, die gegenseitig von Nutzen und für jede co-kreative Kerngruppe oder Organisation erfüllend sind.

Kreiere einen Friedensraum und ein Zukunftsbüro in deiner Gemeinschaft

1984 bewarb sich Barbara Marx Hubbard für die Vizepräsidentschaft der USA und schlug die Einführung einer neuen sozialen Funktion vor, den Friedensraum oder das Zukunftsbüro.

Der Friedensraum fokussiert sich nicht nur auf Frieden, sondern auch auf die synergistische Koordination von allem, was auf eine lebensfähige, nachhaltige, sich entfaltende Welt hinarbeitet. Der Begriff »Friedensraum« wird verwendet, um die Erfahrenheit zu betonen, die nötig ist, um den »War Room« (die Einsatzzentrale) des US-Verteidigungsministeriums zu leiten. Das Ziel dieser neuen sozialen Funktion besteht darin, die Konvergenz sozialer Innovationen auf der höchsten Machtebene zu ermöglichen.

In einer Einsatzzentrale verfolgt das Militär Feinde und entwirft eine Strategie, wie sie besiegt werden können. In einem Friedensraum identifizieren, kartografieren, verbinden und kommunizieren Sozialpioniere die Erfolge, Durchbrüche und Modelle, die funktionieren. Frieden bedeutet in diesem Kontext Frieden durch Co-Creation, durch die volle Manifestation menschlicher Kreativität in Kooperation mit der Natur, miteinander und mit dem tieferen Evolutionsentwurf.

Der Friedensraum als sozialer Synergieprozess integriert das Zukunftsbüro, um die kollektive Intelligenz, die Weisheit und das Gemeinschaftsbewusstsein zu nutzen und dadurch die Neustrukturierung der Gesellschaft zu einem höheren Bewusstseinszustand, Freiheit und Synergie zu erleichtern.

Das Büro hat vier Funktionen:

- Nach Durchbrüchen in allen Bereichen der Gesellschaft zu suchen – einschließlich der Bereiche Gesundheit, Regierung, Wissenschaft, Bildung, Medien, Unternehmen und bildende Kunst.
- Diese Innovationen entsprechend ihrer Funktion und Geografie zu kartografieren, um das Muster und den Entwurf dessen, was funktioniert, zu entdecken.
- Menschen und Projekte mit dem Ziel größerer Kooperation und Effizienz (die Konvergenz der Kerngruppen) zu verbinden.
- Mithilfe aller Medien die Geschichten der Erfolge und Modellprojekte unserer menschlichen Familie zu kommunizieren.

Dieser Prozess kann auf lokaler, nationaler oder internationaler Ebene funktionieren. Zum Beispiel werden Botschafter der UN gebeten, Friedensräume einzurichten, um festzustellen, was in ihren Ländern funktioniert. Vielleicht kreierst du in deiner Gemeinschaft einen Friedensraum und ein Zukunftsbüro, um die Konvergenz der Kerngruppen zu unterstützen.

Das Rad der Co-Creation

Folgendes Diagramm zeigt Barbara Hubbards Rad der Co-Creation, ein holistisches Gebilde, das 12 Sektoren oder Vitalfunktionen jeder Gemeinschaft repräsentiert. Das Rad soll Gemeinschaften helfen, ein ganzheitliches Modell evolutionären Wandels zu entwickeln, indem sie co-kreative Kerngruppen im Friedensraum-Prozess zusammenbringen.

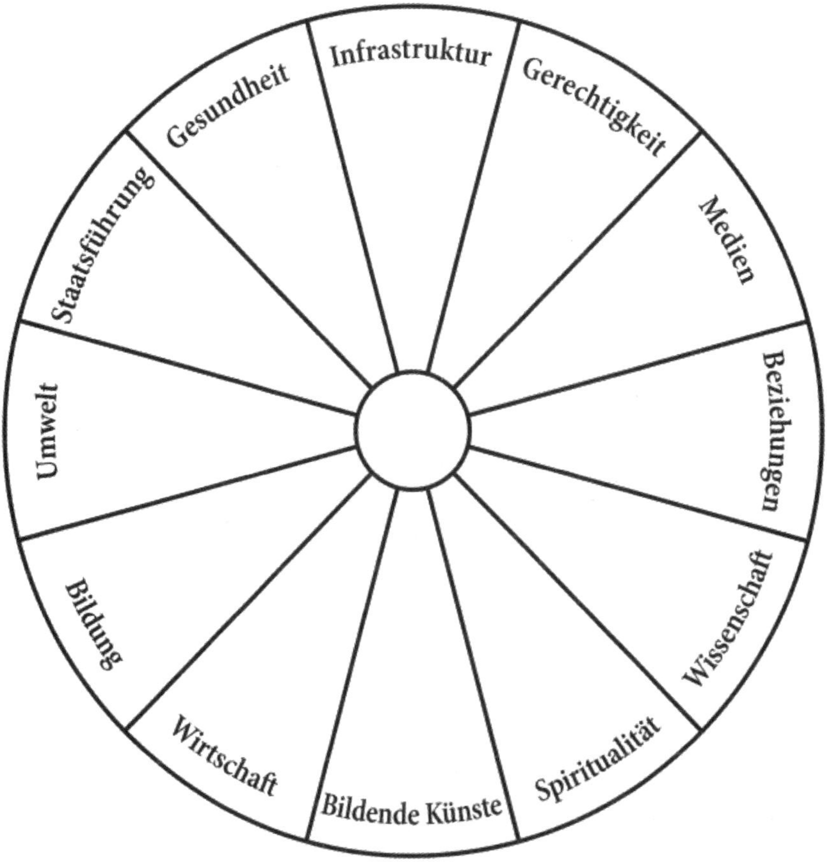

Zusätzliche Informationen zum Friedensraum, Zukunftsbüro und Rad der Co-Creation findest du unter www.evolve.org.

Kooperatives Unternehmertum

Die Qualität der von jedem System erzeugten Resultate hängt von der Qualität der Wahrnehmung ab, aus der heraus die Menschen in dem System agieren.
Die Formel für einen erfolgreichen Veränderungsprozess lautet nicht »Form folgt Funktion«, sondern »Form folgt Bewusstsein«.
Die Struktur der Wahrnehmung und Aufmerksamkeit bestimmt den Weg, auf dem sich eine Situation entfaltet.

OTTO SHARMER

Kooperatives Unternehmertum ist ein relativ neues Geschäftsmodell, das eine starke Initiative darstellt, die menschliche Kultur wieder in ihr natürliches Umfeld zu integrieren, indem stets die Auswirkung menschlichen Bestrebens auf eine größere Gemeinschaft in Betracht gezogen wird. Es setzt Kreativität frei und bietet ein Vehikel für die Erfüllung unseres Seelensinns und gemeinsamen Schicksals.

In seinem bahnbrechenden Werk *Reinventing Organizations: Ein Leitfaden zur Gestaltung sinnstiftender Formen der Zusammenarbeit* zeigt Frederic Laloux auf, dass unser Vertrauen wächst und unser Bedürfnis, zu kontrollieren, abnimmt, wenn wir bewusster werden und vom erstrangigen zum zweitrangigen Bewusstsein wechseln. Wir tun unser Möglichstes und lernen aus unseren Fehlern, akzeptieren, dass jede Erfahrung Gelegenheit bietet, uns zu entwickeln und zu wachsen. Wir nehmen eine Verschiebung von äußeren zu inneren Maßstäben vor – von einem Fokus auf die Organisation zu einem Fokus auf die Mission. Wir schätzen Bescheidenheit und erkennen an, dass wir lediglich ein Knoten des Ganzen sind und nicht der Mittelpunkt eines bestimmten Projekts.

Die Welt der Unternehmen und der gemeinnützigen Organisationen wird durch die praktische Anwendung von Win/Win-Praktiken und durch das erweiterte Bewusstsein transformiert, das die Menschheit hierher bringt. Wir können und wollen uns nicht länger darauf verlassen, dass die Regierung oder große Bürokratien unsere Kreativität fördern. In einem bewussten Unternehmen können sich Co-Creatoren voll entfalten, verantwortungsvoll, kreativ und voller Freunde – und wertvolle Beiträge für die größere Gemeinschaft leisten. Wir lernen, autark zu werden und selbst erzeugend. Die Organisation wird ein lebendiger Organismus – der sich immer wieder verändert, um den Bedürfnissen einer sich schnell wandelnden Welt gerecht zu werden. Die Menschen finden ihren perfekten Platz, der auf einer richtigen Beziehung basiert, begeben sich dorthin, wohin sie eingeladen werden, und vertrauen ihrer inneren Führung.

Um sich erfolgreich zu manifestieren, werden Grundprinzipien guter Geschäftspraktiken benötigt: Integrität, Einsatz, Dienst, Ausdauer, Vortrefflichkeit, Hingabe, Vision, Strategie, Kommunikation, Verantwortlichkeit, Effizienz und dergleichen. Einige co-kreative Kerngruppen vollziehen eine Verschiebung von der Fokussierung auf ein bestimmtes Projekt zur Schöpfung eines unternehmerischen Wagnisses, um finanziell unabhängig werden zu können. Das Risiko ist minimiert, wenn die Einzelnen über ihre persönlichen Talente hinausschauen und die Kreativität einer Resonanzgruppe nutzen können. Ist das Team ausgewogen und sind alle wesentlichen Funktionen repräsentiert, wird die Möglichkeit, finanziellen Erfolg und persönliche Erfüllung zu erlangen, optimiert. [5]

Im kooperativen Unternehmertum endet die Dichotomie zwischen Arbeit und Spiel. Gefallen sind die Schranken zwischen innerer und äußerer Arbeit und zwischen spirituellem und säkularem Leben. Kooperatives Unternehmertum verwandelt den Arbeitsplatz von einer Arena der Anstrengung und des Kampfes in eine Oase der Kooperation und Kreativität.

Wenn eine Kerngruppe damit beginnt, diese neue soziale Form zu üben, ist es angebracht, den Erfolg der Arbeit als Modell der Veränderung, die sie gerne in der Welt erleben würde, zu bestätigen und zu betrachten.

Die Merkmale kooperativen Unternehmertums umfassen:

- Würdigung und Empowerment aller Beteiligten
- Ein Qualitätsprodukt oder einen wirklich wertvollen Dienst anzubieten
- Sich die Gruppenkreativität sowie kollektive Intelligenz nutzbar zu machen
- Anwendung guter Fachkenntnisse
- Verantwortungsvoll jeden entlohnen
- Fokussieren auf mehrere Kernpunkte (Menschen, Planet, Gewinn, künftige Generationen usw.)
- Selbstregenerierend und ausdauernd sein
- Stimulierend und selbstbelohnend sein

---

[5] Denk daran, dass ein ausgewogenes co-creatives Team mindestens einen Visionär, einen Resonanzwahrer, einen Systemhersteller und einen Implementierer mit einschließt. Gemeinsam bieten sie die spirituelle, mentale und physische Ausgewogenheit, die ein ganzheitliches System hervorbringt.

- Verbesserung von Beziehungen
- Fokussierung auf öffentlichen sowie privaten Nutzen

Diskussion

Diskutiere die Merkmale kooperativen Unternehmertums. Modifiziere oder ergänze die obige Liste, um dein eigenes Verständnis und deine Erfahrung zu reflektieren. Was ist deiner Meinung nach wichtig für den Erfolg eines Unternehmens oder Projekts, das die Prinzipien der Co-Creation verkörpert und das entstehende Paradigma reflektiert? Benutze die Aufzeichnungen in deiner Liste als Kriterien, die Projektgruppe zu leiten und den Entscheidungsfindungs-Prozess zu unterstützen.

Wenn du willst, stell deine Ideen über kooperatives Unternehmertum auf unsere Website, damit andere von deiner Erfahrung profitieren können: www.cocreatorshandbook.com.

Neue Formen der Führung

Ermächtigte Führung/Empowered Leadership

Neue Strukturen und Prozesse erfordern eine neue Art Führungspersönlichkeit: eine Person, die sich selbstverantwortlich ihrer Gaben und Fähigkeiten bewusst ist und bereit ist, gegebenenfalls die Kontrolle zu übernehmen. Durch Empowered Leadership leitet die Führungspersönlichkeit das Team so gut sie kann, und respektiert jeden im Team als seinesgleichen und geschätztes Mitglied. Sie fördert das Bewusstsein, dass jedes Mitglied des Teams gleichermaßen einmalig und unverzichtbar für das Ganze ist. Sie besitzt die Gabe, sich zu fokussieren, andere zu fördern und das Beste aus jedem herauszuholen, und sie weiß, wann sie einen Schritt zurück machen und andere Mitglieder ermächtigen muss, das Team zu führen.

Im co-kreativen Modell haben wir die Führung alle gleichzeitig inne und besitzen die Demut, zu wissen, wann wir vortreten und wann wir zurücktreten müssen.

Solche Führungspersönlichkeiten co-kreieren die Vision und den GEIST des Teams, halten ihn aufrecht und stellen sicher, dass sowohl das kollektive als auch das individuelle Können anerkannt werden. Durch Engagement und Verpflichtung gegenüber der Aufgabe fördert der neue Führungsstil bei den anderen das Beste zutage und inspiriert sie, nach Vortrefflichkeit zu streben. Während von den traditionellen Managern erwartet wird, dass sie »die Dinge richtig machen«, tut die evolvierte Führungskraft das Richtige.

Sie erwirbt das Vertrauen der Kerngruppe, indem sie konsequent und verantwortlich ist und ihre Intention offen darlegt. Fehler werden vergeben, ja es wird sogar dazu ermutigt. Fehlschläge in der Vergangenheit gelten als »Lernerfahrungen«.

Der Autor und Motivationstrainer Jack Canfield behauptet, dass solche Führungspersönlichkeiten Hochleistungsteams schaffen und andere als Führungskräfte ermächtigen können, indem sie:

- sich ihrer eigenen Stärken und Schwächen bewusst sind und Demut und Authentizität bekunden
- sich und alle Teammitglieder zur Rechenschaft ziehen
- ihr Team mit einer klaren, verlockenden Vision inspirieren
- auf das achten, was möglich ist, und von anderen lernen
- andere coachen, Führungsrollen zu übernehmen – durch aufmerksames Zuhören und geschickte Fragen
- Dankbarkeit üben und den anderen zutrauen, bei ihrer Umgebung Vertrauen, Begeisterung und Engagement zu wecken.

Prozess: Neue Führerschaft

Gönnt euch ein paar Augenblicke, um euch aufeinander auszurichten, bevor der Facilitator nachfolgende Fragen stellt, um euch zu inspirierten Einsichten einzuladen. Denkt daran, zwischen jeder Frage eine Pause einzulegen, um jeder Person den Zugang zu ihrer Antwort zu erlauben. Wenn ihr diesen Prozess beendet habt, könnt ihr eure Erkenntnisse in euere Tagebücher eintragen.

Welche Eigenschaften haltet ihr bei modernen Führungskräften für die wichtigsten?

Wer in eurem Privatleben oder im öffentlichen Sektor ist für euch ein Repräsentant des Empowered Leaderships?

Wann und wie präsentiert ihr eure Führungsqualitäten?

Evolutionäre Co-Führerschaft, Holokratie und chaordische Organisationen

Der Punkt ist nicht, alle gleich zu machen,
sondern allen Mitarbeitern zu erlauben,
in die stärkste und gesündeste Version
von sich selbst hineinzuwachsen.

FREDERIC LALOUX

Der Unternehmensberater Alain Gauthier weist darauf hin, dass Co-Leadership, die das Beste der individuellen Gaben und der Kreativität mit wahrer Synergie und kollektiver Weisheit verbindet, im höchsten Maße für Spitzenorganisationen geeignet ist. In diesem Modell wird die Führerschaft geteilt, verteilt oder kollektiv ausgeübt. Führerschaft wird eher als ein Beziehungsprozess angesehen als eine Position und gründet auf offenem Dialog und Gegenseitigkeit. Sie durchbricht Grenzen und spielt sich gleichzeitig von oben nach unten, von unten nach oben und im Kreis ab, um Innovation zu bewirken und komplexe Herausforderungen anzusprechen. »Co-Leadership stellt die traditionelle Unterscheidung zwischen Führern und Anhängern infrage«, um eine neue Kultur zu kreieren, die das Genie der Individuen und des Teams auf den Plan ruft.

Holokratie ist eine soziale Technologie, die »die Funktion von der Seele trennt«, d. h. die Verschmelzung der Identität der Menschen mit ihren Stellenbezeichnungen aufhebt. In diesem Modell haben die Leute keinen Job, sondern füllen stattdessen eine Reihe von Funktionen aus. Die Meetings verlaufen nach einem Prozess, der sicherstellen soll, dass alle Stimmen gehört werden und niemand die Entscheidungsfindung dominieren kann. Die Organisation passt sich an und korrigiert ständig, basierend auf den Problemen und Gelegenheiten, die die Menschen spüren. Die Intention bei diesem Modell besteht darin, dafür Sorge zu tragen, dass kein berechtigter Einwand übersehen und kollektive Intelligenz gewürdigt wird.

Täglich werden weltweit neue Institutionen und Unternehmen ins Leben gerufen, die die Merkmale von Chaos und Ordnung vermischen. Dee Hock, der Gründer von VISA, nennt dies eine chaordische Organisation. Diese sich selbst regulierenden, autonomen, flexiblen Organisationen, die sich schnell Veränderungen anpassen können, tragen zur Einführung eines neuen wirtschaftlichen und sozialen Paradigmas bei. Indem chaordische Unternehmen Gruppen auf ein gemeinsames Ziel und ethische Prinzipien ausrichten, sind sie fähig, Verschiedenartigkeit und Komplexität zu kreieren und zu beherrschen, was ein zentralisiertes System oder eine bürokratische Struktur nicht wirklich managen kann. Sie halten sich an das Muster der Natur, das als unordentlich und chaotisch erscheinen mag, doch aus der Perspektive erweiterten Bewusstseins letztlich kohärent ist.

Diskussion

Welche anderen Führerschafts-Modelle kennst du, die sich zu diesem Zeitpunkt entwickeln? Welche Hinweise siehst du, die darauf hindeuten, dass die Institutionen sich zu einem Partnerschaftsmodell verschieben? Kennst du irgendwelche Unternehmen oder Organisationen, die mit Co-Leadership, Holokratie oder einem chaordischen Prozess experimentieren? Wenn du möchtest, kannst du auf www.cocreatorshandbook.com gehen und dort deine Ideen posten, sodass andere von deiner Erfahrung profitieren können.

Da sich Leadership-Modelle von organisatorischen Hierarchien mit Führern an der Spitze zu dezentralisierteren gemeinsamen Netzwerken verschieben, verändert sich viel.
Damit diese Netzwerke tatsächlich funktionieren, werden viele Menschen höchst engagiert sein müssen, um ihre Fähigkeit, dem zu dienen, was zu entstehen versucht, zu kultivieren.
Deshalb bin ich der Meinung, dass das vordringliche Führerschafts-Thema unserer Zeit darin besteht, »ein authentisches menschliches Wesen zu werden«, und zwar in einem noch nie dagewesenen Maß.
Es ist eine sehr alte Vorstellung, die tatsächlich den Weg zu einem neuen Zeitalter globaler Demokratie öffnen kann.

BETTY SUE FLOWERS

Die Sharing Caring Economy

Die Sharing Economy stellt ein schnell wachsendes Ökosystem dar, das durch die Erfindung des Smartphones ermöglicht wurde. Es rankt sich um das Teilen menschlicher, physischer und intellektueller Ressourcen und schließt die gemeinsame Schöpfung, Produktion, Verteilung, den Handel, den Güterkonsum und die Dienstleistungen verschiedener Menschen und Organisationen mit ein. Diese Wirtschaft fördert eine webgestützte Kultur, in der die größere Gemeinschaft und das größere Wohl berücksichtigt werden. Gesundheit, Glück, Vertrauen und Tragfähigkeit sind deutliche Merkmale. Teilen wird als positives Attribut gesehen, und die Menschen, die teilen, werden gefeiert, ermutigt und unterstützt.

Diese neu entstehende Wirtschaft wird durch verschiedene Formen des Wertaustausches charakterisiert und stellt eine Mischform dar, die folgende Aspekte umfasst: Swapping, Tausch, Open Source, Kollektiveinkauf, kollaborativer Konsum, gemeinschaftliches Eigentum, Demokratisierung der Online-Hochschulausbildung, Genossenschaften, alternative Währungen und Landeswährungen, Recycling und Abfallveredelung, Gebrauchtwarenhandel, persönliche Kreditaufnahme und Kreditvergabe, Pay-as-You-Use-Systeme, Mikrofinanzierung, soziale Medien, Crowdfunding und Crowdsourcing. Unproduktive Ressourcen werden neu zugeteilt oder mit denen gehandelt, die einen effizienten, fairen und geschlossenen Kreislauf oder ein Kreissystem kreieren wollen oder müssen. Bei der Konzeption von Waren und Dienstleistungen geht es um Nachhaltigkeit und nicht um Obsoleszenz. Regeln, Richtlinien, Gesetze und Normen werden mittels eines demokratischen Systems kreiert, das die Beteiligung aller Stufen ermöglicht und fördert. Die Technologie und die sozialen Netzwerke sind wesentliche Elemente, die den Kommunikationsfluss ermöglichen und den Informationsaustausch fördern.

Die Sharing Economy steckt zwar noch in den Kinderschuhen, doch 2016 boten über 8000 Unternehmen weltweit ihre Erfahrungen in folgenden Bereichen an: Aufenthaltsorte, Transport, Finanzen, Essen und Trinken, Haustiere und so weiter. Es ist ein neues und alternatives sozialökonomisches System, in dessen Mittelpunkt Sharing und Kollaboration stehen und das alle Aspekte des gesellschaftlichen und wirtschaftlichen Lebens berücksichtigt. Die Menschen, die diese neue Wirtschaft antreiben, werden manchmal »Generation Share« genannt.

Die Caring Economy verschiebt den Fokus der Gesellschaft vom Geld zur Fürsorge und operiert zusammen mit der Sharing Economy. Jene, die Teil dieser Wirtschaft sind, erinnern sich, dass die Erde und jeder Teil der materiellen Welt ein Geschenk ist und dass wir hier auf der Erde sind, um miteinander zu teilen.

Als vorübergehende Verwalter des Geldes, das durch unser Leben fließt, unterstützen wir einen Kreislauf, der auf Sharing, Zuwendung, Liebe, Geben und Empfangen beruht. Wir sind uns bewusst, dass wir alle eine globale Familie sind, und vertrauen darauf, dass genug für jeden vorhanden ist und dass wir aufeinander aufpassen können. Wir geben unsere Kraft lieber dem GEIST als dem Geld.

In der Geschäftswelt sind Jobsharing, Kinderbetreuung vor Ort, Gleitzeit, Teleheimarbeit, Heimarbeit und Sabbatjahre aktuelle Beispiele der Caring Economy. Da immer mehr Menschen einräumen, dass die Welt ein globales Dorf ist, und die Fürsorge an erste Stelle setzen, errichten wir ein starkes Wirtschaftsfundament für uns selbst und für künftige Generationen.

Diskussion

Nehmt ihr teil an der Sharing Economy? Welche Trends in diese Richtung entstehen in eurer Gemeinschaft? Spürt ihr einen Wandel auf der nationalen und der globalen Ebene?

Diskutiert diese Funktionsprinzipien der neuen Caring Economy und ergänzt sie durch zusätzliche Punkte, die euch angemessen erscheinen.

Teilt eure Ideen hier mit, damit die anderen davon profitieren können: www.cocreatorshandbook.com

- Setzt Fürsorge an die erste Stelle! Nehmt »all eure Beziehungen« wichtig. Räumt den Menschen und dem Leben oberste Priorität ein.
- Ermächtigt all jene, die mit euch verbunden sind, und organisiert euch, wo es angebracht ist, um die Menschen, denen ihr dienstbar seid, und nicht um ein Produkt.
- Denkt daran, dass Geld auf nichtlineare Weise fließt. Es gibt Zeiten, da Geben vor dem Empfangen kommt – und umgekehrt.
- Setzt euch für die älteren Menschen, Frauen und Kinder ein und unterstützt sie. Diese sind in der Caring Economy oft Quellen der Inspiration.
- Fokussiert euch auf Nischen und interessante Gemeinschaften, die einmalige Produkte und Dienstleistungen liefern.
- Lasst eure Information fließen und teilt euer Wissen mit anderen.
- Haltet eure Kommunikationen so einfach wie möglich.
- Schützt und baut euren guten Namen auf. Es ist nicht einfach, Vertrauen aufzubauen, und jene, die das Vertrauen ihrer Kunden gewinnen, werden langfristige Belohnungen ernten.
- Fokussiert euch auf den Wert, den ihr liefert, nicht einfach auf die Kosten, die ihr einspart, oder den Profit, den ihr erzielt.

- Habt eine langfristige Vision von dem, was ihr anstrebt. Denkt daran, dass wir Bürger eines zunehmend vernetzten Planeten sind. Der langfristigen Stabilität und des Wohlstands unserer Welt zuliebe können wir nicht weiterhin Ungerechtigkeit, Armut und Hunger ignorieren, wovon so viele unserer Mitbürger betroffen sind.
- Umarmt die Veränderung und lasst euch vom Fluss des Lebens treiben.

Neue Lebensformen

Das Leben, das seinen Anfang vor mehr als drei Milliarden Jahren nahm, eroberte den Planeten nicht durch Kampf, sondern durch Netzwerke, durch Kooperation und durch Partnerschaft.

FRITJOF CAPRA

Wenn das Neue entsteht, werden sich einige Menschen berufen fühlen, Gruppen zu bilden,
die das erleuchtete Bewusstsein reflektieren ...
Erleuchtete Kollektive werden beim Aufkommen des neuen Bewusstseins eine wichtige Funktion erfüllen ...
und können ein Strudel für die Wahrnehmung sein,
die den planetarischen Wandel beschleunigen wird.

ECKHART TOLLE

Während wir uns auf die nächste Stufe menschlicher Evolution zubewegen, kreieren zahlreiche bewusste, resonante Teams, die mit anderen kleinen Teams zusammenarbeiten, nachhaltige Gemeinschaften, welche die neue Gesellschaft formen, von der wir träumen, dass sie möglich ist. Diese Gemeinschaften entwerfen ihre Unternehmen, ihre Kultur und ihre Programme im Einklang mit der Fähigkeit der Natur, zu florieren. Sie denken im Sinne von ganzheitlichen Systemen: Prozess, Muster, Kontext und Beziehungen. Ihr Fokus liegt auf dem Wohlbefinden des Ganzen, zusätzlich zum Wohlbefinden des Individuums. Cohousing, Interessengemeinschaften, Ökodörfer und soziale Netzwerke bieten neue Strukturen, die die Verbindung erleichtern, die Kooperation verbessern, gegenseitigen Nutzen bieten und für viele Mitglieder unserer menschlichen Familie eine co-kreative Gemeinschaft aufbauen.

Diese neuen Gemeinschaften fördern Vielfalt und Authentizität. Es sind Orte, an denen man gemeinsame Vorstellungen, Ideen, Werte und Traditionen teilt. Obwohl es viele neue Formen gibt, haben sie Folgendes gemeinsam: Sie fühlen sich wie zuhause an und bieten ein Gefühl der Geborgenheit, das es den Mitgliedern ermöglicht, zu wachsen, zu lernen, stärker zu werden und sich zu entwickeln.

Interessengemeinschaften

Kleine Inseln der Kohärenz in einem Meer des Chaos besitzen die Fähigkeit, das gesamte System auf eine höhere Stufe zu heben.

ILYA PRIGOGENE, NOBELPREISTRÄGER

Vielleicht ist der nächste Buddha kein Individuum, sondern eine erleuchtete Gemeinschaft.

THICH NHAT HANH

Was veranlasst Menschen, in Gemeinschaften zu leben, die sie bewusst als Ausdruck ihrer Werte und Ideale kreieren? Welche Elemente motivieren normalerweise einen Wandel des Lebensstils, der meistens einen Bruch mit der Mainstream-Kultur bedeutet?

Ist die zunehmende Bewegung von Interessengemeinschaften ein vorübergehender Trend oder ein Hinweis auf die Welle, die in Zukunft auf uns zurollt?

Während die Menschheit einen evolutionären Sprung von einem Paradigma zum anderen macht, eröffnen Sozialpioniere in jedem Bereich menschlichen Bestrebens neue Möglichkeiten. Einige Individuen fühlen sich vielleicht aus sozialen, politischen, ökologischen, persönlichen oder spirituellen Gründen vom Gemeinschaftsleben angezogen. Gemeinschaften, die florieren und Bestand haben, bestehen aus Mitgliedern, die durch Resonanz und ein einheitliches Ziel magnetisiert werden. Sie wollen in einem co-kreativen Umfeld leben und arbeiten, das es ihnen ermöglicht, ihre Seelenqualitäten voll und ganz zum Ausdruck zu bringen. Häufig sehen sie ihre Gemeinschaft als eine Insel der Hoffnung und Kohärenz in einer chaotischen und verwirrten Welt.

Interessengemeinschaften, die in ständig zunehmendem Maße entstehen, sind ein natürliches Spiegelbild der Evolution des Bewusstseins. Sie erlauben die Gestaltung eines holistisch integrierten Lebensstils, in dem die Einflüsse der externen Kultur minimiert werden. Außerdem können sie als »Cocooning-Center« für eine persönliche und kollektive Metamorphose dienen. Die Individuen befinden sich inmitten der inneren Rekonfiguration in einem Sicherheitsnetz aus Liebe und Akzeptanz. Die natürliche Sehnsucht, dazuzugehören, wird erfüllt, wenn sich jede einzelne Person an ihre Verbundenheit mit allem Lebendigen erinnert.

Interessengemeinschaften bieten auch ein bewussteres fürsorgliches Umfeld für junge Leute, deren Schicksal es sein mag, diese neue co-kreative Kultur einzuleiten und innovative Lösungen für die mannigfaltigen Probleme aufzuzeigen, mit denen wir konfrontiert sind. Ein großer Teil des Kummers junger moderner Leute ist darin begründet, dass ihre Brillanz nicht wahrgenommen oder gefördert wird. Häufig haben sie kein Ventil für ihre Kreativität und werden in ihrer Ausdrucksmöglichkeit blockiert. Während dieser Übergangsphase sind Gemeinschaften unverzichtbar, um diesen klugen jungen Leuten einen optimal motivierenden Lebensrahmen zu bieten. [6]

Diskussion

- Entspricht deine derzeitige Lebenssituation deinen Bedürfnissen nach Gemeinschaft?
- Hat sich dein Lebensstil in jüngster Vergangenheit grundsätzlich geändert?
- Sprechen dich neue Lebensweisen an?
- Welchen Vorteil würde es dir wohl bringen, eine neue Lebensweise zu erforschen?
- In welcher Hinsicht befindest du dich im Übergang zu einem co-kreativen Lebensstil?

Abschlusszeremonie

Um die tiefgreifenden inneren und äußeren Veränderungen zu würdigen, die Mitglieder deiner Gruppe möglicherweise durchlaufen haben, co-kreiere eine Zeremonie, die die Individualität jedes Mitglieds der Kerngruppe sowie die gemeinsamen Werte des

---

[6] Die Hummingbirg Community, eingebettet in die Sangre-de-Cristo-Mountains im Norden von New Mexico, wurde 1996 von den Co-Autoren und vier weiteren Mitgliedern der Global Family gegründet. Die Mitglieder dieses spirituell motivierten Ökodorfes haben es sich als Sozialpioniere zum Ziel gesetzt, nach den Prinzipien der Co-Creation zu leben, alte Glaubenssätze loszulassen, die auf der Konditionierung basieren, und sich dem zu öffnen, was ganz natürlich entstehen möchte und in der Liebe verankert ist. Hummingbird ist bestrebt, ein Ort zu sein, wo Vielfalt geschätzt wird und wo die Menschen in Partnerschaft miteinander und mit der Natur leben, geprägt von Respekt, Kooperation, Integrität, Vertrauen und Mitgefühl. (www.hummingbirdtlc.org)

Ganzen widerspiegelt. Vielleicht vollziehst du diese in der Natur. Co-kreiere einen Altar mit Kerzen, Blumen und den Gaben der Erde. Sorge dafür, dass jedes Mitglied deines Teams einen Gegenstand, der sein einmaliges Ziel und seine Kreativität symbolisiert, auf den Altar legt.

Plane ein bedeutsames Ritual, das es jedem Mitglied erlaubt, den anderen das mitzuteilen, was es gelernt hat, und Überlegungen anzustellen, wo es sich in sechs Monaten, in einem Jahr und in fünf Jahren sieht. Sprecht eure Dankbarkeit für alle Lektionen, die großen und die kleinen, und für eure herzliche Verbindung mit den Mitgliedern eurer Gruppe aus.

Schließt mit dem »Stillen Gruß«

Wenn sich eure Gruppe dem Ende dieser gemeinsamen Arbeitsphase nähert, verwendet den »Stillen Gruß«, um eure Liebe und euren Respekt füreinander kundzutun. Wenn erforderlich, holt euch spezielle Instruktionen aus Kreis 2. Sorgt für zu Herzen gehende Hintergrundmusik und *sprecht ausschließlich mit dem Herzen und den Augen.* Lass die Großartigkeit jeder Person deiner Kerngruppe auf dich wirken – jede Einzelne repräsentiert alle.

Feiert!

Plant entweder am Ende dieser Sitzung oder in naher Zukunft eine Party, um einander zu feiern. Jede Person könnte ihr Lieblingsgericht und ein Musikinstrument mitbringen. Vielleicht wollt ihr auch enge Freunde und Familienmitglieder hinzu bitten, wenn ihr den Abschluss einer Phase eurer kollektiven Reise und den Beginn einer weiteren feiert.

Seid reichlich gesegnet und voll ermächtigt, euren Beitrag zur Geburt einer neuen, liebevolleren Welt zu leisten.

Vertiefende Übungen

Führe die folgenden Übungen alleine durch.

Sei ein aufmerksamer Konsument und Investor

Achte auf die Entscheidungen, die du und deine Familie als Konsumenten trefft

- Sind deine Konsummuster auf deine Werte ausgerichtet?
- Kaufst du bei Einzelhändlern vor Ort ein?
- Wenn du einen Einkauf tätigst, frage dich: Ist dies ein Bedürfnis oder ein Wunsch? Wird dieses Produkt mein Leben verbessern oder meine Energie aufbrauchen? Stimm dich auf die Intelligenz deines Körpers ein, um zu fühlen, was sich richtig anfühlt
- Berücksichtigst du die Auswirkung, die deine Einkäufe auf andere Menschen auf der Erde haben?
- Bist du dir bewusst, in was du deine persönlichen Ressourcen investierst?
- Tätigst du deine Bankgeschäfte vor Ort?
- Wirkst du in Gruppen mit, die deinen Wertvorstellungen entsprechen?

Co-kreiere eine positive Zukunft

Visualisiere den Erfolg deines Projekts oder deiner Unternehmung und die Erfüllung des Lebenssinns jedes Mitglieds. Teile deine Vision für die Zukunft mit einem Gleichgesinnten oder beschreibe sie in deinem Tagebuch. Wenn du anfängst, es dir vorzustellen und tief in deinen Traum hineinfühlst, beginnst du, die Vision Wirklichkeit werden zu lassen.

Neue Strukturen, Institutionen, Agreements und Methoden,
Dinge zu erledigen, schießen wie grüne Triebe durch das Gewirr
unserer dysfunktionalen Zivilisation.
Ich glaube nicht, dass es in der Menschheitsgeschichte je eine
Zeit gab, in der so viele neue Methoden, etwas zu tun,
in so kurzer Zeit in Erscheinung getreten sind.
Sie enthüllen einen erstaunlichen Grad an Einfallsreichtum,
eine fantastische Bereitschaft,
zu experimentieren und zu kreieren.
Auch wenn diese neu entstehenden und oft noch embryonalen
Systeme manchmal randständig wirken,
sind sie der Samen der Zukunft.

JOANNA MACY

EPILOG
Erwachen in unserem Traum

Diejenigen, die die Geschichten erzählen,
regieren die Gesellschaft.

PLATO

Die Welt, wie wir sie kennen, ist auf einer Geschichte aufgebaut.
Ein Erneuerer sein, heißt,
erstens die bestehende Weltgeschichte zu durchbrechen,
und zweitens, der Welt eine neue Geschichte zu erzählen,
damit jene, die sich in den Raum
zwischen die Geschichten drängen,
einen Ort haben, wo sie hingehen können.

CHARLES EISENSTEIN

Aufgrund der Verbundenheit aller Seelen
ist die Bekräftigung einer positiven Vision
wohl die ausgeklügeltste Aktion,
die man sich vornehmen kann.

WILLIS HARMAN

Inmitten dieser herausfordernden und komplexen Zeiten bietet sich die gute Gelegenheit, eine Botschaft der Hoffnung zu kreieren, eine neue kulturelle Erzählung, eine Vision der Möglichkeit. Diese neue Geschichte ist eine Vision, die auf unserer Intelligenz, unserer Wahrnehmung und unserer Fähigkeit gründet, zu wissen, wer wir wirklich sind.

Wie Thomas Berry es so wunderbar ausdrückte, bewegen wir uns zwischen Geschichten und unsere Herzen sehnen sich nach einer neuen Geschichte – einer, von der wir wissen, dass sie wahr ist, da sie so großen Widerhall in unseren Herzen findet. Viele von uns widmen ihr Leben der Aufgabe, diese Geschichte wahr werden zu lassen. Es ertönt ein Ruf aus der Zukunft – von Generationen, die erst noch geboren werden müssen, oder vielleicht von unserem eigenen künftigen Selbst. Welches Vermächtnis wollen wir hinterlassen? In welche Geschichte möchten wir uns einleben?

Die Schöpfung einer neuen Geschichte beschwört eine kühne Vorstellungskraft herauf, lädt eine neue Sprache ein und erfordert einen Bruch mit der Gewohnheit und Vertrautem. Wir wollen hineintauchen und uns vorstellen, dass die Welt, die wir uns erträumen, möglich ist. Lasst uns zusammen träumen, um die liebevolle Welt, die wir im Herzen haben, zu co-kreieren.

STELL DIR VOR ...

Während wir hinaus auf die Welt blicken, erstrahlt am Horizont golden glänzendes Sonnenlicht. Unter freudigem Vogelgezwitscher erwacht ein neuer Tag. Alles, was lebt, erwacht zu einer irdischen Realität, die einst lediglich im Traum möglich war.

STELL DIR VOR ...

Die Luft ist leicht und frisch. Es ist der Frühling unserer evolutionären Reise. Wir haben die kulturell dunkle Nacht der Seele hinter uns gelassen und sind als unser SELBST erwacht.

STELL DIR VOR ...

Wir erwachen in unserem Traum.

Es existiert eine Freigebigkeit des GEISTES, ein natürliches Verlangen, zu teilen und sich umeinander zu kümmern – über Grenzen, Rassenunterschiede und ethnische Gruppen hinweg. Vielfalt wird gewürdigt und als essenziell kultiviert. Wir haben inzwischen begriffen, dass die Natur und folglich die Menschheit durch die Manifestation von Vielfalt überlebt und gedeiht. Die Einzigartigkeit jeder Person wird geschätzt und gefeiert. Wir lauschen intensiv voller Neugier und Offenheit, um den Standpunkt der anderen zu ehren. Hochgradige Telepathie, Synchronizität und mitfühlende Aktion leiten uns, während wir diese neue Welt co-kreieren.

Liebevolle, hilfsbereite Familien sind erneut zum Kern der Gesellschaft geworden, interpersonelles Wachstum und die Förderung von Seelenqualitäten zum Hauptfokus inniger Beziehungen. Unsere Gemeinschaften gedeihen als Stätten von Geborgenheit und Wohlbefinden.

Der weltweite Zusammenbruch sozialer, politischer und religiöser Institutionen ist zum Nährboden für die Geburt einer globalen Gemeinschaft geworden, die auf gegenseitigem Respekt, Kooperation und Liebe gründet. Die Herausforderungen der Gesellschaft werden als zusammenhängend und miteinander verwoben erkannt. Probleme, die Armut, Rassismus, Verbrechen, Korruption und Umweltzerstörung betreffen, scheinen dieselbe Ursache zu haben: die Illusion, dass wir voneinander, von der Natur und von der Quelle unseres Seins getrennt sind.

In dieser neuen Geschichte erkennen wir, dass wir tief miteinander verbunden sind. Wir kommen in herzlicher Resonanz zusammen, um Lösungen zu co-kreieren. Erfolgreiche Modelle und optimale Übungen werden großzügig geteilt und intelligent mittels Open-Source-Technologien nachgemacht. Soziale Bewegungen, Innovationen und Durchbrüche werden umgehend über das Internet mitgeteilt, was eine schnelle Transformation in jedem Aspekt des Lebens ermöglicht.

Auf der ganzen Welt arbeiten Reiche und Arme, Junge und Alte Seite an Seite – bauen Häuser, pflanzen Gärten an, stellen die Struktur unseres Ökosystems wieder her und rufen im urbanen und im ländlichen Umfeld gesunde Gemeinschaften ins Leben. Ein Verständnis integrierter Systeme wird durch die Einführung der Permakultur, der biodynamischen Landwirtschaft, von regenerativem Design, erneuerbaren Energiesystemen, geeigneter Technologie und grüner Baupraxis demonstriert. Die Menschen, die Respekt für das ökologische Netz haben, leben einfach, regenerativ und führen einen ausgewogenen Lebensstil. Unsere Beziehung zu den lebenserhaltenden Systemen unserer bioregionalen Wasserscheiden hat unsere Kulturen verändert. Wasser wird als heilige Ressource hochgeschätzt. Wir sind uns in hohem Maße der Resilienz und Fragilität unseres kostbaren Planeten bewusst geworden.

Wissenschaftler, die große Fortschritte in der Technologie verzeichnen – Biotechnologie, Nanotechnologie, künstliche Intelligenz und andere Bereiche –, sind sich ihrer Macht bewusst, zu kreieren oder zu zerstören, und übernehmen die Verantwortung, um die Evolution unserer Spezies zu fördern und zu schützen.

Paare, die wissen, dass Babys durch die Art und Weise, in der sie im Mutterleib genährt und dann zur Welt gebracht werden, stark beeinflusst werden, bereiten sich noch vor der Empfängnis auf die Geburt vor und rufen bewusst den Geist des Kindes an. Zur Zeit der Geburt stimmen sich die Ältesten auf den »Gesang der Seele« ein und bieten ihn liebevoll als Leitbild für die Reise des Kindes durchs Leben an. Wenn die Zeit gekommen ist, die Erdenreise zu beenden, wird die physische Gestalt freiwillig losgelassen. Es herrscht keine Angst vor dem Tod, da ein inhärentes Verständnis für die Endlosigkeit des Lebens in allen Dimensionen existiert.

Schulen haben ihre Aufmerksamkeit darauf gerichtet, ihren Gemeinschaften zu dienen und haben junge Leute dafür engagiert, die ökologische und soziale Struktur wiederherzustellen. Die Führer dieser neuen Institutionen wissen, dass die Aufgabe der Erziehung darin besteht, die Entwicklung kreativer, einfallsreicher Individuen zu fördern, die in der Lage sind, durch eine Zeit umwälzender Veränderungen zu navigieren.

Die Kinder haben gelernt, intensiv auf alle Aspekte ihres Seins zu hören – Körper, Verstand und Geist – und aus ihrem Herzen zu sprechen. Wenn sie in einer Umgebung aufwachsen, die Sicherheit, Vertrauen und Mitgefühl kultiviert, lernen sie, sich selbst zu lieben und zu respektieren und ihre Intuition sowie ihren Intellekt zu würdigen. Sie fühlen ihre Verbundenheit mit den Sternen, obwohl sie fest mit der Erde verwurzelt sind. Als Mitglieder einer sich entwickelnden Spezies wissen sie, dass sie das Bewusstsein selbst verkörpern, das eine irdische Erfahrung macht.

Evolutionäre Ökodörfer sind weltweit als Ressource und Bildungszentren für nahe gelegene Großstädte und Städte entstanden. Als lebende Labore für die neue Kultur sind landgebundene Interessengemeinschaften Knotenpunkte der Fremdbestäubung zwischen Traditionen, Generationen, Wirtschaftskategorien und urbanen und ländlichen Umgebungen. In diesen reichen Austauschzentren entstehen neue Modelle, die ein erwachteres Bewusstsein verkörpern. Kollaborative Bemühungen inmitten diverser Perspektiven und Auffassungen lassen neue soziale Formen und Strukturen entstehen, die dem größeren Ganzen dienen.

Der Core Group Process™ legt gerade den Grundstein für ein Partnerschaftsmodell ermächtigter co-kreativer Führerschaft. Im Lebenskreis gelten alle Individuen als gleichwertig und werden wegen ihrer einzigartigen Beiträge für die Gesellschaft hochgeschätzt. Selbstführung tritt anstelle von Dominanz und Kontrolle, da die Individuen die Verantwortung für ihre Entscheidungen und Handlungen übernehmen. Die im Naturgesetz inhärente Weisheit kreiert die Richtlinien für alle Nationen. Führungspersönlichkeiten kommen zusammen und greifen auf ihr kollektives Wissen zu, wenn sie ganzheitliche Entscheidungen im Interesse des Lebens künftiger Generationen treffen.

Die Kraft des Gebets, klare Intention und Gruppenmeditation werden weithin anerkannt und in jedem Bereich der Gesellschaft in den Alltag integriert. Dadurch, dass Zeremonien und Rituale zum wesentlichen Bestandteil des Alltagslebens werden, erleben wir die Co-Creation mit allen Königreichen der Erde.

Der Mythos der Knappheit hat sich in Anerkennung und Wertschätzung des Lebens verwandelt. Neue Wirtschaftsmodelle, die die Werte von Fürsorge, Teilen, Mitgefühl und Anerkennung der Einheit verkörpern, haben eine Beitragskultur hervorgebracht. Komplementärwährung, Tauschhandel, örtliche Wirtschaft, Multiple Bottom Lines, bewusster Konsum und bewusste Investitionen sind in unserer globalen Kultur zur Norm geworden.

Gesundheit und Wohlbefinden werden aus einer holistischen Perspektive angegangen, da technologische Fortschritte mit alten Stammesheilmitteln verflochten werden, um einen breit gefächerten interdisziplinären Heilungsansatz zu kreieren. Die Künste florieren und schaffen eine globale Renaissance, die eine neue

Geschichte kultiviert und die Menschheit auf die nächste Stufe ihrer evolutionären Reise befördert. Gesang, Tanz und darstellende Künste sind Manifestationen, durch die wir das Geschenk des Lebens feiern. Die Medien werden verändert und bewusst dafür eingesetzt, zu inspirieren, zu erbauen, zu bilden und zu informieren.

In der Zeit der »Großen Wende« herrschte Erstaunen und Freude darüber, dass die Menschheit das Entstehen einer co-kreativen Kultur erlebte. Es war, als würde sich ein unsichtbares Wurzelwerk stillschweigend im Land ausbreiten, das überall bei den Sozialpionieren ein zellulares Wissen aktivierte und einen schönen Teppich aus Hoffnung und Chancen für alles Leben auf der Erde wob.

Genauso wie der Schmetterling sich behutsam aus seinem Kokon befreit und hochfliegt, entsteht der wahre Co-Creator – der neue Mensch – als voll bewusste Verkörperung der materiellen Manifestation des GEISTES, ein vollkommener Ausgleich zwischen den Eigenschaften des göttlichen Weiblichen und des göttlichen Männlichen. Die Menschheit öffnet ihre kollektiven Augen und wird neu geboren.

TEIL 4

Verbunden bleiben

Folgende drei Initiativen, die die Autorinnen co-kreiert haben, beruhen auf co-kreativen Praktiken.

Durch diese Organisationen und andere kannst du dich mit der weltweit wachsenden Gemeinschaft von Co-Creatoren verbinden.

Global Family

INSPIRIERE CO-CREATION

Die Organisation Global Family, gegründet 1986, engagiert sich dafür, einen Wandel des Bewusstseins von Getrenntsein und Angst zu Einheit, Liebe und Co-Creation zu fördern.

Die Aufgabe der Organisation besteht darin, Individuen und Gruppen zu verbinden und sie zu ermächtigen, ihr Ziel zu verwirklichen und eine positive Veränderung in der Welt herbeizuführen. Der Core Group Process™ ist grundlegend für diese Aufgabe.

Global Family unterstützt seit drei Jahrzehnten weltweit die Bildung von Kerngruppen und hat somit die Prinzipien und Praktiken der Co-Creation für Tausende von Individuen und kleine Teams in über 40 Ländern zugänglich gemacht. Dieses internationale Netzwerk umfasst überall Menschen, die sich dafür entscheiden, sich als Mitglieder einer einzigen menschlichen Familie zu erleben und sich mit anderen zu verbinden, um eine Besserstellung für alle zu bewirken.

Ein wachsendes Netzwerk von Botschaftern verbindet Co-Creatoren und fördert örtliche Aktivitäten, die die Vielfalt fördern und es den Individuen und Teams ermöglichen, sich in co-kreative Praktiken zu versenken. Das Global-Family-Team der Vereinten Nationen kollaboriert mit anderen nichtstaatlichen Organisationen, um die Frauenrechte zu schützen, eine nachhaltige Entwicklung zu fördern, Armut zu beseitigen und weltweit Frieden und soziale Gerechtigkeit zu fördern.

www.globalfamily.org

Hummingbird Community

Eingebettet in das Mora Valley am Fuße der Sangre de Cristo Mountains im Norden von New Mexico, befindet sich eine 1.966.843 m2 große Ranch, der Sitz der Hummingbird Community. Sie wurde 1996 von den Co-Autorinnen dieses *Handbuchs* und vier weiteren Mitgliedern einer co-kreativen Kerngruppe innerhalb von Global Family gegründet. Dieses spirituell motivierte Ökodorf ist eines von über 1000 intentionalen Gemeinschaften, die auf der ganzen Welt verbreitet sind.

Die Mitglieder der Gemeinschaft entdecken und präsentieren als soziale Architekten eine neue Art des Zusammenlebens. Sie streben danach, ihre Wertvorstellungen auf ihr Handeln auszurichten und die Transformation in jedem Bereich der Gesellschaft zu unterstützen. Als Abgesandte des neuen Traums kreieren sie ein intergenerationelles Heiligtum, in dem jedes Individuum als göttliches Wesen mit einmaligen Gaben gewürdigt wird. Die Mitglieder von Hummingbird erleben die Co-Creation als den relationalen Weg zum Erwachen.

www.hummingbirdtlc.org

Co-Creation leben

MANIFESTATION UNSERES VOLLEN POTENZIALS

Die Aufgabe, Co-Creation zu leben, besteht darin, Individuen und Gruppen zu ermächtigen, ihr volles Potenzial auszuschöpfen. Die Partner Carolyn und Sanford Anderson sowie Katharine und Makasha Roske teilen co-kreative Praktiken, um persönliches Erwachen zu fördern, die Kreativität zu intensivieren und eine tiefe Sehnsucht nach voller Selbstentfaltung und der Erfahrung wahrer Gemeinschaft mit anderen zu erfüllen.

Die innovativen Dienstleistungen, die angeboten werden, beinhalten persönliches Coaching und Gruppenberatung, erfahrungsbezogenes Training und Zusammenkünfte und zeremonielle Dienstleistungen – alles darauf ausgerichtet, Erneuerer, soziale Aktivisten, Unternehmer und Initiatoren von Gemeinschaften dafür zu rüsten, co-kreative Praktiken zu verkörpern, ihre einmalige Berufung zu entdecken und zu erfüllen und dazu beizutragen, eine liebevolle, gerechte Gesellschaft zu kreieren.

www.livingcocreation.com

Glossar

CO: Co beziehungsweise Ko in einem Wort bedeutet »zwei Dinge, wobei das eine mit dem anderen verbunden ist«. Beispiele: Co-Creation, Kollaboration, Kohäsion und Kooperation.

CO-CREATION: das Hinausgehen über Kooperation und Kollaboration, um bewusst an den Gesetzen, Mustern oder dem Schöpfungs-Impuls zu co-partizipieren; die bewusste Ausrichtung auf die Essenz der anderen und der Natur; die Ausrichtung des Selbst auf das SELBST, vertikal und horizontal; ein relationaler Weg zum Erwachen.

CO-KREATIVE KERNGRUPPE: eine Gruppe, die sich um ein gemeinsames Ziel schart, die Gaben aller Mitglieder würdigt und zu einer besseren Gesellschaft beiträgt. Co-kreative Kerngruppen entstehen gewöhnlich aus Resonanzgruppen (siehe unten).

CO-KREATIVES SELBST: das essenzielle oder authentische SELBST, das sich in der Welt manifestiert.

CO-CREATOR: Ein Individuum, das seinen Willen in Einklang bringt mit der Intention der Schöpfung, der entwerfenden Intelligenz, dem GEIST; eines, das sich mit anderen in Resonanz verbindet, um seine Gaben zu teilen, mit dem Ziel, eine neue Welt zu kreieren, die auf Einheit und Liebe basiert; ein Individuum, das die Kraft des Bewusstseins stets im Auge behält, während es in der Welt agiert.

DAS ESSENZIELLE SELBST, DAS AUTHENTISCHE SELBST, DER GELIEBTE, DAS SELBST: die innewohnende göttliche Präsenz, die sich als Individuum manifestiert; der unbegrenzte Verstand, der GEIST, das Leben, die Wahrheit und die Liebe, die der Mensch verkörpert; der ewig währende Aspekt der Menschen.

EVOLUTIONÄRER KREIS: eine kleine Gruppe, die mit dem Ziel personeller und planetarischer Transformation in Resonanz zusammenkommt; synonym mit Kerngruppe.

EVOLUTIONSIMPULS: die kreative Kraft; göttliche Intelligenz; Gott; auch als Impuls der Schöpfung bezeichnet.

HOLON: bezieht sich auf etwas, das gleichzeitig ein Ganzes und einen Teil darstellt. Ein Mensch ist ein Holon, genauso eine Organisation, ein ausgewogenes Team oder eine Gemeinschaft.

GANZES WESEN: das vollständig verwirklichte SELBST; Integration von Ego/Persönlichkeit und authentischem SELBST; die Manifestation unseres vollen Potenzials zu diesem Zeitpunkt der menschlichen Evolution; der »neue Mensch«.

HOMO CO-CREATOR: der »neue Mensch«, der von der Essenz der Seele geleitet wird, dem Wunsch, einmalige Kreativität zum Ausdruck zu bringen, und der Vision einer Welt, in der alle Menschen völlig frei sind, ihr Bestes zu geben.

INNERER COACH: die Stimme des essenziellen SELBST; inneres Wissen oder Führung; der innere Führer beim Co-Kreieren einer neuen Kultur.

KERNGRUPPE: eine essenzielle Struktur für persönliche und planetarische Transformation. Eine Kerngruppe oder ein evolutionärer Kreis besteht aus einer kleinen Anzahl von Personen (gewöhnlich 4 – 12), die sich persönlich und kollektiv entwickeln und zum Erwachen der Menschheit sowie der Besserung der Gesellschaft beitragen. (Siehe die Unterscheidung zwischen einer Resonanzgruppe und einer co-kreativen Kerngruppe.)

MEM: eine Idee, eine Glaubensvorstellung oder ein Glaubenssystem oder Verhaltensmuster, das sich durch Wiederholung und Nachahmung in einer Kultur verbreitet, vergleichbar mit dem biologischen Gentransfer.

MORPHOGENETISCHES FELD: ein Begriff des Biologen Rupert Sheldrake, der sich auf eine neue Art von Informationsfeld bezieht, in dem das Kollektivgedächtnis oder Gewohnheiten vergangener Prozesse und Strukturen angesiedelt sind und die Gegenwart beeinflussen; die Kraft hinter dem Prinzip des »hundertsten Affen«.

NOOSPHÄRE: ein von Teilhard de Chardin geprägter Begriff; die Denkschicht der Erde, die die Biosphäre umgibt; der Aufbewahrungsort aller Gedanken und Emotionen.

ÖRTLICHES SELBST: die begrenzte, befangene Persönlichkeit, die sich vielleicht getrennt und allein fühlt und meint, die Kontrolle zu haben; das Ego, das in der Welt agiert, wird auch das getrennte Selbst genannt.

PRÄSENZ: Bewusstheit, Bewusstsein, Daseinsgrund; die Essenz des Menschen.

QUANTENDENKEN: ein neues Denksystem, das die Grundzüge alten Wissens und die Brillanz der modernen Physik kombiniert und den Praktikern erlaubt, voll dimensional zu leben, ihre Ganzheit zu erfahren und die Kraft der Gedanken zu nutzen, um die Realität, die sie wählen, zu co-kreieren. Weitere Informationen findest du in *Do You Quantum Think?* von Dianne Collins.

RESONANZ: das unsichtbare Feld der Liebe, in dem sich die Co-Creation vollzieht; widerhallend und die höchsten Gaben beim anderen bekräftigend; die Frequenz, die die Individuen Herz zu Herz ausrichtet und die Gaben und die Kreativität jeder Person hervorruft.

RESONANZGRUPPEN ODER RESONANZKERNGRUPPEN: eine Gruppe von Individuen, die sich auf den Evolutions-Impuls ausrichten und ein Umfeld beschleunigten Wachstums co-kreieren; ein heiliger Kreis, in dem die Individuen bedingungslose Liebe und Verbindung miteinander erleben; ein neues soziales Muster, in dem die Individuen zu einem Körper zusammenwachsen und eine kollektive Sensibilität für den unendlichen Geist und den Willen des Göttlichen besitzen.

SPIRALDYNAMIK: ein Entwicklungsmodell von Weltanschauungen, das von Don Beck und Christopher Cowan kreiert wurde. Es baut auf dem Werk von Dr. Clare W. Graves auf. Dieses Modell nimmt Bezug auf weitläufige Denkmuster als Meme und bietet einen Kontext für das Verständnis co-kreativer Praktiken.

SYNERGIE: die Interaktion von zwei oder mehr Personen, die einen unvorhersehbaren Effekt erzielt, der größer ist als das, was die Summe der individuellen Aktionen erreichen kann; der Effekt, der erzielt wird, wenn zwei oder mehr Personen im Namen der Wahrheit zusammenkommen.

Die Autorinnen

CAROLYN P. ANDERSON

Carolyn – Pädagogin, Autorin, Sprecherin, Unternehmerin und Sozialpionierin – engagiert sich für das Erwachen der Menschheit zu ihrem vollen Potenzial. Ihre Leidenschaft ist das Leben und Teilen der Prinzipien der Co-Creation und die Erforschung der Tiefen der verkörperten Spiritualität.

Im Rahmen ihrer Arbeit mit Global Family – als Mitgründerin und Co-Leiterin seit 1986 – hat sie Aktivitäten für zahlreiche globale Ereignisse koordiniert, wirkte bei der Einführung von Schulungen zur Sozialen Kooperation mit und unterstützte zahlreiche internationale Konferenzen für Erwachsene und Jugendliche.

www.globalfamily.org

Während des Kalten Kriegs brachte sie Gruppen von Bürgerdiplomaten in die ehemalige Sowjetunion und nach Osteuropa, um gemeinsame Projekte zu kreieren und co-kreative Praktiken zu erlernen. Nach dem Zusammenbruch des Kommunismus, initiierte sie ein »Ernähre eine Familie«-Programm, um Tausende von Schulkindern und Rentnern in Moskau und St. Peterburg mit Nahrung zu versorgen.

Sie hat weltweit Hunderte von unterstützenden Kerngruppen ins Leben gerufen, um die Herzen der Menschen miteinander zu verbinden und ihre Kreativität zu aktivieren. 1996 gründete sie zusammen mit anderen die Hummingbird Community im Norden New Mexikos als »lebendes Labor für die Evolution von Bewusstsein und Co-Creation«.

Zusammen mit Katharine Roske schrieb sie *The Co-Creator's Handbook 2.0* und mit Rev. Jerry Farrell *Keeping the Promise, A Guide to Your Full Potential Self.* Außerdem wirkte sie als Autorin mit an *The Change 4: Insights into Self Empowerment.* Mit Barbara Marx Hubbard co-kreierte sie die *52 Codes for Conscious Self Evolution* und das Büchlein *Birthing a Universal Humanity* und gab auch beides heraus.

Carolyn ist Partnerin bei Living Co-Creation, einem sozialen unternehmerischen Wagnis, das Training, Coaching und Beratung bei den Praktiken der Co-Creation anbietet. Sie lebt mit ihrem Mann Sanford in den nördlichen Ausläufern Kaliforniens.

www.livingcocreation.com

KATHARINE ROSKE

Katherine – Sozialpionierin, Pädagogin, öffentliche Rednerin, Zeremonialistin und Großmutter – engagiert sich für die Realisierung einer co-kreativen planetarischen Kultur, die eine lebende Verkörperung unserer spirituellen Essenz ist. Als Hebamme des neuen Traums führt Katherine ihr Leben im Dienste der Evolution und unterstützt in vielen Bereichen der Gesellschaft die Transformation. Sie ist Mitgründerin und aktive Betreuerin der Hummingbird Community, einem Transformationscenter, das sich co-kreativen Praktiken, der ökologischen Nachhaltigkeit und der bewussten Evolution verschrieben hat.

www.hummingbirdtlc.org

Katharines berufliche Tätigkeit umfasst die Entwicklung und Förderung von Programmen, die auf persönliches Wachstum, den Aufbau co-kreativer Gemeinschaften, die bewusste Evolution, ermächtigte Jugend-Führerschaft und weibliche Spiritualität fokussiert sind. Als Mutter und Großmutter einer Großfamilie unterstützt sie mit großer Leidenschaft junge Führungspersönlichkeiten dabei, ihren Lebenssinn zum Ausdruck zu bringen.

Sie ist Mitbegründerin der Jugendgruppe Earth Guardians (www.earthguardians.org), fungierte als Co-Leiterin der Children's Torch of Hope Tour quer durch Amerika, war Mitbegründerin einer Reihe von alternativen Schulen und wirkte bei der Herausgabe von Empowerment-Programmen rund um den Globus mit. Als ordinierte Priesterin bringt sie ihre Liebe für heilige Zeremonien zum

Ausdruck, indem sie Trauungen vollzieht, Gedenkgottesdienste abhält, Taufzeremonien, Landsegnungen und Jahreszeitenzeremonien zelebriert. 1999 war sie Mitbegründerin des *Path of Ceremonial Arts for Women*, einer Forschungsstätte, in der das weiblich Göttliche erforscht wird.

Katharine ist Partnerin von Living Co-Creation, einem sozialen unternehmerischen Wagnis, das, basierend auf den Prinzipien und Praktiken der Co-Creation, Training, Coaching und Versammlungen anbietet. Sie lebt mit ihrem Mann Makasha in der Hummingbird Community im Norden von New Mexico.

www. livingcocreation.com

Persönliche Notizen

Besuchen Sie unsere Homepage,
dort finden Sie weitere Bücher, Hörbücher und CDs.
Wir freuen uns auf Sie!

www.sheema-verlag.de

KONTAKT

Sheema Medien Verlag
Bücher. Aus Liebe.

Hirnsbergerstr. 52
D - 83093 Antwort

Tel.: 0049 - (0)8053 - 7992952
Fax: 0049 - (0)8053 - 7992953

E-Mail: info@sheema.de

http://www.sheema-verlag.de

SHEEMA

MÖGEN ALLE WESEN GLÜCKLICH SEIN